Todos los
MANDAMIENTOS
de CRISTO
VOLUMEN I

LAS CLAVES PARA HEREDAR TODAS LAS BENDICIONES DE DIOS

DRA. ESTHER V. SHEKHER

WESTBOW
PRESS®
A DIVISION OF THOMAS NELSON
& ZONDERVAN

Publicado en inglés con el título:
All the Commandments of Christ Volume I

Edición en inglés © 2018 Dra. Esther V. Shekher
Edición en español © 2023 Dra. Esther V. Shekher

Puede hacer pedidos de libros de WestBow Press en librerías o poniéndose en contacto con:

WestBow Press
A Division of Thomas Nelson & Zondervan
1663 Liberty Drive
Bloomington, IN 47403
www.westbowpress.com
844-714-3454

Debido a la naturaleza dinámica de Internet, cualquier dirección web o enlace contenido en este libro puede haber cambiado desde su publicación y puede que ya no sea válido. Las opiniones expresadas en esta obra son exclusivamente del autor y no reflejan necesariamente las opiniones del editor quien, por este medio, renuncia a cualquier responsabilidad sobre ellas.

ISBN: 979-8-3850-1315-9 (tapa blanda)
ISBN: 979-8-3850-1316-6 (libro electrónico)

Número de Control de la Biblioteca del Congreso: 2023922731

Información sobre impresión disponible en la última página.

Fecha de revisión de WestBow Press: 07/25/2024

Traducción: Carlos Reyes
Revisión Final: Jacquelyn Gonzalez

Christ Rules (Cristo Gobierna)
Teléfonos: Dra. Esther: +1 - 656 - 210 - 3280
Michelle: +1 - 480 - 251 – 1979
Correo electrónico: christrulesnations2020@gmail.com; christrulesus@hotmail.com
Facebook: Esther Shekher
Instagram: Esther_Shekher
Sitio Web: www.allthecommandmentsofgod.com

Dedicatoria

A mi amado Salvador y Señor,
Jesucristo, quien es:
Mi mejor papá,
Mi mejor mamá y
Mi mejor amigo;
Porque Cristo gobierna mi corazón.

Cristo debe gobernar nuestros corazones.
Cristo debe gobernar nuestras vidas.
Cristo debe gobernar nuestras familias.
Cristo debe gobernar nuestras ciudades.
Cristo debe gobernar nuestras naciones.
Porque Cristo gobierna nuestro universo.

La Gran Comisión de Cristo

"Por lo tanto, vayan y hagan discípulos
de todas las naciones,

bautizándolos en el nombre del Padre
y del Hijo y del Espíritu Santo.

**Enseñen a los nuevos discípulos a obedecer
todos los mandatos que les he dado"** .
(Mateo 28:19-20 NTV)

TABLA DE CONTENIDO

1ª PARTE
Los mandamientos de Cristo

2ª PARTE

Los caminos de Dios son más altos que nuestros caminos

3ª PARTE

¿VIDA ETERNA O CONDENACIÓN ETERNA? ¡TÚ DECIDES!

La vida eterna

La condenación eterna

PRÓLOGO:
TODOS LOS MANDAMIENTOS DE CRISTO

Es un fenómeno triste que algunos cristianos tiendan a pensar acerca de los "mandamientos de Dios", claramente delineados en las Escrituras, como algo relegado al Antiguo Testamento, y no necesariamente parte de la teología moderna. Sin embargo, Jesús dijo claramente: "Si Me amas, obedece Mis mandamientos". La "vida santa" no se puede adquirir ni mantener sin obedecer Sus mandamientos. La Dra. Esther V. Shekher es digna de elogio por traer a luz la negligencia de esta verdad. Recomiendo encarecidamente el libro *TODOS LOS MANDAMIENTOS DE CRISTO* a todos los cristianos de todo el mundo, especialmente a los que toman a Dios en serio.

Bob D'Andrea, Fundador/Presidente
CHRISTIAN TELEVISION NETWORK
Clearwater, Florida

DEL CORAZÓN DEL AUTOR

Introducción:

Es únicamente la gracia de Dios que Él me ha considerado digna de escribir este libro titulado: "TODOS LOS MANDAMIENTOS DE CRISTO". Fue concebido en mi espíritu por el Señor Dios Todopoderoso mismo, y viene absolutamente del salón del trono de Dios.

Los mandamientos son los deseos del corazón de Dios; Sus instrucciones para que vivamos una vida que le complazca a Él. Dios ha prometido que este libro traerá temor reverencial hacia Dios sobre la faz de la tierra.

Propósito del libro:

Jesús dijo: "Al que oye mis palabras y no las obedece, no lo juzgo; porque no he venido para juzgar al mundo sino a salvar al mundo. El que me rechaza, y no recibe mis palabras tiene quien lo juzgue, y es *la palabra que he hablado; ella lo juzgará en el día final*". El Señor también declara: "Mi pueblo ha sido destruido porque le faltó conocimiento". La ignorancia de la Palabra de Dios no es una excusa para que vivamos en pecado. (Jn. 12:47-48; Os. 4:6 RVC)

Yo he escuchado muchos mensajes acerca de las bendiciones de Dios. Es cierto que nuestro Dios es un Dios de bendiciones, que se preocupa por nosotros, y nos da paz y prosperidad, pero no debemos verlo sólo como un Papá Noel que nos proporciona todo lo que necesitamos. Las Escrituras dicen claramente que si escuchas con atención la voz del Señor tu Dios y pones en práctica *todos Sus mandamientos, entonces las bendiciones vendrán sobre ti y te alcanzarán*. (Dt. 28:1-2, 9 RVC)

Desesperada, busqué al Señor, preguntando: "¿Cuáles son los mandamientos que debemos obedecer para heredar tus bendiciones?" Esta pregunta ardía en mi corazón, y orando mucho en el espíritu durante años, me permitió recibir una revelación que vino del Señor. El Señor comenzó a revelarme los mandamientos ocultos en la Palabra de Dios. *Cuando una instrucción del Señor es seguida por una recompensa o una consecuencia, y a veces por ambas, entonces es un mandamiento. Algunos mandamientos no tienen ninguna recompensa*, pero aun así debemos obedecerlos porque Dios lo dice.

Obedezcamos la Gran Comisión de Cristo. Jesús, antes de ascender al cielo, le ordenó a Sus discípulos: "Por tanto, vayan y hagan discípulos de todas las naciones, bautizándolos en el nombre del Padre, del Hijo y del Espíritu Santo, y *enseñándoles que guarden todas las cosas que les he mandado*". (Mt. 28:19-20)

*Este libro es una **"lista de verificación de los mandamientos de Jesús".***

Acerca del libro:

La 1ª Parte y la 3ª Parte del libro traen a la luz *los mandamientos de Cristo* de los Evangelios de Mateo y de Juan. Las recompensas por la obediencia y las consecuencias de la desobediencia se explican claramente en un formato de tabla sencillo.

En este libro se tratan casi todos los temas principales de la fe cristiana. Señala que cuando nuestras vidas están de acuerdo con la Palabra de Dios, las bendiciones no sólo nos seguirán sino que nos sobrepasarán.

2ª Parte: Los caminos de Dios son más altos que nuestros caminos:

Jesús dijo: "Esta sección es el punto primordial del libro".

"Porque mis pensamientos no son sus pensamientos ni sus caminos son mis caminos, dice el Señor. Como son más altos los cielos que la tierra, así mis caminos son más altos que sus caminos, y mis pensamientos más que sus pensamientos". (Is. 55:8-9)

El salmista dijo repetidamente: Señor, enséñame *Tus preceptos, testimonios, leyes, mandamientos, estatutos, decretos, instrucciones, ordenanzas y juicios (todos significan lo mismo),* para que él pudiera entender los caminos de Dios. (Sal.119; 18:30)

Moisés conocía los caminos de Dios, pero los hijos de Israel sólo veían sus hechos. Nosotros aprendemos los caminos de Dios por medio de la Palabra de Dios y por el ejemplo de Cristo. (Sal. 103:7)

A menudo estropeamos nuestras vidas por seguir nuestros propios caminos. Dios me ha revelado algunos de "Sus caminos" que he presentado en esta sección, para ayudarnos a entender el corazón y la mente de Dios, para que podamos vivir la vida abundante que Dios quiere que vivamos.

¡Esta sección del libro será una bendición para ti!

Conclusión:

Este primer libro de la serie es del libro de Mateo y en parte del libro de Juan.

Yo creo que este libro ayudará tremendamente tanto a los creyentes, así como a los que no son creyentes a recibir las bendiciones de Dios. He simplificado este libro lo suficiente para que una persona promedio pueda entenderlo.

¡Mi oración es que cada ser humano tenga una copia de este libro y sea bendecido!

> Reconoce, pues, que el Señor tu Dios es Dios: Dios fiel, que guarda *el pacto y la misericordia* para con los que lo aman y *guardan sus mandamientos, hasta mil generaciones.* (Deut.7:9)

PD: El título del libro: "Todos los Mandamientos de Dios" Volumen I, publicado en 2013 y 2018, ha sido cambiado a "Todos los Mandamientos de Cristo" Volumen I, con algunas pequeñas modificaciones, según las instrucciones del Señor; pues Jesús dijo: *"Yo y el Padre uno somos".* (Jn.10:30)

El símbolo del asterisco (*) utilizado en el libro indica experiencias de la vida de la autora.

El texto debajo de cada tabla de mandamientos, indicado con una viñeta, denota el comentario de la autora, que ayudará al lector a mejor entender los mandamientos de Dios.

Agradecimientos:

Un agradecimiento especial a los miembros de mi amada familia por animarme y por su fiel apoyo, y a mi querida amiga, Mónica, por sus valiosas ideas, e incontables horas de duro trabajo en la compilación de este libro.

Estoy muy agradecida con mi amado esposo y a mi hija por su sacrificio y apoyo desinteresados. También estoy en deuda con todas las fieles personas que me apoyaron en oración para la publicación de este libro.

1ª PARTE

1. El adulterio

En estos últimos días, millones de personas, incluyendo muchos en el cuerpo de Cristo, están involucrados en el adulterio. Este capítulo acerca del adulterio está colocado al principio de este libro por la dirección del Señor, para que te ayude a vencer el pecado del adulterio.

1.1. El adulterio físico

MANDAMIENTO DE DIOS PARA QUE LO OBEDEZCAMOS	RECOMPENSA POR LA OBEDIENCIA/ CONSECUENCIA DE LA DESOBEDIENCIA
No cometerás adulterio. (AT) Jesús: (Mt. 5:27)	Ni los inmorales sexuales, ni los idólatras, **ni los adúlteros**, ni los ladrones ni los avaros ni los borrachos ni los calumniadores, **heredarán el reino de Dios**. (1 Co. 6:9-10)

- Este es el séptimo de los "Diez Mandamientos" escritos por nuestro Señor Dios Todopoderoso. En los tiempos del Antiguo Testamento, tanto el hombre como la mujer sorprendidos en adulterio eran condenados a muerte. Sólo eran juzgados cuando cometían adulterio físico. (Ex. 20:14; Lv. 20:10)

1.2. El adulterio de la mente

MANDAMIENTO DE DIOS PARA QUE LO BEDEZCAMOS	RECOMPENSA POR LA OBEDIENCIA/ CONSECUENCIA DE LA DESOBEDIENCIA
No mires a una mujer (con lujuria) para codiciarla. (Mt. 5:28)	Pero yo les digo que cualquiera que **mira** a una mujer y la **codicia** ya ha cometido **adulterio** con ella en el corazón. (Mt. 5:28 NVI)

- Esta es la **versión** del mandamiento "no cometerás adulterio" (AT) **actualizado por Jesús**. Nuestro Dios es el Dios Santísimo y Sus estándares son muy altos. A los ojos de Dios, aun el mirar a una mujer o a un hombre con lujuria es "adulterio".

1.3. Cirugía espiritual

LOS MANDAMIENTOS DE DIOS PARA QUE LOS OBEDEZCAMOS	RECOMPENSAS POR LA OBEDIENCIA/ CONSECUENCIAS DE LA DESOBEDIENCIA
1. Si tu ojo derecho te hace pecar, sácatelo y tíralo. (Mt. 5:29 NVI)	1. Más te vale perder una sola parte de tu cuerpo, y no que todo él vaya al **infierno**. (Mt. 5:30 NVI)
2. Y, si tu mano derecha te hace pecar, córtatela y arrójala. (Mt.5:30 NVI)	2. Pero los cobardes, los incrédulos, los abominables, los asesinos, los que cometen **inmoralidades sexuales,** los que practican artes mágicas, los idólatras y todos los mentirosos recibirán como herencia **el lago de fuego y azufre**. (Ap. 21:8; Gal. 5:19-21 NVI)

- Debemos, con sinceridad, buscar la ayuda de Dios para abstenernos de las escenas de inmoralidad en las películas, la televisión, la internet, los libros, los teléfonos celulares, etc., con el fin de mantener nuestra pureza ante Dios.

- Es fácil caer en el adulterio, pero es *difícil resistir* el pecado del adulterio. Tu resistencia al pecado depende de cuánto ***temor reverencial de Dios*** y amor para Cristo tengas en tu corazón. Cuanto más temor reverencial de Dios tengas, más resistirás el adulterio. ***Cuanto más amor tengas por Jesús***, más te negarás a ti mismo y vencerás el pecado del adulterio.

- ***Esta es la verdadera señal del Espíritu Santo***: el Espíritu de Dios en ti te *convencerá de pecado*, de justicia y de juicio; y el Espíritu Santo *te dará poder para vencer al pecado*, a Satanás y al mundo. Todo depende del nivel de unción que tú tengas. "Ahora bien — afirma el Senor— arrepiéntanse y vuélvanse a Mí". (Jn. 4:14, 7:37-39; 14:15-17, 15:26-27; 16:7-11 y 13-14; Rom. 8:26-27; Hch. 1:4-8, 2:38; 2 Co. 3:17)

1.4. El divorcio y volverse a casar

MANDAMIENTO DE DIOS PARA QUE LO OBEDEZCAMOS	RECOMPENSA POR LA OBEDIENCIA/ CONSECUENCIA DE LA DESOBEDIENCIA
No te divorcies de tu mujer, excepto por inmoralidad sexual, para casarte con otra mujer. (Mt. 19:9)	Les digo que, excepto en caso de inmoralidad sexual, el que se divorcia de su esposa, y se casa con otra, **comete adulterio.** (Mt. 19:9 NVI)

* El marido no debe divorciarse de su mujer. (1 Co. 7:11)

Consecuencias y prevención del adulterio

El pecado del adulterio es muy frecuente por todo el mundo. En estos días modernos, podemos cometer cualquier pecado y salir con una excusa poco convincente para justificar nuestro pecado, el por qué y bajo qué circunstancias lo hicimos. Puede que el mundo nos acepte, pero a los ojos de Dios, "**el pecado es pecado**". Dios Todopoderoso, el Santo, no puede tolerar el pecado. (Hab. 1:13; Is. 59:1-2; Sal. 5:4)

El pecado del adulterio te llevará directamente al infierno. Así que no cometas adulterio sólo porque la gente a tu alrededor lo hace. No tomes la gracia de Dios en vano. La destrucción repentina puede venir sobre ti. Por ejemplo: los dos hijos de Elí, el sacerdote, murieron por su pecado de adulterio. (1 Sam. 2:22-25, 34)

Ten en cuenta que ¡Dios no puede ser burlado! (Gal. 6:7)

Las consecuencias: si uno comete adulterio

(Prov. 5, 6 y 7)

Esto se aplica a ambos géneros.

1. El que comete adulterio es falto de entendimiento y **corrompe su alma.** (Prov. 6:32 RVA)

2. De los labios de la adúltera fluye miel y su lengua es más suave que el aceite. Pero al fin resulta más amarga que la hiel. (Prov. 5:3-4 NVI)

3. Si vas tras una adúltera, la seguirás como un buey que va camino al matadero. (Prov. 7:21-22 NVI)

4. Su casa está en los **caminos del Seol (infierno)**, que descienden a *las cámaras de la muerte.* (Prov. 7:27)

5. Aparta de ella tu camino, no sea que des a otros tu honor. (Prov. 5:8-9)

6. Tus años serán desperdiciados por el cruel, el diablo. (Prov. 5:9)

7. No sea que los extraños se sacien don tus fuerzas, y los frutos de tu trabajo vayan a dar a casa de un desconocido. (Prov. 5:10)

8. Entonces gemirás al final de tu vida, cuando tu cuerpo y tu carne se hayan consumido con enfermedades como el SIDA, las enfermedades de transmisión sexual, etc. (ver Prov. 5:11)

9. No podrá borrar su oprobio. (Prov. 6:33 NVI)

10. El que se acuesta con la mujer de otro no quedará impune. Cosechará lo que sembró. (Gal. 6:7)

Las consecuencias: cuando el rey David cometió adulterio

El rey David sufrió consecuencias devastadoras por cometer adulterio. El abuso sexual y el asesinato nunca se apartaron de su casa. (2 Sam. 11-19)

¿Qué consecuencias tuvo que enfrentar David por el pecado de adulterio?

1. *Dolor por la muerte de su recién nacido: la muerte de su primer hijo:* Tan pronto nació el hijo ilegítimo de David y Betsabé, murió. (2 Sam. 12:13-18)

2. *La vergüenza y el dolor del abuso sexual:* El hijo de David, Amnón, violó a Tamar, su hermanastra, y arruinó su vida. (2 Sam. 13:1-19)

3. *Asesinato y dolor por la muerte en la familia: muerte de su segundo hijo:* Absalón, hermano de Tamar, mató a Amnón dos años después de haber abusado de Tamar. (2 Sam. 13:23-29)

4. *La agonía de la separación:* David se afligió cuando su hijo Absalón huyó a otro país y se escondió por temor durante tres años, lejos de su padre. (2 Sam. 13:34-36)

5. *Dolor debido al hijo que se levantó contra el padre:* Absalón se rebeló y levantó un ejército contra David para arrebatarle el reino. (2 Sam.15:1-13)

6. *Deshonra causada porque el hijo se acostó con las esposas y concubinas del padre:* Absalón se acostó con las concubinas de David. (2 Sam. 16:22)

7. *El dolor de perder a otro hijo: la muerte de su tercer hijo:* Absalón murió en la batalla mientras luchaba contra el ejército de su padre. (2 Sam. 18:1-16)

8. *David, un mal modelo para sus hijos:* Como David tenía una debilidad por las mujeres, la misma debilidad se encontró también en sus hijos porque como padre, él les dio un mal ejemplo a sus hijos. (2 Sam. 13; 16:22; 1 Reyes 11:1-3)

Juicio de Dios declarado sobre David:

El rey David mató a Urías, el hitita, con la espada del pueblo de Amón y tomó a su mujer, Betsabé, como esposa. Como era un pecado grave ante los ojos de Dios, el Señor envió al profeta Natán a David.

Cuando el Profeta Natán le señaló el pecado de adulterio de David a través de una analogía, aunque después David se arrepintió sinceramente, aun así el siguiente juicio de Dios pronunciado por el Profeta, se cumplió en su vida.

El Profeta reprendió a David diciéndole: "¿Por qué has despreciado el mandamiento del Señor, para hacer el mal ante Sus ojos? Has matado a espada a Urías, el heteo; has tomado a su mujer, Betsabé, como esposa, y lo has matado con la espada del pueblo de Amón." Por lo tanto:

- "Ahora pues, porque **me has menospreciado** y has tomado **la mujer de Urías el heteo para que sea tu mujer**, jamás se apartará **la espada** de tu casa". Porque el último de los Diez Mandamientos dice: No codiciarás la mujer de otro hombre. (2 Sam. 12:10; Ex. 20:17)

- "Así ha dicho el Senor: 'He aquí yo **haré levantare** contra ti **el mal** de tu propia casa;

- Ante tus propios ojos tomaré tus mujeres y las daré a tu prójimo, el cual se acostará con tus mujeres a la luz del sol. (2 Sam. 12:11)

Ciertamente tú lo hiciste en secreto, pero yo haré esto ante todo Israel y en pleno día'". (2 Sam. 12:12)

El cumplimiento del juicio del Señor sobre David: un hombre conforme al corazón de Dios

Después de haber pasado por muchas pruebas y dificultades para llegar a ser el rey de Israel, imagina la agonía que David tuvo que pasar de nuevo durante toda su vida por este único pecado de adulterio.

David perdió tres hijos a temprana edad; dos de ellos fueron asesinados por la espada. Dios permitió que el propio hijo de David, Absalón, se levantara contra él como su adversario, tal como había sido profetizado. Así se cumplieron todos los juicios de Dios en la vida de David.

Dios perdonó a David cuando **se arrepintió sinceramente** de sus pecados, pero tuvo que soportar las consecuencias de sus pecados de adulterio y asesinato. (Sal. 51)

Si Dios no escatimó a David, un hombre conforme a Su propio corazón e hizo que él llevara las consecuencias de su pecado de adulterio, ¿en qué situación nos encontramos tú y yo cuando se trata del pecado de adulterio?

Otra buena cualidad de David que sale a relucir claramente es que, aunque sabía muy bien que estaba sufriendo a causa de la profecía que le había dado Natán, sin embargo, David **nunca murmuró contra Dios**.

Las tres etapas del adulterio que debes superar

Primera etapa, cuando lo inicias: Si estás casado/a y te relacionas con otro hombre o mujer para atraerlo o atraerla a una relación ilícita contigo, entonces has entrado en la primera etapa del adulterio. ¡Escudriña tu corazón! Arrepiéntete rápidamente, apártate de tus malos caminos y vuelve al Señor. (2 Cr. 7:14)

Segunda etapa, cuando otra persona te tienta, ¿qué harás?: Después de estar casado, si eres tentado por otro hombre o mujer, ¿cuál será tu reacción? Si no eres lo suficientemente fuerte espiritualmente y cedes a la tentación, entonces estás en la segunda etapa del adulterio.

Tercera etapa, cuando alguien te persigue incesantemente, ¿cómo reaccionarás?: No puedes superar esta etapa con tus propias fuerzas. Tienes que depender continuamente del Espíritu Santo cada día para protegerte de cometer adulterio.

Mientras estés dispuesto a resistir la tentación, *el Espíritu Santo de Dios en ti* te aconsejará y te guiará continuamente en la dirección correcta. Él no permitirá que caigas en la trampa del diablo. Recuerda que el adulterio es la trampa del diablo. Por lo tanto, sométete a Dios, resiste al diablo y él huirá de ti. (St. 4:7)

6

Consejo de Dios para la juventud

Si un incrédulo atractivo te persigue implacablemente, ¿qué harás?

Tenemos una buena ilustración de este incidente en la Biblia: el relato de la esposa de Potifar tentando a José diariamente para que se acostara con ella. Como *José temía a Dios*, la resistió y huyó de aquel lugar. Aunque fue acusado falsamente y encarcelado durante dos años, aun así, el Señor estuvo con él y lo elevó al segundo en mando bajo el Faraón en todo Egipto. (Gn. 39-41)

"No se unan en yugo desigual con los no creyentes". *Porque* ¿qué comunión hay entre el templo de Dios y los ídolos? Porque ustedes son el templo del Dios viviente. (2 Co. 6:14-15)

Esta verdad de la *Palabra de Dios,* si la obedeces, te hará libre. Podrás evitar el enfrentar consecuencias innecesarias en la vida.

¿Cómo puedes protegerte del adulterio?

Prevención: A continuación están indicadas algunas de las formas:

1. Protege todos tus sentidos, especialmente tus ojos

i. *La vista:* Los ojos son las ventanas de nuestra alma (mente). Las tentaciones penetran a través de nuestros ojos y corrompen nuestros pensamientos. Cuando permites pensamientos de lujuria o vanos, eventualmente podemos convertirnos en esclavos del enemigo y terminar cumpliendo la voluntad de Satanás para nuestras vidas en lugar de la voluntad de Dios. La Escritura dice: "No dejes que sus miradas coquetas te seduzcan". (Pr. 6:25 NTV) Si te vuelves y le das una segunda mirada a un hombre o a una mujer, entonces ¡ten cuidado!

ii. *El olfato:* No te dejes seducir por el olor de un perfume dulce.

iii. *El tacto:* No te dejes tentar por el **toque tierno** del sexo opuesto.

iv. *El oído:* Evita escuchar palabras que **enamoren tu corazón.**

v. *Las palabras:* Evita coquetear con la persona a la que estás atraída y mantén la distancia.

2. Renueva tu mente constantemente con la Palabra de Dios

"Una mente ociosa es el taller del diablo". La Escritura dice que no debemos conformarnos a este mundo; sino ser transformados por la renovación de nuestra mente con la Palabra de Dios. (Rom. 12:2)

Todo lo que es verdadero, todo lo honorable, todo lo justo, todo lo puro, todo lo bello y todo lo admirable, piensen en cosas excelentes y dignas de alabanza, en lugar de los pensamientos vanos y lujuriosos. (Fil. 4:8)

Debemos meditar en la Palabra de Dios y continuar reflexionando en ella de día y de noche; **porque la Palabra de Dios es verdadera, honorable, justa, pura y bella.**

(Salmo 119)

Debes ceñir los lomos de tu mente con el cinturón de la verdad, es decir, la Palabra de Dios. Primero Satanás tratará de llenar tu mente con pensamientos sucios y adúlteros (adulterio mental) o simplemente con pensamientos vanos, y luego te atrapará para que cometas el pecado de adulterio (físico). Cuando tienes pensamientos desenfrenados no los puedes controlar, la única salida es ceñir tu mente con el cinturón de la Palabra de Dios.

También puedes escuchar la Palabra de Dios, enseñanzas bíblicas y canciones para renovar tu mente. Cuando hagas esto, ya no tendrás deseo de pecar. Esta victoria sobre el pecado es gloriosa.

3. Huye del lugar de la tentación

i. Huye del lugar donde hay tentación; si le cedes a la tentación, es como jugar con candela.

ii. Aléjate del camino del mal; evítalo, no pongas pie en el camino, apártate de él y pasa de largo.

iii. Puede que el Senor te pida, ocasionalmente, que te quedes en el mismo lugar y venzas la tentación por razones específicas. Esto se aplica generalmente a los cristianos maduros, que son vencedores. Por ejemplo: José, un esclavo, huyó de la persona que lo tentó, pero no huyó del lugar. (Prov. 4:14-15, 6:27-28; Gen. 39:9-10)

4. Resiste al diablo y él huirá

Exponiendo los planes de Satanás: Cada cosa con la que el diablo te tienta, la hace parecer atractiva, hermosa e irresistible para que caigas presa de su trampa.

A medida que cedes, el diablo envía una flecha tras otra y construye una fortaleza en tu mente, haciendo de ti su blanco fácil. Por ejemplo: David y Betsabé. (2 Co. 10:4-5; 2 Sam. 11-12)

Todo puede comenzar inocentemente en la carne y a medida que tú cedes, el diablo se apodera de la situación. El diablo usa tus características o cualquier otro punto de entrada para desviarte de tu *llamado* y arruinar tu vida. Por ejemplo: la debilidad por las mujeres, la ira, la amargura, el temor, la lástima de si mismo, la depresión, el orgullo o incluso un espíritu bondadoso, que perdona y es paciente puede ser utilizado por Satanás como puerta de entrada para enredarte en su trampa. Aun hablando de la tentación puedes tú darle lugar al diablo. (Ef. 4:27; He. 13:4 NVI)

El diablo no se rinde fácilmente. Te estudia por mucho tiempo antes de tentarte. Él es **sutil, astuto y muy paciente.** Conoce tus debilidades y siempre está esperando la oportunidad adecuada para atacarte.

Sean sobrios y velen. Su adversario, el diablo, como león rugiente anda alrededor buscando a quién devorar. Por lo tanto, debes resistir al diablo **y también atar el espíritu de lujuria**, el espíritu de fornicación y el espíritu de adulterio en el poderoso nombre de Jesucristo. No se engañen; Dios no puede ser burlado. Al final, nadie puede escapar Su ira. (Gálatas 6:7; 1 Pedro 5:8-9)

* *Las formas de vencer a Satanás se enumeran el capítulo 10: "**No temas a Satanás, el maligno**".*

5. Presta atención a la guía del Espíritu Santo

La Escritura dice: "No les ha sobrevenido ninguna tentación que no sea humana; pero fiel es **Dios**, quien no los dejará ser tentados más de lo que ustedes pueden soportar, sino que juntamente **con la tentación dará la salida**, para que la puedan resistir". (1 Co. 10:13)

En primer lugar, deberías tener una relación constante con el Espíritu Santo de Dios por el que fuiste sellado cuando invitaste a que Jesús entrara en tu corazón. El Espíritu Santo dentro de ti te guiará y te ayudará a resistir la tentación, siempre y cuando estés dispuesto a cooperar con Él. Primero debes decidir en tu mente que vas a vencer a la tentación.

Pero si manejas la situación a tu manera, puede ser que Dios permita que salgas lastimado. Por lo tanto, sé sensible a los impulsos del Espíritu Santo cada día y obedécelo. (Ef. 1:14)

¡Escúchalo y síguelo!

6. Teme el juicio de Dios

Jesús dijo: "Si alguien oye mis palabras, y no las guarda, yo no lo juzgo; porque yo no he venido para juzgar al mundo sino para salvar al mundo.

El que me desecha, y no recibe mis palabras, tiene quien lo juzgue; **La palabra que he hablado lo juzgará en el día final".** (Jn. 12:47-48)

Hasta que pasen el cielo y la tierra ni siquiera una jota ni una tilde pasará de la Ley (la Palabra de Dios) hasta que todo haya sido cumplido. (Mt. 5:18)

La Escritura dice muy claramente que los **adúlteros**, los fornicarios, los idólatras, los homosexuales y los que abusan de sí mismos, incluidos los que se masturban, **no heredarán el reino de Dios** sino que acabarán en el fuego del infierno. (1 Co. 6:9-10; Ap. 21:8; Gal. 5:19-21)

El matrimonio debe ser honrado por todos, y el lecho matrimonial debe mantenerse puro, porque Dios juzgará al adúltero y a todos los inmorales sexuales. (Heb. 13:4 NVI)

No se engañen; Dios no puede ser burlado. Al final nadie puede escapar Su ira. (Gal. 6:7)

7. El temor reverencial por "La Palabra de Dios"

El Señor dice: **Yo miraré a los que tiemblan ante Mi Palabra**. Si realmente amas y temes a Dios, entonces seguirás todos Sus mandamientos dados en Su preciosa Palabra. (Is. 66:2)

Veamos lo que la Palabra de Dios dice con respecto a nuestro cuerpo y el adulterio:

i.   El cuerpo no es para la fornicación (es decir, relación sexual prematrimonial) sino para el Señor.

ii. El que se une con una prostituta o a cualquier otra mujer que no sea su propia esposa, es hecho con ella un solo cuerpo; porque dice: Los dos serán una sola carne.

iii. Todo pecado que un hombre cometa está fuera del cuerpo, pero el que comete fornicación peca contra su propio cuerpo. Por lo tanto, huye de la inmoralidad sexual.

iv. ¿O no saben que su cuerpo es templo del Espíritu Santo, que mora en ustedes, el cual tienen de Dios, y que no son de ustedes? Pues han sido comprados por precio, la preciosa Sangre de Jesucristo. Por lo tanto, el Señor espera que mantengas tu cuerpo santo y aceptable para Él. (1 Co. 6:13-20; Rom. 12:1)

8. El adulterio espiritual

La amistad con el mundo es adulterio espiritual, es decir, **infidelidad a Jesucristo**, *nuestro Novio*.

La amistad con el mundo es enemistad con Dios, porque implica adoptar las actitudes, los valores y las formas pecaminosas del mundo. Por ejemplo: si tienes amigos que hacen cosas que tú sabes que son moralmente malas, entonces no debes hacer lo que ellos hacen simplemente porque son tus amigos y quieres complacerlos. Si te sientes obligado a hacerlo, eso implica que no son tus verdaderos amigos. A los verdaderos amigos no les importa si eres "genial" o no. ¡Te aceptarán tal como eres! (Santiago 4:4)

La infidelidad: Una vez que le entregas el 100% de tu espíritu, mente y cuerpo al Señor, entonces si le das prioridad a algún asunto mundano (por ejemplo: ver películas románticas, series de televisión, etc.) por encima del Señor en tu mente, es adulterio espiritual ante Dios. Jesús, tu novio, quiere guardarte a ti, **Su novia, enteramente y solo para Él;** porque **Él es un Dios celoso** y un *fuego consumidor*. Jesús no aceptará tu amistad con el mundo. Él te juzgará por este pecado si no te arrepientes y lo abandonas, especialmente si estás llamado a ser la *"Novia de Cristo"*. Por lo tanto, protégete del adulterio espiritual. *Por favor, consulta la página 32 para más detalles acerca de la "Novia de Cristo"*

9. Pepitas de oro

i.   Si eres soltero/a, es mejor casarse que arder con pasión. (1 Co. 7:9)

ii. Si es simplemente lujuria e infatuación, puede desvanecerse rápidamente e incluso convertirse en odio, si no te entregas al placer. Por ejemplo: Amnón y Tamar. (ver 2 Sam.13:12-19)

iii. El verdadero amor espera; no te apresurará a tener relaciones sexuales prematrimoniales. Pero si te sientes obligado a ceder, entonces esa persona no es la que Dios ha elegido para ti.

iv. No mantengas a los "guapos/as" cerca en tu lugar de trabajo, especialmente cuando te sientas atraído a ellos. Esto puede ser una tentación innecesaria, como ha sido dicho: "los opuestos se atraen".

v.   Suele decirse que: "el pasto siempre es más verde del otro lado", pero, aun así, hay que cortarlo. Aprende a apreciar a tu cónyuge.

vi. Puedes fingir ante los hombres que eres fiel a tu cónyuge, pero en tu mente puede que hayas codiciado a un hombre o a una mujer. A los ojos de Dios, esto es adulterio aunque no hayas tenido contacto físico con él/ella.

vii. El adulterio es la trampa del diablo. Es un nido de serpientes. Así que, aléjate de él rápidamente. De lo contrario, la serpiente te morderá con fuerza.

10. Dios, un testigo de tu pacto matrimonial

Dios instituyó el matrimonio y ha sido testigo entre tú y la esposa de tu pacto. En carne y en espíritu eres de Dios. Como Él busca una descendencia santa, el Señor te ha hecho uno de ellos.

Cuando cometes adulterio, has traicionado a tu cónyuge de pacto. Si entonces inundas el altar del Señor con lágrimas, aun así, Él no aceptará tus ofrendas con agrado y el Señor rechazará al hombre que hace esto.

Así pues, guárdate en tu espíritu, y que nadie traicione a la mujer de su juventud. (Mal. 2:12-15; Gn. 2:24)

* *Por la gracia de Dios, después de orar en el Espíritu durante numerosas horas, el Señor me dio todas las revelaciones anteriores sobre cómo uno puede protegerse de cometer adulterio. ~ Autora*

2. Las bienaventuranzas de la justicia

Jesús enseñó los siguientes mandamientos en
Su Sermón de la Montaña, que son aplicables
a nosotros aun hoy en día. (Mt. 5)

2.1. La dependencia de Dios

MANDAMIENTO DE DIOS PARA QUE LO OBEDEZCAMOS	RECOMPENSA POR LA OBEDIENCIA
Sé pobre de espíritu. (ver Mt. 5:3)	1. Eres bendecido. 2. Porque tuyo es el reino de los *cielos.* (Mt. 5:3)

• Ser pobre de espíritu es depender de Dios para todo y no de tus propias habilidades. Depende del Señor en todo lo que hagas, y tus planes tendrán éxito. (Prov. 16:3 NVI)

2.2. El arrepentimiento

MANDAMIENTO DE DIOS PARA QUE LO OBEDEZCAMOS	RECOMPENSA POR LA OBEDIENCIA
Llora. (Mt. 5:4)	1. Eres bendecido. 2. Porque serás consolado (con justicia, paz y gozo en el Espíritu Santo). (Mt. 5:4; Rom. 14:17)

• **Razones para llorar:** (i) Para lamentarnos por nuestras propias debilidades en relación con el criterio de Dios en cuanto a la justicia. (ii) Para lamentarnos por las almas perdidas.

2.3. La misericordia

MANDAMIENTO DE DIOS PARA QUE LO OBEDEZCAMOS	RECOMPENSA POR LA OBEDIENCIA
Sé misericordioso. (Mt. 5:7)	1. Eres bendecido. 2. Porque *obtendrás misericordia.* (Mt. 5:7)

- Dios espera que estemos llenos de compasión y amor hacia los que sufren.

2.4. La humildad

MANDAMIENTO DE DIOS PARA QUE LO OBEDEZCAMOS	RECOMPENSA POR LA OBEDIENCIA
Sé humilde (manso). (Mt. 5:5)	1. Eres bendecido. 2. Porque *heredarás la tierra.* (Mt. 5:5)

- Ser humilde es ser sumiso ante Dios. Es como decirle a Dios: "No puedo hacerlo por mi propia cuenta. Te necesito, Señor".
- El que se humilla será exaltado. (Lc. 18:14)

2.5. La pureza

MANDAMIENTO DE DIOS PARA QUE LO OBEDEZCAMOS	RECOMPENSA POR LA OBEDIENCIA
Sé puro de corazón. (ver Mt. 5:8)	1. Eres bendecido. 2. Porque *verás a Dios.* (Mt. 5:8)

Deseo por la pureza: En primer lugar, desea ser puro de corazón. A medida que Dios te revela tus pecados, arrepiéntete inmediatamente y busca Su ayuda para ser restaurado ante Él.

Oración: Hazme tan puro que yo pueda verte, Señor.

- Si lo buscas temprano, lo encontrarás. (Prov. 8:17)
- Si te acercas a Dios, Él se acercará a ti. (St. 4:8)
- Si lo buscas con todo tu corazón y con toda tu alma, lo encontrarás. (Dt.4:29)

Dios no puede mentir: Dios no es un mentiroso para poner ese versículo en Su Palabra, si no fuera posible verlo. (Mt. 5:8)

Dios no hace acepción de personas: Si Moisés, un hombre tal como nosotros, pudo ver al Señor cara a cara, ¿por qué no podremos nosotros? Pues nuestro Dios no hace acepción de personas. Jesús es el mismo ayer, hoy y por siempre. (Ex. 33:11; Rom. 2:11; He. 13:8; 2:9)

* Yo deseaba desesperadamente ver a Jesús cuando tenía 20 años y oré incontables veces: "Hazme tan pura que yo pueda verte, Señor". Finalmente, Jesús me prometió a través de Hechos 22:14 que yo vería al Justo y después, Jesús se me apareció en visiones. ~ Autora

2.6. La paz

MANDAMIENTO DE DIOS PARA QUE LO OBEDEZCAMOS	RECOMPENSA POR LA OBEDIENCIA
Esforcémonos por conseguir la paz. (Mt. 5:9)	1. Eres bendecido. 2. Porque serán llamados **hijos de Dios.** (Mt. 5:9)

- Tengamos paz para con Dios por medio de la cruz. (Rom. 5:1)
- Estemos en paz los unos con los otros. (Rom. 12:18)

2.7. La persecución

MANDAMIENTO DE DIOS PARA QUE LO OBEDEZCAMOS	RECOMPENSA POR LA OBEDIENCIA
Dichosos serán ustedes cuando por mi causa la gente los insulte, los persiga y levante contra ustedes toda clase de calumnias. ~ Jesús (Mt. 5:11-12 NIV)	1. Eres bendecido 2. Nos esperará una gran recompensa en el **cielo.** (Mt. 5:11-12 NIV)

- Si perduras, también reinarás con Él. (2 Tim. 2:12)

2.8. Los sufrimientos

MANDAMIENTO DE DIOS PARA QUE LO OBEDEZCAMOS	RECOMPENSA POR LA OBEDIENCIA
Sufre persecución por causa de la justicia. (Mt. 5:10)	1. Eres bendecido. 2. Porque nuestro es el reino de los **cielos**. (Mt. 5 :10)

- Cuando quieras seguir el estándar de Dios de la verdad, la justicia y la pureza y te niegues a estar de acuerdo con el estándar mundano actual, sufrirás persecución por aquellos que son del mundo. Pero al final, valdrá la pena el sufrimiento ya que recibirás gran recompensa en el cielo.
- Aquellos que le pertenecen a Cristo crucificarán su naturaleza pecaminosa de la carne con sus pasiones y deseos. (Gal. 5:24)

2.9. La justicia

MANDAMIENTO DE DIOS PARA QUE LO OBEDEZCAMOS	RECOMPENSA POR LA OBEDIENCIA
Ten hambre y sed de justicia. (Mt. 5:6)	1. Eres bendecido. 2. Porque seremos saciados (con todas las bendiciones físicas y espirituales en Cristo Jesús). (Mt. 5:6)

- Debemos tener hambre y sed de la justicia de Cristo. Cuando permanecemos en Cristo, Él nos viste de Su justicia. (1 Co. 1:30)
- El camino de un hombre justo es *un camino de realeza.*

¿Qué es la justicia?

La justicia es "estar justificado" y "hacer lo correcto" ante Dios.

"Estar justificado" es tener una buena relación con Dios por medio del regalo gratuito de la salvación. (Ef. 2:8-9; Rom. 3:20 NTV)

"Hacer lo correcto" es ocuparnos de nuestra salvación con temor y temblor ante Dios, obedeciendo los mandamientos de Cristo. (Filipenses 2:12)

Justicia por permanecer en Cristo

Si alguno *está en Cristo*, es una *nueva criatura*. Dios hizo a Jesús pecado por nosotros, quien no conoció pecado, *para que fuéramos hechos justicia de Dios en Él*. (2 Co. 5:17, 21)

Debemos tener hambre y sed de:

1. La presencia de Dios. (ver Dt. 4:29)
2. La Palabra de Dios. (ver Salmo 119)
3. La intimidad con Jesús. (ver Fil. 3:8-10)
4. La comunión con el Espíritu Santo. (ver Jn. 7:37-39)
5. La justicia de Dios. (ver Mt. 5:6)
6. El reino de Dios. (ver Mt. 6:33)
7. El regreso de Cristo. (ver 2 Tim. 4:8)

Podemos permanecer en Cristo deseando todo lo indicado anteriormente; porque *Cristo es nuestra justicia*, sabiduría, santificación y redención. Dios ve la obra terminada de Cristo y nos acepta como Sus santos. Nuestra *justicia propia es como trapos de inmundicia* ante Dios. No necesitamos esforzarnos para ser justos. Si buscamos la ayuda de Dios, Él nos ayudará a llegar a serlo, por la presencia y el poder del Espíritu Santo. (1 Co. 1:30; Is. 64:6; Rom. 14:17; Fil. 2:12)

2.9(a) La justificación de nuestro espíritu, alma y cuerpo: por medio de la gracia y la obediencia

- *El espíritu: salvo por la gracia de Dios:* Cuando aceptas a Cristo como tu Salvador, solamente tu espíritu es justificado por Su gracia. *Eres salvo, perdonado, redimido, santificado, hecho justo,* etc. Todos estos cambios *solamente* suceden *en tu hombre espiritual* por medio de la salvación.

  La Escritura dice que el "don de la justicia" reina en nuestra vida por medio de Cristo. Por lo tanto, *la justicia es un don dado a nuestro "espíritu".* (1 Co. 1:30; 2 Co. 5:17, 21; Rom. 3:21-24; 5:17; Ef. 1:7; 2:5, 8-9; 1 Jn. 1:9; Heb. 10:10)

- *El alma: salva por la Palabra de Dios:* A lo largo de tu vida, tu *alma está siendo transformada* por la renovación de tu mente, por la Palabra de Dios. Debes llevar cautivo todo pensamiento para hacerlo *obediente* a Cristo. Tu alma y tu cuerpo son justificados cada día de tu vida por la obediencia a los mandamientos de Dios. (Rom. 6:13; 12:1-2; 2 Co. 10:5; Mt. 5:20; St. 1:21)

- **El cuerpo: salvo por la obediencia a los mandamientos de Dios:** Tu cuerpo, la *carne*, con su naturaleza pecaminosa, debe ser *crucificada diariamente* a la cruz. Jesús dijo: *Niégate a ti mismo, toma tu cruz* y sígueme; porque estrecho es el camino que lleva a la vida eterna.

  Debemos **ocuparnos de nuestra salvación con temor y temblor al obedecer los mandamientos de Dios.** Sólo los que perseveren hasta el fin serán salvos. No podemos decir que aceptamos a Jesús pero rechazamos Su Palabra, Sus mandamientos. (Lc. 9:23; Fil. 2:12; Mt. 7:14; 24:13; Jn. 14:15; Gal. 5:19-21; 2:20; Rom. 6:6)

- **El camino de Dios, no el nuestro:** *Jesús hizo lo sobrenatural* (la gracia) para redimir a nuestro hombre espiritual, y nosotros *debemos hacer lo natural* (la obediencia) para crucificar nuestra carne a la cruz, con la ayuda del Espíritu Santo de Dios, nuestro Consolador, hecho disponible para nosotros por Cristo mismo. Jesús ha hecho Su parte y cuenta con que nosotros hagamos la nuestra. ¡Ese es el camino de Dios! Los caminos de Dios siempre son más altos que los nuestros. (Ef. 1:19-23; Jn. 14:15-17; Rom. 8:26-27; Is. 55:8-9)

- **La salvación total:** *La gracia y la obediencia* van juntas. Son como dos caras de la misma moneda. De hecho, por medio de Cristo, recibimos la gracia aun para la obediencia. Por lo tanto, la gracia de Cristo y la obediencia a los mandamientos de Dios, ambas son requeridas para la salvación **total de tu espíritu, alma y cuerpo**. (Rom. 1:5)

2.9(b) La obediencia a la ley moral (AT) nos lleva a la justicia

- Cristo dijo: "No piensen que he venido a anular la ley o los profetas; **no he venido a anularlos, sino a darles cumplimiento.** Les aseguro que mientras existan el cielo y la tierra, **ni una letra ni una tilde de la ley desaparecerán hasta que todo se haya cumplido**". (Mat. 5:17-20 NVI)

- La palabra "ley" (hebreo: Torah) significa "enseñanza o dirección". La Ley de Dios dada a Moisés se puede dividir en tres categorías.

  i. **La ley moral** trata de las normas de Dios para una vida santa. (Ex. 20:1-17)

  ii. **La ley civil** trata de la vida legal y social de Israel. (Ex. 21-23)

  iii. **La ley ceremonial** se ocupa de la forma y de los ritos de la adoración de Israel al Señor, incluyendo el sistema de los sacrificios. (Lev. 1-19)

- ***Jesús cumplió las leyes ceremoniales y las del sacrificio en la cruz,*** al convertirse en el Cordero de la expiación que fue sacrificado una vez y por todas, para redimirnos de nuestros pecados y de la ley. Por lo tanto, ahora la salvación solamente viene por la gracia por medio de la fe en Jesucristo y no por observar estas leyes ceremoniales y las del sacrificio (AT). (Gal. 3:19; Heb. 10:10; Ef. 2:8-9)

- Jesús obedeció la ley moral llevando una vida sin pecado en la tierra. El que Jesús cumpliera la ley moral no significa que nosotros no debemos obedecer la ley moral (AT). La ley moral, es decir, los mandamientos de Dios, que tienen que ver con la norma de la justicia de Dios, todavía se aplica a nosotros hoy en día.

  Estas leyes morales no son para nuestra salvación, sino que ayudarán a nuestro crecimiento espiritual y nos permitirán vivir una vida justificada. (Heb. 4:15; Ex. 20:1-17)

- ***Las leyes que el creyente está obligado a guardar incluyen:***

    i.   Los principios éticos y morales del AT.

    ii. Las enseñanzas de Cristo y de los apóstoles (NT).

  El conocimiento de los mandamientos morales de Dios del AT y del NT es extremadamente importante para que el Espíritu Santo pueda convencernos cuando quebrantamos los mandamientos y hacernos justos en nuestra alma y cuerpo, al obedecerlos. (Jn. 14:15-17)

- Sorprendentemente, ***el libro del Apocalipsis***, el último libro de la Biblia, enfatiza que nosotros, los creyentes en Cristo, debemos *obedecer tanto* los mandamientos de Dios (AT) como los mandamientos de Cristo (NT). (Ap. 12:17; 14:12; 22:14)

- ***Jesús promete otro Consolador:***

  "Si me aman, guardarán mis mandamientos. Y yo rogaré al Padre y ***les dará otro Consolador*** para que *esté con ustedes para siempre.* Este es el Espíritu de verdad, a quien el mundo no puede recibir porque no lo ve ni lo conoce. Ustedes lo conocen, porque permanece con ustedes y está en ustedes". ~ Jesús (Jn. 14:15-17)

  Jesús no solo nos pidió que obedeciéramos Sus mandamientos, sino que también nos ha enviado a otro ***Consolador, el Espíritu Santo de Dios***, para *hacer posible que obedezcamos Sus mandamientos* a lo largo de toda nuestra vida. ¡Esta es la gracia de Dios! (Rom. 1:5)

3. Los creyentes: Los escogidos por Dios

Bendiciones espirituales para los creyentes en Cristo Jesús (Ef. 1:3-14)

1. Dios **nos ha escogido** en Cristo desde antes de *la fundación del mundo* para que fuéramos santos y sin mancha delante de Él.

2. En amor Dios nos predestinó por medio de Jesucristo para adopción como **hijos** Suyos, según Su buen placer y voluntad, para alabanza de la gloria de Su gracia.

3. Nos ha aceptado en el Amado.

4. Tenemos *redención* por medio de la preciosa sangre de Jesús.

5. Tenemos el **perdón** de nuestros pecados según las riquezas de Su gracia.

6. Él hizo sobreabundar para con nosotros Su gracia en toda sabiduría y entendimiento.

7. Dios nos ha dado a conocer el **misterio de Su voluntad,** según *Su buen placer,* el cual se había propuesto en Sí mismo.

8. Que en la plenitud de los tiempos, en Cristo sean **reunidas** bajo una cabeza todas las cosas, tanto las que están en los cielos como las que están en la tierra.

9. En Cristo, también recibimos **herencia,** habiendo sido predestinados según el propósito de Dios.

10. Para que nosotros, quienes fuimos los primeros en creer en Cristo, seamos la alabanza de Su gloria.

11. Tenemos el privilegio de **confiar** en Jesucristo.

12. Nosotros también hemos sido incluidos en Cristo habiendo oído la **Palabra de verdad.**

13. Es Su abundante gracia la que nos permitió recibir el evangelio de la **salvación.**

14. Habiendo creído, fuimos sellados con el **Espíritu Santo** que había sido prometido; quien es la garantía de nuestra herencia.

15. El Espíritu Santo nos ayudará a perdurar hasta la redención de los que son *pertenencia de Dios*.

¿Sabes cuánto *te* valora Dios que ha pensado en *ti* que ha pensado en ti incluso antes de la fundación del mundo y te ha predestinado para Sí mismo? Él tiene *una voluntad específica* para ti. *Espera en Él para descubrir el "misterio de la voluntad de Dios" para tu vida.*

3.1. El arrepentimiento por medio de la tristeza según Dios

Comienza tu jornada con el Señor Jesús como creyente, por medio del arrepentimiento.

MANDAMIENTO DE DIOS PARA QUE LO OBEDEZCAMOS	RECOMPENSA POR LA OBEDIENCIA
1. Arrepiéntete. (Mt. 3:2; 4:17)	Porque el reino de los cielos se ha acercado. (Mt. 3:2; 4:17)
2. Arrepiéntete. (Lc. 13:3, 5)	Si no se arrepienten, **todos perecerán.** (Lc. 13:3, 5)

- Jesús comenzó su ministerio con el mensaje del arrepentimiento. Él le aseguró a la gente de su herencia en el cielo cuando verdaderamente se arrepienten de sus pecados.
- *La tristeza según Dios* trae arrepentimiento que conduce a la *salvación* y no deja remordimiento.
- *La tristeza mundana*, que no es más que palabras insinceras ante Dios, que le trae muerte al alma. (2 Co. 7:10)

¿Qué es el pecado?

El pecado es quebrantar la Ley de Dios. Toda injusticia es pecado. Todo lo que no es de *fe*, es pecado. El que comete pecado es del diablo. (ver 1 Jn. 3:4, 8; 5:17; Rom. 14:23)

¿Qué es el arrepentimiento?

Arrepentirse significa tomar una decisión interior firme de cambiar y dar un giro de 180 grados de nuestros caminos pecaminosos, para volvernos a Dios.

¿Cómo puedes volver a Dios?

De estas tres formas: Recordar, arrepentirte y no volver a hacerlo.

- **Recuerda** de dónde has caído.
- **Arrepiéntete** de tus pecados y debilidades.
- **Vuelve a hacer** las cosas correctas que hiciste al principio, si te has apartado de Dios. (Ap. 2:5)

* *Cuando era joven, yo solía escribir todos los pecados que había cometido, y me arrepentía de ellos uno por uno, y también arreglaba las cosas con la gente. Esto me ayudó a no volver a cometer esos pecados. ~ Autora*

Las consecuencias: si te niegas a arrepentirte

1. **El juicio de Dios:** Si eres obstinado y te niegas a arrepentirte, estás acumulando indignación e ira contra ti mismo para el día del juicio. "¡Recuerda, por lo tanto, de dónde has caído! ¡Arrepiéntete! Y haz las primeras obras. De lo contrario, yo vendré a ti y quitare tu candelero de su lugar, si no te arrepientes". Esto dice el Señor Jesús. (Ap. 2:5; Rom. 2:5, 8)

2. **Tu alma morirá y no prosperarás en la vida:** El alma que peca y no se arrepiente de verdad, ciertamente morirá; porque la paga del pecado es *muerte*. El que cubre sus pecados no prosperará. (Ez. 18:20; Pr. 28:13; Rom. 6:23; 2 Co. 7:10-11)

3. **El Espíritu Santo se apartará de ti:** El Espíritu Santo en ti, el muy gentil espíritu, no se esforzará para siempre sino que se retirará lentamente de ti, dejando que tu alma muera. Cuando el mundo entra, el Espíritu Santo se va. (Ef. 4:30)

4. **Dios ocultará su rostro de ti:** Tus iniquidades te separarán de tu Dios; tus pecados harán que Su rostro se oculte de ti. (ver Is. 59:2)

5. **Dios te rechazará si eres tibio:** "Yo conozco tus obras, que ni eres frío ni caliente. Así, porque eres tibio, y no frio ni caliente, estoy por vomitarte de mi boca", dice el Señor. El Señor te da la opción de caminar cerca de Él (caliente) o de caminar en los caminos del mundo (frío), pero no estés en el medio (tibio); desafortunadamente, la mayoría de los cristianos son tibios. ¡Tengan cuidado! (Ap. 3:15-16)

6. **Crucificas al Señor Jesús de nuevo:** *Si sigues pecando después de ser salvo*, ignorando la convicción del Espíritu Santo y tomando la gracia de Dios en vano, entonces estás crucificando al Señor en la cruz de nuevo y exponiéndolo a la vergüenza. (Heb. 6:4-6)

7. **Dios no responderá cuando lo invoques:** Si sigues ignorando la reprensión de Dios, Él se reirá cuando te sobrevenga la calamidad y no responderá a tus oraciones. (ver Prov. 1:24-28)

8. **Arrepiéntanse o perezcan:** En una ocasión Jesús les respondió a los judíos: ¿Piensan que estos galileos, porque padecieron estas cosas, habrán sido más pecadores que todos los galileos? Les digo que no; más bien, si ustedes no se arrepienten, todos perecerán igualmente". (Lc. 13:1-5)

Las recompensas: si realmente te arrepientes

1. **Dios te concederá vida eterna:** Cuando te arrepientes verdaderamente y naces de nuevo, Dios te perdona y te concede *vida eterna*. (Jn. 3:3, Mc. 1:15)

2. **Obtendrás la misericordia de Dios:** El que confiesa y abandona sus pecados alcanzará la misericordia de Dios. Pues nuestro Dios es un Dios de segundas oportunidades. (Prov. 28:13)

3. **Todo el cielo se regocijará por ti:** Habrá más gozo en el cielo por un pecador que se arrepiente que por noventa y nueve justos que no necesitan de arrepentimiento. (Lc. 15:7)

4. **Dios volverá a ti:** "Vuélvanse a mí y yo me volveré a ustedes", ha dicho el Señor Todopoderoso. (ver Mal. 3:7)

5. **Dios perdonará tus pecados y sanará tu tierra:** "Si se humilla mi pueblo sobre el cual es invocado mi nombre, si oran y buscan mi rostro y se vuelven de sus malos caminos, entonces yo oiré desde los cielos, y perdonaré sus pecados, y sanaré su tierra", ha dicho el Señor Dios Todopoderoso. (2 Cr. 7:14)

6. **Serás bendecido por Dios:** Bienaventurados los que lloran por sus debilidades, porque ellos serán consolados. (Ver Mt. 5:4)

7. **Serás una nueva creación en Cristo:** La Escritura dice: "De modo que si alguno está en Cristo, nueva criatura es; las cosas viejas pasaron, he aquí todas son hechas nuevas".

   Si realmente te arrepientes de todos tus pecados y aceptas a Cristo como tu Señor y Salvador, te convertirás en una nueva creación en Cristo y serás justo a los ojos de Dios; Jesús limpiará tu corazón por completo y *quitará tu culpa y condenación*. El verdadero arrepentimiento te **traerá** solamente **gozo y libertad, y no tristeza**, como algunos enseñan. (2 Co. 5:17; 1 Co. 1:30; Rom. 8:1-2; Dan. 9:1-19)

8. **El verdadero arrepentimiento enternece el corazón de Dios:** Así es como Efraín le clamó a Dios: "Después de desviarme, me arrepentí; después darme cuenta, golpeé mi muslo. Fui avergonzado y también afrentado porque he llevado el oprobio de mi juventud".

   Inmediatamente el Señor declaró: "¿Acaso no es Efraín **un hijo querido para mí**? ¿Acaso no es **un niño precioso**? Porque cada vez que hablo contra él, lo recuerdo más. Por eso **mis entrañas se enternecen** por él. Ciertamente tendré misericordia de él, dice el Senor". (Jer. 31:19-20)

3.2. La Palabra de Dios

3.2(a) Por la ignorancia de la Palabra de Dios el pueblo perece

MANDAMIENTO DE DIOS PARA QUE LO OBEDEZCAMOS	RECOMPENSAS POR LA OBEDIENCIA/ ESCRITURAS QUE CONFIRMAN
1. No sólo de pan vivirá el hombre, sino de toda palabra que sale de la boca de Dios. (ver Mt. 4:4)	1. Entonces Jesús fue llevado por el Espíritu al desierto para ser tentado por el diablo. 2. Y después de *haber ayunado cuarenta días* y cuarenta noches, tuvo hambre. 3. El tentador se acercó y dijo: *"Si eres Hijo de Dios*, di que estas piedras se conviertan en pan". 4. Pero Jesús respondió y dijo: "Escrito esta: No sólo de pan vivirá el hombre, sino de toda palabra que sale de la boca de Dios". (Mt. 4:1-4)

- Nuestro espíritu, que existe para siempre, vive de la Palabra de Dios. Meditar en la Palabra de Dios es el alimento adecuado para que nuestro espíritu crezca más profundamente en el Señor. (Heb. 5 12-14)

- Nosotros nacemos *de nuevo por medio de la Palabra de Dios* que vive y permanece para siempre. (1 Pedro 1:23)

- Deseen como niños recién nacidos la leche pura de la Palabra no adulterada para que por ella puedan *crecer.* (1 Pedro 2:2)

MANDAMIENTO DE DIOS PARA QUE LO OBEDEZCAMOS	ESCRITURAS QUE CONFIRMAN
2. No pondrás a prueba al Señor tu Dios. (ver Mt. 4:7)	1. El diablo llevó a Jesús a la ciudad santa y lo puso sobre el pináculo del templo y le dijo: *"Si eres Hijo de Dios,* échate abajo, porque *escrito está:* 'A sus ángeles mandará acerca de ti'". (Sal. 91:11-12) 2. Jesús le dijo al diablo: "Además está escrito: *No pondrás a prueba al Señor tu Dios".* (Mt. 4:5-7)

¡Pausa y reflexiona!

- Jesús le dijo esto a Satanás en el desierto, cuando Satanás trató de desviar a Jesús del camino de la perfecta obediencia a la voluntad de Su Padre, *utilizando la Palabra de Dios*. Recuerda, ¡Satanás conoce la Palabra de Dios!

- Satanás tentó a Jesús tres veces, diciendo: "Si eres el Hijo de Dios…" y trató de atrapar a Jesús en las áreas *del placer, el orgullo y el poder*, pero las tres veces Jesús venció a Satanás con la "Palabra de Dios". Estas son las tres áreas más poderosas de la vida en las que el diablo trata de tentarnos aún hoy en día, como lo hizo con Jesús. (Mt. 4:1-11; 1 Jn. 2:15-17)

- Si vences estas tentaciones, tu cuerpo resucitado y glorificado *brillará más* en el cielo, por toda la eternidad. También se te darán diversos puestos y recompensas en el cielo de acuerdo con tu vida justa y fructífera en la tierra. (Ap. 19:7-9; 1:5-6; Mt. 19:28)

Lecciones que aprender de las tentaciones de Jesús

- **No pongas al Señor a la prueba:** Aunque Dios promete Su protección, no debemos tentarle innecesariamente metiéndonos en problemas debido a nuestro orgullo o ignorancia de los caminos de Dios y seguir esperando que Dios nos va a liberar. Puede que no nos libere. (Mt. 4:7)

- **Conoce bien las Escrituras:** Como Jesús conocía bien las Escrituras y los caminos de Dios, Su Padre, y no cayó en la trampa del diablo y no se arrojó del pináculo del templo.

  La ignorancia de la Palabra de Dios no es una excusa que puedas darle a Dios por las malas decisiones que has tomado en la vida. Pues el Señor dice: *"Mi pueblo es destruido porque carece de conocimiento"* (de la Palabra de Dios). (Os. 4:6)

- **Compara precepto con precepto:** Debemos meditar siempre en las Escrituras y comparar "mandato tras mandato y línea tras línea" en la Palabra de Dios, como lo hizo Jesús. No debemos sacar un versículo fuera de contexto de la Biblia, malinterpretarlo y usarlo para nuestros propios propósitos egoístas, para comprobar nuestra ideología. (Is. 28:10; Mt. 4:5-7)

- **Cítale "la Palabra" al diablo:** El diablo, utilizando la Palabra de Dios, sedujo a Jesús para que se arrojara desde el pináculo del templo. Pero Jesús citó otra Escritura y no cayó en la trampa del diablo. Debemos seguir el ejemplo de nuestro Maestro y vencer al diablo con la Palabra de Dios. (Mt. 4:5-7)

3.2(b) Sean hacedores de la Palabra de Dios y no sólo oidores

En la parábola del sembrador, Jesús explica cómo la *salvación y el fruto* de una persona dependen de cómo se responda a la Palabra de Dios. "Ustedes pues, oigan la parábola del sembrador", dice el Señor. Un sembrador salió a sembrar y algunas semillas cayeron en:

MANDAMIENTO DE DIOS PARA QUE LO OBEDEZCAMOS	CONSECUENCIAS DE LA DESOBEDIENCIA
Corazones endurecidos: 1 (a) No dejes que tu corazón sea endurecido como el camino es, donde las semillas no pueden crecer; porque vendrán las aves y devorarán la semilla. (Mt. 13:4,19) (b) Escucha la Palabra del reino y entiéndela. (ver Mt. 13:19)	De lo contrario, **el maligno (Satanás) viene y arrebata la Palabra** que fue sembrada en tu corazón. (Mt. 13:19)

- La semilla es la Palabra de Dios. El pájaro simboliza al diablo, al malvado. El camino representa el corazón de una persona que no entiende la Palabra cuando la escucha.

- **No permitas que el diablo te arrebate "la Palabra":** Si alguien escucha la Palabra de Dios y no la entiende, entonces viene el diablo y le arrebata la Palabra sembrada en su corazón. Este es el que recibió la semilla junto al camino. (ver Mt. 13:19)

MANDAMIENTO DE DIOS PARA QUE LO OBEDEZCAMOS	CONSECUENCIAS DE LA DESOBEDIENCIA
Creyentes superficiales: 2. No dejes que tu corazón sea superficial como los **pedregales** donde no hay mucha tierra para que crezcan las semillas. (Mt. 13:5-6, 20-21)	Las semillas brotarán rápidamente porque la tierra no es profunda. Pero cuando sale el sol, se quemarán y se marchitarán porque no tienen raíz. (Mt. 13:5-6)

- El pedregal representa el corazón de una persona.

- Es como cuando alguien en seguida recibe la Palabra con gozo. Pero **cuando viene la persecución por causa de la Palabra, en seguida se apartan** de Cristo, porque no entienden el amor de Cristo y Su sacrificio por ellos en la Cruz. (ver Mt. 13:20-21)

MANDAMIENTO DE DIOS PARA QUE LO OBEDEZCAMOS	CONSECUENCIAS DE LA DESOBEDIENCIA
Creyentes sin fruto: 3. No dejes que tu corazón deje de producir fruto como la semilla que cayó entre **los espinos** que no da fruto. (Mt. 13:7, 22)	Las semillas que caen entre los espinos serán ahogadas por los espinos. (Mt. 13:7)

- La tierra llena de espinos representa el corazón de una persona.

- Esto representa al pueblo de Dios que escucha la Palabra, pero las preocupaciones de este mundo y **el engaño de las riquezas, ahogan la Palabra** y queda sin fruto para el reino de Dios. (ver Mt. 13:22)

MANDAMIENTO DE DIOS PARA QUE LO OBEDEZCAMOS	RECOMPENSAS POR LA OBEDIENCIA
Creyentes que producen fruto: 4. Que tu corazón produzca fruto como la buena tierra que produce una cosecha. (Mt. 13:8, 23)	Las semillas que caen en buena tierra producirán fruto, uno al ciento, otros a sesenta, y otro a treinta por uno. (Mt. 13:8)

- La buena tierra representa el corazón de una persona.

- **Creyentes que producen fruto al 30, a 60 y al 100 por uno:** Esto representa a los que escuchan, entienden y obedecen la Palabra. Ellos producirán fruto para el reino de Dios al 30, a 60 o al 100 por uno, **dependiendo del precio** que estén dispuestos a pagar por la causa de Cristo. ¿Qué tipo de creyente eres tú?

3.2(c) ¿Sabes lo que significa la palabra "BIBLIA"?

Instrucciones básicas para antes de irnos de la tierra

Instrucciones básicas para antes de irnos de la tierra. La BIBLIA es la Santa Palabra de Dios y una carta de amor de parte de Dios a la humanidad. Es el libro más leído del mundo.

La Biblia es el "Manual de instrucciones básicas" por el que debemos vivir en la tierra. Hace posible que vivamos una vida abundante, llena de gozo y de paz que Dios desea para nosotros.

Comprobada: El 100% de la Biblia está comprobada arqueológicamente, científicamente, históricamente, médicamente, matemáticamente y geográficamente, palabra por palabra de Génesis hasta el Apocalipsis.

El precio que fue pagado: Muchos siervos de Dios ciertamente han derramado su propia sangre para traducir la Biblia de los idiomas originales (hebreo y griego) a los idiomas actuales.

Debe ser deseada más que al oro: La ley del Señor es perfecta; *restaura el alma*.

Los preceptos del SEÑOR son rectos; *alegran el corazón:*

El mandamiento del SEÑOR es puro; *alumbra los ojos.*

Con ellos es *amonestado* tu siervo; *en guardarlos* hay *gran galardón*.

Por lo tanto, son más deseables que el oro, más que mucho oro fino. (ver Salmo 19:7-11)

Toda Escritura es inspirada por Dios, y es útil para la enseñanza, para la reprensión, para corregir y para instruir en justicia. (2 Tim. 3:16)

Jesús es llamado "la Palabra de Dios": Jesús mismo es la Palabra de Dios. (Ap. 19:13)

3.2(d) Siete bendiciones de la "Palabra de Dios"

1. **Conocer al Señor Jesús:** Debemos meditar en la Palabra de Dios para conocer a Jesús y a Su naturaleza, y para entender quién es el Dios al que servimos; porque en Él, vivimos, nos movemos y somos. La Escritura dice que Jesús es llamado "la Palabra de Dios". (Hch. 17:28; Ap. 19:13)

2. **Para restaurar tu alma:** La Palabra de Dios es perfecta. La Palabra reaviva el alma. (ver Sal. 19:7)

3. **Tus hijos***: Si te olvidas de Mi Palabra, me olvidaré de tus hijos,* dice el Señor. (ver Oseas 4:6)

   Bienaventurado el hombre que teme al Señor, y en Sus mandamientos se deleita en gran manera. *Su descendencia será poderosa* en la tierra; la generación de los rectos será *bendita.* (Salmos 112:1-2)

4. **Sabiduría y gozo:** La Palabra alumbra los ojos y hace sabio al ingenuo. La Palabra trae alegría al corazón. (Salmos 19:7-8)

5. **La Palabra de Dios te protege del pecado y del diablo:** El salmista dice: "En mi corazón he guardado tus dichos para no pecar contra ti". (Sal. 119:11)

   El salmista también dice: "Para las obras humanas, por la palabra de tus labios yo me he guardado de las vías del destructor" (el diablo). (Sal. 17:4)

6. **Conocer los caminos de Dios:** El salmista, conociendo la importancia de la Palabra de Dios, clamaba repetidamente: Señor, enséñame Tus *preceptos, Tus testimonios, Tus leyes, Tus mandamientos, Tus estatutos, Tus decretos, Tus instrucciones, Tus ordenanzas y Tus juicios (todos significan lo mismo),* para que poder entender los caminos de Dios. (Sal. 119; 18:30)

7. **Prosperidad:** Bienaventurado el hombre que se deleita en la ley del Señor y medita en Su Palabra de día y de noche. Y todo lo que haga prosperará. (ver Sal. 1:1-3)

   Por lo tanto, la "Palabra de Dios" debe ser deseada más que el oro, más que mucho oro fino. (Salmos 19:10)

3.3. Una vida que produce fruto

MANDAMIENTO DE DIOS PARA QUE LO OBEDEZCAMOS	RECOMPENSA POR LA OBEDIENCIA/ CONSECUENCIA DE LA DESOBEDIENCIA
1. Tú, sé tal como el buen árbol que da buenos frutos. (Mt. 12:33) 2. No seas como el árbol malo que da frutos malos. (Mt. 12:33)	i. Porque el árbol es conocido por su fruto. (ver Mt. 12:33) ii. Porque el hombre bueno del buen tesoro de su corazón saca cosas buenas y el hombre malo del mal tesoro saca cosas malas. (ver Mt. 12:35)

- Después de nacer de nuevo, debemos esforzarnos por llegar a ser "como Cristo". Porque el Señor espera que crezcamos de gloria en gloria; es un proceso continuo.

- No debemos estancarnos en nuestro crecimiento espiritual, de lo contrario nos desviaremos. (ver 2 Co. 3:18)

MANDAMIENTO DE DIOS PARA QUE LO OBEDEZCAMOS	RECOMPENSAS POR LA OBEDIENCIA
3. **Vayan y den fruto**: un fruto que perdure. (Jn. 15:16 NVI)	i. *"Todo lo que pidan* al Padre en mi nombre, él *se lo dará"*. ~ Jesús (Jn. 15:16) ii. Jesús dice: "Yo soy la vid, ustedes las ramas. El que *permanece en mí*, y yo en él, este lleva mucho fruto. Pero separados de mí nada pueden hacer". (Jn. 15:5) iii. En esto *es glorificado mi Padre*, en que lleven mucho fruto. ~ Jesús. (Jn. 15:8) iv. Y en que sean *Mis discípulos.* ~ Jesús (Jn. 15:8)

- Jesús dijo: "Yo soy la vid verdadera, y mi Padre es el labrador. Toda rama que en mí no está llevando fruto, *la quita*; y toda rama que está llevando fruto, la limpia para que lleve más fruto.

- Si permanecen en mí, y *Mis palabras permanecen en ustedes*, producirán mucho fruto. ~ Jesús (Jn. 15:7-8)

3.3(a) ¿Cómo puedes dar buenos frutos?

1. Jesús dijo: "Yo soy la vid, ustedes las ramas. El que **permanece en mí**, y yo en él, este lleva mucho fruto. Pero separados de mí nada pueden hacer".

    Mantente siempre conectado a Jesucristo. (Jn. 15:5 NVI)

2. **El fruto del Espíritu Santo:** Como hijo de Dios, si permites que el Espíritu Santo te dirija e influya, entonces tu vida producirá el *"fruto del Espíritu"* que es: amor, gozo, paz, paciencia, benignidad, bondad, fe, mansedumbre y dominio propio. (Gal. 5:22-23)

3. Nosotros podemos dar buenos frutos viviendo un estilo de vida que refleje la **imagen de Cristo** y **ganando almas** para Su reino. Estas son las únicas dos formas por las que puedes recibir **recompensas en el cielo**. (Col. 1:10; Prov. 11:30; Dan. 12:3)

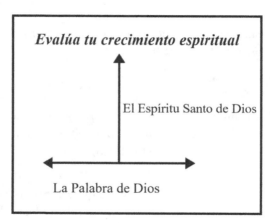

- **La Palabra de Dios es el fundamento** de tu crecimiento espiritual y te ayuda a fortalecerte en el Señor. (1 Pe. 1:23; 2:2)

- La oración aumenta la unción del Espíritu Santo sobre ti. La presencia del Espíritu Santo te transforma a la imagen de Dios, y los dones del Espíritu Santo te ayudan a profundizar en las cosas del Señor. (1 Co. 12-14)

- **Desea los nueve dones del Espíritu Santo**, tales como: el don de sabiduría, el don de conocimiento, *el don de fe*, el don de sanidades, el don de hacer milagros, el **don de profecía**, el don de hablar en diversas lenguas, el don de interpretación de lenguas y el don de discernimiento de espíritus. Espera en el Señor hasta que los recibas. (1 Co. 12:8-11)

3.3(b) Siete niveles en el reino de Dios

¿Quieres recibir recompensas en el cielo?

Un creyente puede alcanzar los siguientes *"siete niveles"* al pagar el precio requerido y al dar frutos para el reino de Dios. Como resultado, seremos recompensados en el cielo.

1. Nacer de nuevo

Los pasos a seguir son tan sencillos como A, B, C:

Reconoce que eres un pecador ante Dios, y arrepiéntete verdaderamente de tus pecados.

Pídele a Dios que te perdone y Él es fiel y justo para perdonar. Recibe Su perdón por fe, porque es un *regalo gratuito*. (Prov. 28:13; Rom. 3:23; Ef. 2:8)

Cree con tu corazón que Cristo murió por tus pecados y resucitó de entre los muertos.

Confiesa con tu boca que Jesucristo es tu Salvador y Señor, y entonces serás *salvo* y *nacerás de nuevo.* (ver Rom. 10:9)

Ora: Invita a que Jesús entre en tu corazón, y pídele que limpie tu corazón con Su preciosa sangre y te llene de la *paz* que el mundo no te puede dar. (ver Ap. 3:20; Jn. 14:27)

Recompensa: Serás recompensado con *"vida eterna"* por haber nacido de nuevo. (ver Jn. 3:3, 16)

2. Ser un discípulo de Jesucristo

Un discípulo de Cristo es alguien que camina en Sus pasos, tiene a Cristo como modelo y obedece cada mandato de su Maestro.

Ser discípulo es un asunto costoso, pues Jesús dijo: "El que no carga su cruz y me sigue, no puede ser mi discípulo". "...cualquiera de ustedes que no renuncie a todos sus bienes, no puede ser mi discípulo". (Lc. 14:27, 33 NVI)

Recompensa: Serás recompensado con bendiciones del 100 por uno aquí en la tierra y además *vida eterna*. (Mt. 19:29)

* *Para más detalles, por favor consulta el capítulo 7 acerca de **"Discípulos: colaboradores con Cristo".***

3. Ser un sacerdote para Cristo

En Apocalipsis 1:5-6 (RVA), dice que Cristo nos amó, y nos ha lavado de nuestros pecados con Su sangre, y *nos ha hecho reyes y sacerdotes para Dios.*

El deber del sacerdote: El deber primordial de un sacerdote es de interceder por la gente. El sacerdote tiene que ponerse en la brecha entre las almas que están pereciendo y el fuego del infierno; de lo contrario, el Señor lo hará responsable por las almas perdidas. (ver Ez. 22:30; Jer. 2:34-35)

Recompensa: "El Señor es su herencia" en la tierra, y por consiguiente también será recompensado en el cielo. (ver Dt. 10:9; 18:1-2)

4. Ser un rey para Dios

Cristo *nos ha hecho reyes* y sacerdotes para Dios. (ver Ap. 1:5-6)

Cuando sacrificamos todos nuestros deseos por el Señor, "gobernaremos con Él".

Recompensa: Jesús dice: "Al que venza, yo le daré que se siente conmigo en mi trono". (Ap. 3:21)

* *En 1984, el Señor, en Su gracia, me dio una promesa específica de que me ha hecho reina y sacerdote para Él. (Ap. 1:6) - Autora*

5. Ser un juez en el reino de Dios

Jesús dijo: "De cierto les digo que en el tiempo de la regeneración, cuando el Hijo del Hombre se siente en el trono de su gloria, ustedes que me han seguido se sentarán sobre doce tronos, para juzgar a las doce tribus de Israel".

Recompensa: Si abandonas todo y sigues a Cristo, entonces recibirás la *"recompensa del juez"*. (ver Mt. 19:28; Ap. 20:4)

6. Ser la esposa de Cristo

La novia de Cristo debe estar completamente vestida de la "justicia de los santos" y ser liberada de toda impureza.

Gocémonos y alegrémonos, y démosle gloria; porque han llegado las bodas del Cordero, y su novia, la iglesia, se ha preparado. (Ap. 19:7)

La novia de Cristo debe estar vestida de **lino fino, limpio, brillante y blanco**, pues el lino fino son las *acciones justas* de los santos de Dios.

El ángel le dijo al apóstol Juan: "Escribe: ***Bienaventurados*** los que han sido ***llamados a la cena de las bodas*** del Cordero" (Jesús). Si eres bendecido por el simple hecho de ser invitado a la cena de las bodas del Cordero, imagínate ¡qué *honor* será, *ser la esposa de Cristo!* (Ap. 19:9)

Todo creyente en Cristo está llamado a ser la **esposa de Cristo**, siempre que **esté dispuesto a pagar el precio**. Pues será probado hasta lo más profundo de sus entrañas en cada área de su vida.

La **recompensa más honorable** que uno puede recibir es ser la "esposa de Cristo". (ver Ap. 19:7-9; Os. 2:19-20; 2 Co. 11:2)

* *En 2003, antes de ser llamada al ministerio de tiempo completo, el Señor me dio una promesa: "**Te desposaré conmigo para siempre**; sí, te desposaré conmigo con justicia y rectitud, con bondad y misericordia; te desposaré conmigo con fidelidad, y **conocerás al Señor**". (Os. 2:19-20)*

Junto con este alto llamado vienen grandes responsabilidades, una estricta disciplina del Señor y una lucha feroz contra Satanás cada día. (Ef. 6:12; Neh. 4:16-18) Mi precio ha sido extremadamente alto hasta ahora, pero sólo por la gracia de Dios, todavía me mantengo firme en Cristo. ~ Autora

7. Ser un mártir para Cristo

1. Juan dijo: "Y vi tronos; y se sentaron sobre ellos, y se les concedió hacer juicio.

Y vi las almas de los *degollados* por causa del testimonio de Jesús y por la palabra de Dios. Ellos no habían adorado a la bestia ni a su imagen, y ni tampoco recibieron su marca en sus frentes ni en sus manos".

Recompensa: Los mártires *volvieron a vivir y reinaron con Cristo mil años*. (ver Ap. 20:4)

2. Juan también dijo: "…vi debajo del altar las almas de los que habían sido muertos a cause de la palabra de Dios y del testimonio que ellos tenían. Y clamaban en gran voz: "¿Hasta cuándo, oh soberano Señor, santo y verdadero, no juzgas y vengas nuestra sangre sobre los que moran en la tierra?""

Recompensa: Y a cada uno de ellos le fue dado un **vestido blanco**; y se les dijo que esperaran un poco de tiempo, hasta que se completara el número de sus consiervos y sus hermanos que también habían de ser muertos como ellos. (ver Ap. 6:9-11)

3. Algunos creyentes están llamados a ser "*mártires vivientes*" en la tierra. Un mártir viviente debe morir diariamente a "si mismo" (el yo, el ego, el orgullo, sus propios caminos y la autosuficiencia). Debe crucificar sus deseos, objetivos y ambiciones a la cruz cada momento del día y depender totalmente de Dios.

Solamente cuando sigas estrictamente la guía del Espíritu Santo es que puedes llegar a ser un mártir viviente. (ver Rom. 12:1)

3.4(a) Ser la sal de la tierra

MANDAMIENTO DE DIOS PARA QUE LO OBEDEZCAMOS	CONSECUENCIAS DE LA DESOBEDIENCIA/ ESCRITURAS QUE CONFIRMAN
Para los creyentes apartados: Sean la sal de la tierra. (Mt. 5:13)	1. Jesús dijo: "Ustedes son la sal de la tierra. Pero *si la sal pierde su sabor*, ¿con qué será salada? 2. No vale más para nada, sino para ser echada fuera y *pisoteada por los hombres".* (Mt. 5:13)

Perspectivas de las características de la sal

- Tal como la sal es blanca, debemos ser puros ante Dios en nuestros pensamientos, palabras y acciones.

- Tal como la sal se disuelve rápidamente en el agua, debemos estar listos para servir a Cristo en el ministerio.

- Tal como la sal es un preservativo, nuestras vidas deberían ser como preservativo, protegiendo a este mundo malvado de la ira de Dios.

- *Si la sal pierde su salinidad*, será echada fuera y pisoteada por los hombres. Del mismo modo, si nos volvemos tibios en nuestro caminar espiritual y sofocamos la convicción del Espíritu Santo, seremos *desechados* por Dios y *reprochados por los hombres.* (Mt. 5:13)

- Por lo tanto, debemos ser ejemplos piadosos en este mundo y debemos resistir la decadencia moral y la corrupción. (Ap. 3:15-16)

3.4(b) Ser la luz del mundo

MANDAMIENTO DE DIOS PARA QUE LOS OBEDEZCAMOS	RECOMPENSAS POR LA OBEDIENCIA
1. Ustedes son la luz del mundo. (ver Mt. 5:14)	1. Una ciudad asentada sobre un monte no puede ser escondida. (Mt. 5:14) 2. Jesús dijo: "*Yo soy la luz* del mundo. El que me sigue nunca andará en tinieblas, sino que *tendrá la luz de la vida*". (Juan 8:12)
2. No enciendas una lámpara y la pongas debajo de un cajón, sino sobre el candelabro. (ver Mt. 5:15)	Y así alumbra a todos los que están en la casa. (ver Mt. 5:15) • *Puede que tú seas el único Jesús* que la gente que te rodea vea y observe.
3. Haz brillar tu luz ante los hombres. (ver Mt. 5:16)	De modo que vean sus buenas obras y glorifiquen a su Padre que está en los cielos. (Mt. 5:16) • Puede que tú seas la única *"Biblia"* que otros a tu alrededor lean.

Puntos que considerar:

• Nuestro estilo de vida debe irradiar la luz, Jesucristo, al mundo.

• Ustedes antes eran tinieblas, pero ahora son luz en el Señor.

• Vivan como hijos de la luz, porque el *fruto de la luz* consiste en toda *bondad, justicia y verdad.*

• No tengan *nada que ver* con las *obras infructuosas* de las tinieblas. (Ef. 5:8-11)

3.5. ¿Qué tanto harás para reconciliarte?

(Cuando tu hermano peca contra ti)

MANDAMIENTO DE DIOS PARA QUE LO OBEDEZCAMOS	RECOMPENSA POR LA OBEDIENCIA/ CONSECUENCIA DE LA DESOBEDIENCIA
Resuelve el asunto en privado: 1. Si tu hermano peca contra ti, ve, amonestale a *solas entre tú y él.* (ver Mt. 18:15)	Porque si él te escucha, *has ganado a tu hermano.* (Mt. 18:15)

- Si un hermano peca contra ti, resuelve el asunto con él en privado.

- No expongas su pecado en público ni lo humilles, porque nunca sabrás cuánto has herido a esa persona. No debe convertirse en un asunto de chismes.

- Si un hombre se encuentre enredado en alguna transgresión, ustedes que son espirituales, restauren a tal con espíritu de mansedumbre. (Gal. 6:1)

MANDAMIENTO DE DIOS PARA QUE LO OBEDEZCAMOS	RECOMPENSA POR LA OBEDIENCIA
No te rindas, inténtalo de nuevo: 2. Pero si tu hermano no te escucha, toma aun contigo uno o dos testigos. (Mt. 18:16)	Para que todo asunto se resuelva mediante el testimonio de dos o tres testigos. (Mt. 18:16 NVI)

- No te apresures a juzgar a los demás basándote en suposiciones.

- Recuerda que hasta que no se demuestre la culpabilidad de una persona, ésta es inocente del delito. Por lo tanto, el mediador debe escuchar ambos lados del relato antes de emitir un juicio.

MANDAMIENTOS DE DIOS PARA QUE LOS OBEDEZCAMOS	RECOMPENSA POR LA OBEDIENCIA/ CONSECUENCIA DE LA DESOBEDIENCIA
Toma un paso más, involucra a la iglesia: 3. Si tu hermano se rehúsa a escuchar a los dos o tres testigos, díselo a la iglesia. (Mt. 18:17) *Último recurso:* 4. Y si incluso a la iglesia no le hace caso, trátalo como un incrédulo o un renegado. (Mt. 18:17)	1. Si hay entre ustedes un caso de *inmoralidad sexual*, el que **haya** hecho tal cosa debe ser expulsado de entre ustedes. (1 Co. 5:1-2) 2. Cuando se reúnan en el nombre de nuestro Señor Jesucristo, *entreguen a este hombre a Satanás* para destrucción de su naturaleza pecaminosa a fin de que su espíritu *sea salvo* en el día del Señor Jesús. (1 Co. 5:3-5)

- Estos mandamientos nos revelan que Dios le da mucha importancia a la reconciliación entre hermanos. Nuestro Dios es un Dios de segundas oportunidades. Jesús quiere que hagamos todo lo posible para restaurar una mala relación para mantener la unidad entre los creyentes. Porque *Cristo es nuestra cabeza* y nosotros somos los diferentes miembros de Su cuerpo. (Ef. 5:30)

- Si tu hermano endurece su corazón de tal manera que no hace caso a los muchos intentos de corrección, entonces la iglesia, como último recurso, *debe expulsarlo*. Si tu hermano se arrepiente y se vuelve de su pecado, entonces puede ser perdonado y restaurado a la comunión de nuevo. (1 Co. 5:1-5; 2 Co. 2:6-8)

3.6. Grandeza en el reino de Dios

MANDAMIENTOS DE DIOS PARA QUE LOS OBEDEZCAMOS	RECOMPENSAS POR LA OBEDIENCIA
1. Sé un ministro para los demás.	Porque serás *grande*. (Mt. 20:26)
2. Sé un siervo de los demás. (Mt. 20:26-27; 23:11)	Porque serás el *primero* entre ellos. (Mt. 20:27)

- De la misma manera el Hijo del Hombre, el Señor Jesús, no vino para ser servido, sino para servir, *y para dar su vida en rescate por muchos.* (Mt. 20:25-28)

- *En este mundo,* los que tienen poder y autoridad son considerados grandes.

- *En el reino de Dios, la grandeza se mide no por nuestra autoridad* sobre otros, sino por nuestro servicio a los demás.

3.7. La unión hace la fuerza

Unidos permanecemos en pie, divididos caemos.

El corazón de Cristo debe estar sangrando al vernos divididos y desviados del destino dado a nosotros por Dios. Estamos cegados por nuestras supersticiones, rituales, tradiciones, doctrinas y diversas denominaciones, causando así un gran daño al cuerpo de Cristo.

Lo único que importa es que *todos hemos sido comprados por la valiosa sangre de nuestro Señor Jesús*. Recuerda que Cristo es nuestra cabeza y nosotros somos los diferentes miembros de Su cuerpo, sin importar quiénes seamos. Así que, sigamos unidos en Cristo, sin importar nuestra raza, color, credo, género, idioma, nacionalidad, estatus social, etc. (Ef. 5:30)

MANDAMIENTOS DE DIOS PARA QUE LOS OBEDEZCAMOS	RECOMPENSAS POR LA OBEDIENCIA
Llamados a vivir en armonía: 1. Que no esté dividido tu reino. (ver Mt. 12:25)	Todo reino dividido contra sí mismo esta arruinado.
2. Que no esté dividida tu ciudad. (ver Mt. 12:25) 3. Que no esté dividida tu casa. (Mt. 12:25)	Ninguna ciudad o casa que esté dividida contra sí misma *permanecerá.* (Mt. 12:25)

¿Quién nos divide?

Desde el principio de la creación, Satanás ha estado utilizando la misma estrategia de "*dividir y vencer*" para destruir a la raza humana.

Satanás siempre está obrando. Recuerda que Satanás nunca toma vacaciones. No debemos ser ignorantes de los planes de Satanás. (ver 2 Co. 2:11)

MANDAMIENTOS DE DIOS PARA QUE LOS OBEDEZCAMOS	RECOMPENSAS POR LA OBEDIENCIA
4. Vivan en armonía los unos con los otros. (1 Pe. 3:8 NIV)	Para que puedan heredar una *bendición.* (1 Pe. 3:9 NVI)
5. Sean maduros; sean de un mismo sentir; vivan en paz. (2 Co. 13:11)	Y el Dios de paz y de amor estará con ustedes. (2 Co. 13:11)

¿Cómo podemos vivir en armonía?

Sean compasivos, amándose fraternalmente, misericordiosos y humildes. No devuelvan mal por mal ni maldición por maldición sino, por el contrario, bendigan; pues para esto han sido llamados, para que hereden *bendición.* (1 Pe. 3:8-9)

MANDAMIENTO DE DIOS PARA QUE LO OBEDEZCAMOS	RECOMPENSAS POR LA OBEDIENCIA
El poder de la oración en unidad: 6. Si dos de ustedes se ponen de acuerdo en la tierra acerca de cualquier cosa que pidan. (Mt. 18:19)	i. Otra vez les digo que, si dos de ustedes se ponen de acuerdo en la tierra acerca de cualquiera cosa que pidan, *les será hecha* por mi Padre que está en los cielos. ~ Jesús (Mt. 18:19) ii. "Porque donde dos o tres están congregados en mi nombre, *allí estoy yo en medio de ellos*". ~ Jesús (Mt. 18:20)

Puntos que considerar:

- **Tremendo poder de Dios** es desatado cuando oramos en unidad. Dios ni siquiera pide que se unan tres, sino que como mínimo dos de nosotros nos pongamos de acuerdo en la tierra, para que nuestras oraciones sean contestadas desde el cielo.

- El Señor espera que **atemos el espíritu de división**, de amargura, de falta de perdón, de ira, de orgullo, del ego, etc., y que **desatemos el espíritu de amor**, de paz y de unidad entre los hermanos. (Mt. 18:18)

- Jesús nos manda a llegar a cualquier extremo para **reconciliarnos** con nuestro hermano cuando peca contra nosotros, para que el **Señor** pueda estar **en medio de nosotros.**

- Nuestras **oraciones** también pueden ser **contestadas** rápidamente cuando nos ponemos de acuerdo. (Mt. 18:15-20)

4. La justicia de Cristo

Jesús dice que a menos que tu justicia sea mayor que la de los escribas y de los fariseos, *jamás entrarás en el reino de los cielos.* (ver Mt. 5:20)

¿Cómo podemos superar la justicia de los fariseos?

Cuando obedecemos la versión de los mandatos del Antiguo Testamento actualizados por Cristo, superamos la justicia de los escribas y de los fariseos para heredar la vida eterna. (Mt. 5:20).

Por ejemplo, el mandamiento del AT: "No cometerás adulterio", es decir, el adulterio físico, los fariseos lo habrían obedecido sin mucha dificultad.

Pero Cristo actualizó el mandamiento anterior para nosotros de tal forma: "Cualquiera que mira a una mujer para codiciarla ya adulteró con ella en su corazón", es decir, cometiendo adulterio en la mente.

Del mismo modo, Jesús ha actualizado varios mandamientos del Antiguo Testamento en relación con diversos aspectos de la vida, para que los obedezcamos, y que están mencionados en este capítulo.

MANDAMIENTO DE DIOS PARA QUE LO OBEDEZCAMOS	CONSEQUENCIAS POR LA DESOBEDIENCIA
Que su justicia sea mayor que la de los escribas y la de los fariseos. (ver Mt. 5:20)	De lo contrario, *jamás entrarán en el reino de los cielos.* (Mt. 5:20)

¡Pausa y reflexiona!

- Los fariseos y los escribas siguieron con diligencia la mayoría de las reglas de la ley, pero aun así no llegaron al cielo porque sus corazones no eran rectos ante Dios. (Mt. 23:5, 33)

- Puedes guardar la mayoría de las reglas de la ley de Dios, como lo hicieron los fariseos. Puedes orar, ayunar, alabar a Dios, leer la Palabra de Dios y asistir a los servicios de adoración y aun así no entrar en el cielo. Todos estos pueden ser únicamente *actos externos*, dependiendo de los motivos que haya tras ellos. Porque la obediencia a los mandamientos de Dios es mejor que todos tus sacrificios. (1 Sam. 15:22)

- ¿Haces todas estas cosas para complacerte a ti mismo, para impresionar a los demás o para complacer a Dios Todopoderoso?

Los mandamientos actualizados de Cristo

4.1. Obedece Sus mandamientos y serás grande en el cielo

"Si me aman, guardarán mis mandamientos", dice nuestro Señor Jesús. (Jn. 14:15)

Nuestra obediencia está en directa proporción a nuestro amor por el Señor. (Jn. 15:10-11)

MANDAMIENTOS DE DIOS PARA QUE LOS OBEDEZCAMOS	CONSECUENCIAS DE LA DESOBEDIENCIA
Obedece y enseña: 1. No quebrantes el más pequeño de los mandamientos de Dios ni enseñes a los hombres a hacerlo. (Mt. 5:19) 2. No se hagan muchos maestros. (St. 3:1)	1. De lo contrario, serás considerado el *más pequeño* en el reino de los cielos. (ver Mt. 5:19) 2. No se hagan muchos maestros porque recibirán *juicio más riguroso*. (St. 3:1)

• Dios se ha obligado a Sí mismo con tal ley por la cual un discípulo no puede preparar a otro discípulo o a un intercesor o a un obrero con un nivel espiritual superior a su propio nivel. Porque un discípulo no es superior que su maestro. Así que fortalécete primero en el Señor y luego fortalece a otros. (Lc. 6:40; 22:32)

MANDAMIENTO DE DIOS PARA QUE LO OBEDEZCAMOS	RECOMPENSAS POR LA OBEDIENCIA
3. Obedece los mandamientos de Dios y enseña a otros a hacerlo. (ver Mt. 5:19)	1. Porque serán considerados *grandes* en el reino de los cielos. (ver Mat. 5:19) 2. Guarden mis mandamientos para que mi gozo este en ustedes y *su gozo sea completo.* ~ Jesús (Jn. 15:10-11)

• Debemos obedecer el mandamiento de Dios. Porque Él es el Camino, la Verdad y la Vida. (Jn. 12:50; 17:17; 6:63)

- El apóstol Pablo dijo: *"Pongo mi cuerpo bajo disciplina y lo hago obedecer*; no sea que después de haber predicado a otros, yo mismo venga a ser descalificado". (1 Co. 9:27)

- Sólo por el poder del Espíritu Santo podemos obedecer a Dios y vivir una vida victoriosa.

Obedece y recibe las bendiciones de Dios

1. **Cristo se te manifiesta**: Jesús dice: "El que tiene mis mandamientos y los guarda, él es el quien me ama".

   El que Me ama será:

   i.   Amado por Mi Padre y
   ii. Yo también lo amaré
   iii. Me manifestaré a él
   iv. Vendremos a él
   v.   Haremos nuestra morada con él. (Jn. 14:21-23)

2. **Jesús se convierte en tu amigo**: "Ustedes son mis amigos, si hacen lo que yo les mando", dice nuestro Señor Jesús. (Jn. 15:14)

3. **El trabajo de tus manos será bendecido**: Él te abrirá su buen tesoro, los cielos, para bendecir toda obra de tus manos. (ver Dt. 28:12)

4. **Prosperidad**: Tú darás prestado a muchas naciones, pero tú no pedirás prestado. Estarás encima, nunca debajo, **si obedeces los mandamientos del Señor** tu Dios. (ver Dt. 28:12-13)

5. **Seguridad**: Bendito serás al entrar, y bendito al salir. (ver Dt. 28:6)

6. **Tus hijos serán bendecidos**: Benditos serán el fruto de tu vientre. (ver Dt. 28:4)

7. **Tus enemigos serán derrotados**: El Señor hará que tus enemigos que se levanten contra ti sean derrotados delante de ti. Por un camino saldrán hacia ti, y por siete caminos huirán de ti. (ver Dt. 28:7)

4.2. El adulterio

El tema del adulterio, por ser importante, se le ha dado un capítulo aparte al principio del libro.

4.3. La ira es igual al asesinato

MANDAMIENTO DE DIOS PARA QUE LO OBEDEZCAMOS	CONSECUENCIA DE LA DESOBEDIENCIA
Asesinato físico: 1. No matarás. (AT) (Mt. 5:21)	Y cualquiera que comete homicidio será *culpable en el juicio.* (Mt. 5:21)

- Este es el sexto de los diez mandamientos del AT el cual los fariseos habrían podido fácilmente obedecer. (ver Ex. 20:13)

MANDAMIENTO DE DIOS	CONSECUENCIA DE LA DESOBEDIENCIA
Asesinato en el corazón: 2. No te enojes con tu hermano sin causa. (ver Mt. 5:22)	Todo el que se enoje con su hermano será *culpable en el juicio.* (Mt. 5:22)

- Esta es la versión actualizada de Jesús del sexto mandamiento de Dios mencionado arriba.

- La ira sin causa es, a los ojos de Dios, como quebrantar el sexto mandamiento. (ver Mt. 5:22)

- Para exceder la justicia de los fariseos, Jesús nos manda a vencer la ira ya que puede llevar al asesinato.

MANDAMIENTO DE DIOS	CONSECUENCIA DE LA DESOBEDIENCIA
Asesinato con la lengua: 3. No llames a tu hermano "¡necio!" en tu ira. (ver Mt. 5:22)	Porque cualquiera que llame a su hermano "necio", será culpable ante el Sanedrín. (Mt. 5:22)

- "Necio" es una palabra despectiva, que puede significar "imbécil cabeza hueca" y es dicha con orgullo, ira y malicia.

MANDAMIENTO DE DIOS PARA QUE LO OBEDEZCAMOS	CONSECUENCIA DE LA DESOBEDIENCIA
Asesinato con la lengua: 4. No llames "necio" a tu hermano. (Mt. 5:22)	Cualquiera que llame a su hermano "fatuo" (idiota) será expuesto al **infierno de fuego**. (Mt. 5:22)

- "Necio" es una palabra rencorosa, y proviene del odio. Es menospreciar a alguien, no sólo como mezquino e indigno, sino también como una persona malvada que no merece ser amada.

- Pídele a Dios que te ayude a controlar tu lengua. (Sal. 141:3)

MANDAMIENTO DE DIOS PARA QUE LO OBEDEZCAMOS	RECOMPENSA POR LA OBEDIENCIA
Reconcíliate: Si llevas tu ofrenda al altar, y allí recuerdas que tu hermano tiene algo contra ti: 5. (i) Deja allí tu ofrenda ante el altar y ve. (ii) Reconcíliate primero con tu hermano, y luego vuelve y ofrece tu ofrenda. (Mt. 5:23-24)	Ser digno de ofrecer tu ofrenda en el altar de Dios. (Mt. 5:23-24)

- Procuren la paz con todos, y la santidad sin la cual nadie verá al Señor. (Heb. 12:14).

MANDAMIENTOS DE DIOS PARA QUE LOS OBEDEZCAMOS	CONSECUENCIAS DE LA DESOBEDIENCIA
Sé un pacificador: 6. (i) **Resuelve rápidamente el asunto** con tu adversario quien te está llevando a la corte. (ii) Hazlo mientras aun estas **en camino a la corte.** (Mt. 5:25)	i. No sea que tu adversario te entregue al juez, ii. y el juez al guardia, iii. y seas **echado en la cárcel.** (Mt. 5:25)

- Estar de acuerdo con el malvado en su pecado es erróneo ante Dios; pero resolver el asunto con tu adversario es correcto a los ojos de Dios.

4.4. El divorcio debido a la dureza de corazón

MANDAMIENTO DE DIOS PARA QUE LO OBEDEZCAMOS	CONSECUENCIAS DE LA DESOBEDIENCIA/ ESCRITURAS QUE CONFIRMAN
Dios odia el divorcio: 1. Lo que Dios ha unido, no lo separe el hombre. (Mt. 19:6)	Moisés permitió el divorcio debido a la dureza de corazón de la gente, pero desde el principio no fue así. (Mt. 19:6)
Excepción del divorcio: 2. No te divorcies de tu mujer por ninguna razón, a no ser por causa de inmoralidad sexual. (Mt. 5:32)	1. Porque el que se divorcia de su mujer por cualquier motivo, excepto por inmoralidad sexual, **la hace cometer adulterio.** (Mt. 5:32) 2. Y el que se casa con la divorciada **comete adulterio.** (Mt. 5:32) 3. Los adúlteros no heredarán el reino de los cielos. (Gal. 5:19-21)
Divorcio y segundo matrimonio: 3. No te divorcies de tu mujer, salvo por inmoralidad sexual, y te cases con otra. (Mt. 19:9)	Y les digo que cualquiera que se divorcia de su mujer, a no ser por causa de inmoralidad sexual, y **se casa con otra comete adulterio.** (Mt. 19:9)

¡Pausa y reflexiona!

- "Dios odia el divorcio". (Mal. 2:16)

- "Ciertamente la soberbia producirá contienda". Por lo tanto, es mejor perder una discusión y ganar a tu cónyuge que vivir en discordia, que puede terminar en divorcio. Así que protege tu matrimonio a toda costa. (Prov.13:10)

- *"El marido no debe divorciarse de su mujer".* Jesús hizo una excepción para el divorcio, sólo por causa de inmoralidad sexual. (1 Co. 7:11; Mt. 5:32; 19:9)

- "Por eso dejará el hombre a su padre y a su madre y se unirá a su mujer, y serán los dos una sola carne." (Ef. 5:31)

- *Si te has casado con alguien que no es creyente* antes de haber sido salvo, entonces no debes iniciar el divorcio si tu cónyuge quiere quedarse contigo. Pero si tu cónyuge incrédulo quiere el divorcio, entonces no estás obligado. (1 Co. 7:12-16)

4.5. No faltes a tus juramentos

MANDAMIENTOS DE DIOS PARA QUE LOS OBEDEZCAMOS	CONSECUENCIAS DE LA DESOBEDIENCIA/ ESCRITURAS QUE CONFIRMAN
1. "No faltes a tu juramento, sino cumple con tus promesas al Señor." (Mt. 5:33 NVI) 2. Cuando hagas un voto a Dios, no tardes en cumplirlo, porque a Dios no le agradan los necios. Cumple tus votos. (Ec. 5:4 NVI) 3. No dejes que tu boca te haga pecar. (Ec. 5:6) 4. No digas luego ante el mensajero de Dios que lo hiciste sin querer. (Ec. 5:6 NVI)	1. Vale más no hacer votos que hacerlos y no cumplirlos. (Ec. 5:5 NVI) 2. Porque Dios se enojará por lo que dices, y **destruirá el fruto de tu trabajo.** (Ec. 5:6) 3. Muestra temor de Dios. (Ec. 5:7)
5. No juren de ningún modo: ni por el cielo, ni por la tierra, ni por Jerusalén. (Mt. 5:34-35) 6. Tampoco jures por tu cabeza. (Mt. 5:36)	Porque el cielo es el trono de Dios. La tierra es el estrado de sus pies. Jerusalén es la ciudad del gran Rey. Ni por tu cabeza, porque no puedes hacer que ni uno solo de tus cabellos se vuelva blanco o negro. (ver Mt. 5:34-36)

• El tercero de los Diez Mandamientos nos ordena no tomar el nombre del Señor, nuestro Dios, en vano. (ver Ex. 20:7)

4.6. No luches por tus derechos

MANDAMIENTOS DE DIOS PARA QUE LOS OBEDEZCAMOS	ESCRITURAS QUE CONFIRMAN
No devuelvas un golpe: 1. (a) No te resistas la que te haga mal. (Mt. 5:39) (b) Si alguien te da una bofetada en la mejilla derecha, vuélvele también la otra. (Mt. 5:39 NIV)	Si es posible, y en cuanto dependa de ustedes, vivan en paz con todos. (Rom. 12:18 NIV)

- Esta es la versión actualizada de Jesús del mandato del AT: "Ojo por ojo" y "diente por diente".

MANDAMIENTOS DE DIOS PARA QUE LOS OBEDEZCAMOS	ESCRITURAS QUE CONFIRMAN
Renuncia a tus derechos: 2. Si alguien te pone pleito para quitarte la camisa, *déjale también la capa.* (Mt. 5:40 NIV) 3. Si alguien te obliga a llevarle la carga un kilómetro, llévasela dos. (ver Mt. 5:41 NVI) 4. Al que te pida, dale. 5. Y al que quiera tomar de ti prestado, no le vuelvas la espalda. (ver Mt. 5:42 NVI)	Por lo tanto, siempre que tengamos la oportunidad, hagamos bien a todos, y en especial a los de la familia de la fe. (ver Gal. 6:10)

¡Pausa y reflexiona!

- Cuando te pidan ayuda, acostúmbrate a ayudar.

- No luches por tus derechos, sino mantén la paz con todos. Está bien perder la discusión o tus derechos si puedes ganar a la persona para Cristo.

- Pero procura que nadie se aproveche de ti y tome tu amabilidad por debilidad.

4.7. Haz el bien a los que te odian

MANDAMIENTOS DE DIOS PARA QUE LOS OBEDEZCAMOS	RECOMPENSAS POR LA OBEDIENCIA/ ESCRITURAS QUE CONFIRMAN
1. *Amen* a sus enemigos, *bendigan* a los que los *maldicen*, *hagan bien* a los que los *odian*, *y oren* por quienes los *persiguen*. (Mt. 5:44 RVC)	1. De modo que sean *hijos* de su Padre que está en los cielos. (Mt. 5:45) 2. Sean, pues, ustedes perfectos, como su Padre que está en los cielos es *perfecto*. (Mt. 5:48)
2. Así que en todo traten ustedes a los demás tal y como quieren que ellos los traten a ustedes. (Mat. 7:12 NIV)	Porque esto es la Ley y los Profetas. (ver Mt. 7:12)

- Esta es la versión actualizada del mandamiento del AT: "Amarás a tu prójimo, y odiarás a tu enemigo". "Porque si ustedes aman solamente a quienes los aman, *¿qué recompensa tendrán?* ¿Acaso no hacen lo mismo los cobradores de impuestos?", preguntó Jesús. Cuando nos comportamos como los cobradores de impuestos, entonces *no hay recompensa para nosotros en el cielo*. (Mt. 5:43-48)

- Y esta esperanza no nos defrauda, porque Dios ha derramado su amor en nuestro corazón por el Espíritu Santo que nos ha dado. (ver Rom. 5:5)

- Si alguno dice: "Yo amo a Dios", pero odia a su hermano, es un mentiroso. Pues el que no ama a su hermano, a quien ha visto, ¿cómo puede amar a Dios, a quien no ha visto". (1 Jn. 4:20)

MANDAMIENTO DE DIOS	CONSECUENCIA DE LA DESOBEDIENCIA
El mandato de Jesús a Pedro: 3. Guarda tu espada. (Mt. 26:52 NVI)	Porque los que a hierro matan, a hierro *mueren*. (Mt. 26:52 NVI)

Jesús, el Príncipe de Paz: Jesús hizo bien a los que lo odiaban. Cuando el grupo de hombres y los alguaciles de los principales sacerdotes y fariseos vinieron para arrestar a Cristo, de repente Pedro extendió su mano y sacó su espada, hirió al siervo del sumo sacerdote y le cortó la oreja, para proteger al Señor. Pero Jesús fue lo suficientemente compasivo como para sanar la oreja del siervo, sin preocuparse por Su próxima crucifixión. Debemos seguir el ejemplo del Señor y resolver todos nuestros problemas amigablemente, sin violencia. (ver Mt. 26:50-53; Jn. 18:1-11)

4.8. Perdona setenta veces siete

MANDAMIENTOS DE DIOS PARA QUE LOS OBEDEZCAMOS	RECOMPENSA POR LA OBEDIENCIA/ CONSECUENCIA DE LA DESOBEDIENCIA
1. Perdona a tus deudores (ver Mt. 6:12) 2. Perdona a los hombres cuando pecan contra ti. (Mt. 6:14) 3. Perdona a tu hermano que peca contra ti siete veces al día, y *siete veces al día vuelve a ti diciendo:* "Me arrepiento". (Lc. 17:4) 4. Perdona a tu hermano que peca contra ti, no solo hasta siete veces, *sino hasta setenta veces siete* (490 veces). (Mt. 18:21-22)	1. Porque si perdonan a los hombres sus ofensas, su Padre celestial *les perdonará* sus ofensas. (Mt. 6:14) 2. Pero si no perdonan a los hombres, *tampoco* su *Padre les perdonará* sus ofensas. (Mt. 6:15)
5. Si alguno te ha causado tristeza, perdónalo, consuélalo, anímalo, y reafirma tu amor por él. ~ Apóstol Pablo. (2 Co. 2:5-8)	Para que no sea consumido por la excesiva tristeza, pues suficiente el castigo que le impuso la mayoría. (ver 2 Co. 2:6-8 NVI)

Puntos que considerar:

- El perdón es el mejor regalo que podemos dar los unos a otros. Cuando perdonas a alguien que te ha hecho daño, te hace más bien a ti que a él; porque no perdonar es como tú mismo beber **veneno** y esperar a que la otra persona muera.

- **Satanás, el agresor:** Debemos perdonar a todo aquel que nos ofenda para que Satanás no nos engañe, pues no ignoramos sus propósitos. (2 Co. 2:10-11)

- Ata el **espíritu de la falta de perdón y de amargura** en el nombre de Jesús. (Mt. 18:18)

¿Es condicional el perdón de Dios?

El perdón de Dios, aunque se nos da gratuitamente cuando nos arrepentimos, es condicional, según la voluntad de la persona para perdonar a los demás. (Mt. 6:14-15)

En otras palabras, si somos crueles y no perdonamos a otra persona, esto bloqueará el fluir del perdón y las bendiciones de Dios hacia nosotros. Por ejemplo: Esaú. (ver Heb. 12:15-17)

Soportándose los unos a los otros y perdonándose los unos a los otros, cuando alguien tenga queja del otro. De la manera que el Señor los perdonó, así también háganlo ustedes. (Col. 3:13)

Las personas que no perdonan se enfrentan al juicio de Dios

MANDAMIENTO DE DIOS PARA QUE LO OBEDEZCAMOS	CONSECUENCIA DE LA DESOBEDIENCIA
Parábola del siervo implacable: Así también hará con ustedes mi Padre celestial si no perdonan de corazón cada uno a su hermano. (Mt. 18:35)	Si no perdonas, tu Padre celestial te llamará siervo malvado y te entregará para ser *torturado.* (Mt. 18:32-35)

Dios perdona y olvida nuestros peores pecados

Cuando Dios libremente nos ha perdonado todos nuestros pecados e iniquidades, ¿no será que podemos perdonar a los demás que nos han hecho daño en cosas pequeñas?

En la parábola del siervo que no perdona, Jesús habló de cierto rey que perdonó a su siervo que le debía diez mil talentos. Cuando el rey se enteró de que el mismo siervo no perdonaba a su vez a su deudor, que sólo le debía cien peniques, se enfureció y echó a aquel siervo malvado en la cárcel y lo entregó a los verdugos.

Nuestro Padre celestial hará lo mismo con nosotros si no perdonamos a nuestros hermanos. (ver Mt. 18:23-35)

4.9. Las oraciones de los justos obran eficazmente

La oración es simplemente hablar con Jesús, nuestro papá y mejor amigo, que nos ama incondicionalmente.

Debes tener proporciones equilibradas de oración, la Palabra y la unción del Espíritu Santo para mantener vivo tu espíritu.

i. "La oración" se puede comparar al aire que respiramos:

La Escritura dice que debes orar sin cesar, así como respiras continuamente. Cuando dejas de respirar, mueres, así también cuando dejas de orar, tu espíritu muere. (ver 1 Ts. 5:17)

Si eres *demasiado perezoso para orar* y siempre dependes de otros para que oren por ti, entonces eres como una persona que está conectada al *"ventilador"* y está respirando artificialmente en lugar de respirar por sí misma.

ii. La "Palabra de Dios" se puede comparar a la comida que consumimos:

Si no se ingiere alimentos durante unos días, uno puede debilitarse y desnutrirse, y eventualmente puede entrar en coma.

Del mismo modo, sin la Palabra de Dios, tu espíritu dentro de ti se vuelve esquelético, débil e infructuoso para el reino de Dios. (ver Mt. 4:4)

Tus oraciones diarias y la meditación de la Palabra de Dios son como ahorrar dinero en el banco para tu futuro. Cuando los problemas llegan a tu vida como una tormenta, puedes hacer un retiro de tu banco espiritual, actuar con fe y recibir tu milagro de parte de Dios.

iii. El "Espíritu Santo" se puede comparar al agua que bebemos:

Así como te deshidratas sin agua, tu espíritu también puede quedar seco e impotente, sin la unción del Espíritu Santo. (ver Jn. 7:37-38)

4.9(a) ¿Cómo debemos orar?

MANDAMIENTOS DE DIOS PARA QUE LOS OBEDEZCAMOS	RECOMPENSAS POR LA OBEDIENCIA ESCRITURAS QUE CONFIRMAN
Ora, no como los hipócritas: 1. Cuando oren, no sean como los hipócritas, para ser vistos por los hombres. (ver Mt. 6:5)	"De cierto les digo que ya tienen su recompensa". ~ Jesús (No hay recompensas en el cielo) (Mt. 6:5)
Ora en secreto: 2. Pero tú, cuando ores, entra en tu habitación, cierra la puerta y ora a tu Padre que está en secreto. (Mt. 6:6)	Y tu Padre que ve en lo secreto, ***te recompensará en público***. (Mt. 6:6 RVC)
No hagas vanas repeticiones: 3. (i) Al orar, no uses vanas repeticiones, como hacen los gentiles. (ii) No seas como los gentiles. (Mt. 6:7-8)	No se hagan semejantes a ellos, porque el Padre de ustedes sabe de qué cosas tienen necesidad antes que ustedes le pidan. (Mt. 6:8)

Puntos que considerar:

- **No busques honor de los hombres:** A los fariseos, que eran hipócritas, les gustaba orar en público sólo para ser vistos y honrados por los hombres. Pero Jesús, nuestro Maestro, dijo: "No recibo gloria de parte de los hombres". (Jn. 5:41)

- **Usa la Palabra de Dios en la oración:** Cuando usas la Palabra de Dios en tus oraciones, recibirás respuestas rápidas a tus oraciones; porque el Señor dice: "Así será mi palabra que sale de mi boca: No volverá a mí vacía, sino que hará lo que yo quiero, y será prosperada en aquello para lo cual la envié. (Is. 55:11)

  Cuando ores durante 30 minutos, deberías leer la Palabra durante al menos 15 minutos, en la proporción de 2:1 ~ *Experiencia del autor*

- **Sin repeticiones vanas:** Los gentiles piensan que serán oídos por su palabrería. (Mt. 6:7)

  Jesús solía hacer oraciones muy cortas. Por ejemplo, Él dijo: "¡Silencio! ¡Cálmate!" y las tormentas se calmaron. (Marcos 4:39)

  Si oras lo suficiente en secreto, basta con decir algunas palabras en público en el nombre de Jesús, para que surjan los milagros.

Pide, busca y llama a la puerta

MANDAMIENTOS DE DIOS PARA QUE LOS OBEDEZCAMOS	RECOMPENSAS A LA OBEDIENCIA
4. Pide. (Mt. 7:7)	i. Y se les dará. (Mat. 7:7) ii. Porque todo el que pide, **recibe**. (Mt. 7:8)
5. Busca. (Mt. 7:7)	i. Y **hallarás**. (Mat.7:7) ii. Porque el que busca, **halla.** (Mt. 7:8)
6. Llama a la puerta. (Mt. 7:7)	i. Y se te abrirá. (Mat.7:7) ii. Al que llama, se le abrirá la **puerta.** (Mt. 7:8)

Puntos que considerar:

- *"Pedir"* implica simplemente hacer que Dios conozca tus necesidades y creer que Dios escucha tus oraciones.

- *"Buscar"* implica una intensa súplica junto con obediencia a la voluntad de Dios. "Busca primeramente el reino de Dios y su justicia", dice el Señor Jesús. (Mt. 6:33)

- *"Llamar"* implica golpear la puerta del cielo y persistir en la oración hasta que Dios responda.

- Si realmente quieres recibir una respuesta de Dios, debes estar dispuesto a sacrificarte o a pagar cualquier precio por ello, incluso si requiere cambiar tu actitud y tu estilo de vida.

- La Escritura dice: "Y cualquier cosa que pidamos la recibiremos de él porque guardamos sus mandamientos y hacemos las cosas que son agradables delante de él. (1 Jn. 3:22)

- *Persevera en la oración:* Jesús anima la perseverancia en la oración. Él espera que sigamos pidiendo, buscando y llamando o, a veces, golpeando la puerta del cielo hasta que se abra. Haz oraciones que traen victoria hasta que recibas respuestas. (Jn. 14:14)

4.9(b) Formas de orar eficazmente

1. **Busca un socio de pacto** con el que puedas ponerte de acuerdo en oración. "Otra vez les digo que, si dos de ustedes se ponen de acuerdo en la tierra acerca de cualquier cosa que pidan, les será hecha por mi Padre que está en los cielos". (Mt. 18:19)

    * En mi experiencia personal, ¡te garantizo que funciona! Siempre que he orado junto con mi socio de pacto en oración, el Señor ha respondido todas nuestras oraciones.
    - Autora

2. **Dale el "primer fruto" de tu tiempo cada día a Dios:** Cada día, puedes *levantarte al menos media hora antes* y pasar ese tiempo extra a solas con Dios. Este tiempo con Dios te protegerá de muchos problemas que el diablo ha planeado contra ti para ese día, pues la oración te salva de peligros invisibles.

3. **Ora en el Espíritu:** La Escritura dice: "El Espíritu de Dios nos ayuda en nuestras debilidades. Porque no sabemos qué debemos orar, pero el Espíritu mismo intercede por nosotros con gemidos indecibles". Si tienes el don, habla en lenguas lo más que puedas, como lo hizo el apóstol Pablo.

    Cuando hablas en lenguas, hablas *misterios* con el Dios Todopoderoso y también **edificas tu espíritu**. El Espíritu Santo intercede por ti y alinea tu vida conforme a Su voluntad. El don de lenguas es la *"puerta a lo sobrenatural"*. (1 Co. 13:1; Hch. 2:4-11)

    El don de lenguas es el don fundamental sobre el que se construyen todos los demás dones espirituales. Es como aprender un nuevo idioma y por eso hay que desarrollarlo. Siempre que sientas la presencia de Dios, el don de lenguas brotará de tu espíritu.

    El Señor le da el don de lenguas a cualquiera que lo desee, no porque sea barato, sino porque es esencial para el crecimiento espiritual de cada creyente. Practica el hablar en lenguas tanto como puedas y definitivamente serás bendecido.

    * Por Su gracia, Dios me ha permitido hablar durante muchas horas en el don de lenguas, en los últimos 10-12 años, lo que abrió mis oídos espirituales para escuchar la voz del Espíritu Santo cada día. Me ha ayudado a recibir revelaciones más profundas de Dios. También ha tenido un gran impacto en mi vida espiritual.
    - Autora

4. **Únete a un grupo de oración** donde puedas crecer en la oración con otros creyentes. No dejes de congregarte con la iglesia, porque es difícil crecer espiritualmente por ti mismo. (ver Heb. 10:25)

4.9(c) ¿Por qué cosas debemos orar?

MANDAMIENTOS DE DIOS PARA QUE LOS OBEDEZCAMOS	RECOMPENSA A LA OBEDIENCIA
1. Pide. (ver Mat. 7:7)	1. Y se te dará. (ver Mat. 7:7)
2. Debes saber lo que pides (en oración) (Mt. 20:22)	2. *Pide el Espíritu Santo:* Pues si ustedes, siendo malos, saben dar cosas buenas a sus hijos, ¿cuánto más su Padre que está en los cielos les dará *Espíritu Santo a los que se lo pidan.* (Mt. 7:11; Lc. 11:13)

¿Por qué cosas debemos orar?:

1. Ora por la llenura del Espíritu Santo cada día para que te ayude a vencer el pecado, a Satanás y al mundo. Ora por el derramamiento del Espíritu Santo; que la lluvia temprana y tardía sean derramadas sobre tu familia y tu nación. (Zac.10:1; Mt. 7:11; Lc. 11:13; Joel 2:28)

2. Pídele a Dios si te falta sabiduría y te la dará. (St.1:5)

3. Ora para que el *manto de oración* y el *Espíritu de intercesión* vengan sobre ti. Ora para que la carga de Cristo por las almas perdidas inunde tu corazón. (Rom. 8:26)

4. Ora para que Dios envíe *los obreros dispuestos* para que trabajen en Su mies. (ver Mt. 9:38)

5. Ora por un "avivamiento" en tu nación. Intercede por tu presidente y líderes con autoridad, por su *salvación, sabiduría e integridad.* (Dan. 9:3-24; 1 Tim. 2:1-2)

6. Ora para que el Señor te muestre cosas grandes y poderosas que no conoces. (ver Jer. 33:3)

7. Ora por la paz de Jerusalén, porque los que la aman prosperarán. (ver Sal. 122:6)

8. Pídele a Dios por las naciones, porque el Señor dice: "*Pídeme, y te daré por heredad las naciones*, y por posesión tuya los confines de la tierra". (Sal. 2:8)

9. Ora por la salvación de las almas perdidas en tu familia y en tu vecindario. Ora para que el *espíritu de arrepentimiento* venga sobre ellos. (Ez. 22:30)

10. *Ora para que el temor reverencial de Dios* y que el espíritu de obediencia venga sobre ti y tus hijos. (Is. 11:2)

4.9(d) Modelo de la oración de Cristo

MANDAMIENTOS DE DIOS PARA QUE LOS OBEDEZCAMOS	ESCRITURAS QUE CONFIRMAN
El Padre nuestro: Oren así: *Padre nuestro que estás en los cielos.* i. Santificado sea Tu nombre. ii. Venga Tu reino. iii. Sea hecha Tu voluntad como en el cielo así también en la tierra. iv. El pan nuestro de cada día, dánoslo hoy. v. Perdónanos nuestras deudas. vi. Como también nosotros perdonamos a nuestros deudores. vii. No nos metas en la tentación. viii. Más líbranos del mal. (Mt. 6:9-13)	Y no nos dejes caer en tentación, más líbranos del maligno. Porque tuyo es el reino, el poder y la gloria por todos los siglos. Amén. (Mt. 6:13 NVI, RVC)

Puntos que considerar:

- Aconteció que, estando Jesús orando en cierto lugar, cuando terminó, uno de sus discípulos le dijo: Señor, enséñanos a orar, como también Juan enseñó a sus discípulos. (Lc. 11:1)

- **Santificado sea Tu nombre:** Nuestro Dios es un Dios de Santidad que aborrece el pecado; aunque es nuestro Padre, no tolerará la maldad y siempre disciplinará a Sus hijos. (ver Mt. 6:9)

- **Venga Tu Reino:** Debemos orar por la segunda venida de Cristo y por el establecimiento del reino eterno de Dios en el nuevo cielo y la nueva tierra. (Ap. 21:1; Mt. 6:10)

- **Que se haga Tu voluntad:** Anhelemos sinceramente que la voluntad de Dios se cumpla en nuestras vidas. Descubramos cuál es la voluntad de Dios a través de Su Palabra revelada (la Biblia) y a través de la dirección del Espíritu Santo en sus corazones. (ver Rom. 8:4-14; Mt. 6:10)

- Si oramos según la oración del Señor, nuestras peticiones serán contestadas rápidamente. (Lc. 11:5-9)

4.9(e) "Mi casa será llamada casa de oración"

MANDAMIENTOS DE DIOS PARA QUE LOS OBEDEZCAMOS	CONSECUENCIAS DE LA DESOBEDIENCIA/ ESCRITURAS QUE CONFIRMAN
1. "Mi casa será llamada casa de oración para todas las naciones". ~ Jesús (ver Mt. 21:13; Mc. 11:17) 2. "¡No hagan más de la casa de mi Padre casa de mercado!" ~ Jesús (ver Juan 2:16)	1. "Pero ustedes la han hecho cueva de ladrones". ~ Jesús (Mc. 11:17) 2. Si alguien *destruye* el templo de Dios, Dios *lo destruirá a él*, porque santo es el templo de Dios. (1 Co. 3:17)
3. "No hagan de mi casa una cueva de ladrones" ~ Jesús. (ver Mt. 21:13)	Y entró Jesús en el templo de Dios, y echó fuera a todos los *que vendían y compraban en el templo,* y volcó las mesas de los *cambistas,* y las sillas de los que vendían palomas. (ver Mt. 21:12)

Puntos que considerar:

- En estos últimos tiempos, habrá muchos que carecen del temor de Dios en las iglesias. Tendrán una forma externa de piedad. Pero Cristo espera que Su casa sea un lugar de oración continua.

- El *espíritu de un creyente es* también la casa de oración de Dios. Así que mantengámoslo puro y consagrado. Si alguien ensucia el templo de Dios, Dios lo destruirá; porque el templo de Dios es santo y nosotros somos ese templo. (1 Co. 3:17)

- Jesús entendía muy bien que todo dependía de la oración, pues conocía el verdadero valor de la oración.

- No debemos tener una mentalidad mundana y profanar la casa de Dios, convirtiéndola en un *medio de reunión social, de ganancia monetaria y de entretenimiento, etc.,* aprovechando el temor a Dios que tiene la gente. (1 Tim. 6:5)

Imita a Cristo en la oración: El Señor Jesús es nuestro modelo en la oración. Él es un gran guerrero de oración. Jesús tiene un Sacerdocio permanente y sigue intercediendo por nosotros. (Heb. 7:25; Rom. 8:34; Lc. 6:12; Mt. 4:2; 26:36-44; Lc. 3:21)

Toda la vida de Jesús en la tierra fue dedicada a la oración. Jesús vivió siempre en la presencia de Su Padre y eligió estar en la casa de Dios. *La oración era la esencia de Su vida.* Así debería ser la oración para nosotros, los creyentes.

4.10(a) No hay recompensa por ayunar como los hipócritas

MANDAMIENTOS DE DIOS PARA QUE LOS OBEDEZCAMOS	RECOMPENSAS A LA OBEDIENCIA/ ESCRITURAS QUE CONFIRMAN
Motivo para ayunar: 1. Cuando ustedes ayunen, no se hagan los tristes como los hipócritas. (Mt. 6:16)	Cuando ustedes ayunen, no se hagan los tristes, como los hipócritas, que descuidan su apariencia para mostrar a los hombres que ayunan. De cierto les digo que ya tienen su recompensa. ***(En la tierra).*** ~ Jesús (Mt. 6:16)
2. Pero tú, cuando ayunes, unge tu cabeza y lávate la cara, de modo que no muestres a los hombres que ayunas, sino a tu Padre que está en secreto. Y tu Padre que ve en secreto te recompensará. (Mt. 6:17-18)	Y tu Padre que ve en secreto te ***recompensará en público.*** (Mt. 6:18 RVC)

- Cuando ayunas para ser visto por los hombres, recibes toda tu recompensa de la gente aquí en la tierra y no se te dará ninguna recompensa en el cielo.

- Cuando ayunes, asegúrate de pasar tiempo en oración y en la Palabra por lo menos de 3 a 6 horas. No hagas un ayuno de 40 días a menos que el Señor te lo indique claramente.

Puedes ayunar por las siguientes razones:

1. Para servir a Dios. Por ejemplo: Ana (Lc. 2:37)

2. Para experimentar la presencia íntima con Dios. (Lc. 2:37)

3. Para que la voluntad, los deseos y los intereses de Cristo estén por encima de los tuyos. (Mt. 7:21)

4. Para interceder por las almas perdidas con la carga y la agonía de Cristo. (Ez. 22:30)

5. Para arrepentirte por los pecados de la iglesia, la nación y del mundo. (ver Neh. 9:1-2)

6. Para humillarte ante Dios y experimentar más de Su gracia. (St. 4:6)

7. Para arrepentirte de tus pecados y fracasos personales. (Esdras 8:21)

8. Para recibir respuestas a tus oraciones específicas. (Is. 58:6-9)

9. Para vencer al pecado, a Satanás y al mundo. (1 Jn. 2:15-17)

4.10(b) Echar fuera demonios mediante ayuno y oración

MANDAMIENTOS DE DIOS PARA QUE LOS OBEDEZCAMOS	ESCRITURAS QUE CONFIRMAN
Sanidad de un niño endemoniado:	**Jesús reprende la incredulidad:**
1. No sean una generación incrédula y perversa. (Mt. 17:17) *El mandato específico de Jesús a Sus discípulos:* 2. "¡Tráiganmelo acá!" (Mt. 17:17)	Jesús reprendió fuertemente a los discípulos por su falta de fe, diciéndoles: "¿Hasta cuándo los soportaré?" Y entonces Jesús liberó al niño del demonio. Los discípulos le preguntaron al Señor por qué no pudieron echar fuera al demonio. Jesús les dijo: ***"Por causa de la poca fe de ustedes".*** Pero **este género no sale sino con oración y ayuno.** (Mt. 17:14-22 RVC)

- Jesús les dijo esto a Sus discípulos, cuando cierto hombre se acercó al Señor para que liberara a su hijo de los ataques demoníacos. (ver Mt. 17:17)

- **Se necesita fe para echar fuera demonios:** No debemos dudar del *poder de Dios ni de la autoridad* que nos ha dado el Señor para echar fuera demonios. (Lc. 10:19)

- **Oración y ayuno:** Algunos tipos de demonios solo pueden ser echados fuera por medio de oración y ayuno. La oración con el ayuno liberará la unción del Espíritu Santo para darte el poder de echar fuera demonios. (Mt. 17:14-22)

4.11(a) ¿Es el dinero tu ídolo?

MANDAMIENTOS DE DIOS PARA QUE LOS OBEDEZCAMOS	RECOMPENSAS POR LA OBEDIENCIA/ CONSECUENCIAS DE LA DESOBEDIENCIA
Hacer buenas obras: 1. ¡Tengan cuidado! No hagan sus buenas acciones en público para que los demás los admiren. (Mt. 6:1 NTV)	Porque **perderán la recompensa** de su Padre, que está **en el cielo**. (Mt. 6:1)
2. Cuando, pues, hagas obras de misericordia, no hagas tocar trompeta delante de ti, como hacen los hipócritas. (Mt. 6:2)	Como hacen los hipócritas en las sinagogas y en las calles para ser **honrados por los hombres**. (Mt. 6:2)
3. Más bien, cuando des a los necesitados, que no se entere tu mano izquierda de lo que hace la derecha. (Mt. 6:3 NVI)	1. De modo que tus obras de misericordia sean en secreto. (Mt. 6:4) 2. Y tu Padre, que ve en lo secreto, **te recompensará en público.** (Mt. 6:4 RVC)
Dar a Dios: 4. Den. (Lc. 6:38)	1. Y se les dará. (Lc. 6:38) 2. Den, y se **les dará**; **medida buena, apretada, sacudida** y **rebosante se les dará** en su **regazo**. (Lc. 6:38) 3. Porque con la **medida** con que miden, se les volverá a medir. (Lc. 6:38)

¡Pausa y reflexiona!

• Nunca le podremos dar más a Dios que lo que Él nos da. El que da al pobre presta al Señor, y Él le dará su recompensa. (Prov. 19:17)

• Cuando damos ofrendas para ser vistos por los hombres, recibimos nuestra recompensa y gloria de la gente en esta tierra y por lo tanto, ninguna recompensa en el cielo.

• El que siembra escasamente cosechará escasamente, y el que siembra con generosidad, también con generosidad cosechará. (2 Co. 9:6)

- **Dios dio lo mejor de Sí mismo,** su Hijo unigénito, Jesucristo, para que muriera en nuestro lugar. *¿Cómo podríamos pagarle?*

MANDAMIENTOS DE DIOS PARA QUE LOS OBEDEZCAMOS	CONSECUENCIAS DE LA DESOBEDIENCIA ESCRITURAS QUE CONFIRMAN
Acumula tesoros en el cielo, no en la tierra: 5. No acumulen para sí tesoros en la tierra. (ver Mt. 6:19 NVI)	No acumulen para sí tesoros en la tierra, donde la *polilla y el óxido destruyen,* y donde *los ladrones* se meten a *robar.* (Mt. 6:19 NVI)
6. Acumulen para sí tesoros en el cielo. (Mt. 6:20 NVI)	1. Acumulen para sí tesoros *en el cielo*, donde ni la polilla y ni el óxido carcomen, ni *los ladrones se meten a robar.* 2. Porque donde esté tu tesoro, allí estará también tu corazón. (Mt. 6:20-21 NVI)

- Sólo lo que hagamos por Jesucristo en la tierra nos traerá recompensas en el cielo.

- Es sabio usar nuestras posesiones y dinero para promover los intereses de Dios, es decir, para la *salvación de las almas perdidas,* para recibir recompensas en el cielo; porque el que gana almas es sabio. (Prov. 11:30; Dan. 12:3)

La piedad con contentamiento es gran ganancia

i. A los ricos de este mundo presente *se les manda que no sean altivos*, ni poner su esperanza en la incertidumbre de las riquezas, sino en el Dios viviente quien nos provee todas las cosas en abundancia para que las disfrutemos.

ii. Se les manda hacer el bien, *ser ricos en buenas obras*, ser generosos y estar dispuestos a compartir. (ver 1 Tim. 6:17-18)

iii. Porque nada trajimos a este mundo cuando nacimos, y nada podremos sacar de él cuando muramos. Así que, no vivas sólo para la vida terrenal. (1 Tim. 6:6-7)

iv. No debemos valorar a nuestros semejantes basado en sus riquezas en la tierra.

MANDAMIENTO DE DIOS PARA QUE LO OBEDEZCAMOS	RECOMPENSA DE LA OBEDIENCIA / CONSECUENCIA DE LA DESOBEDIENCIA
¿A quién sirves? 7. No sirvas a dos señores: a Dios y a las riquezas. (Mt. 6:24)	i. Nadie puede servir a dos señores; porque aborrecerá al uno (Dios) y amará al otro (las riquezas), o se dedicará al uno y menospreciará al otro. ii. *No pueden servir a Dios y a las riquezas a la misma vez.* (Mt. 6:24)

¿Quién es tu amo, Dios o el dinero?

- Dale a Dios lo que le corresponde: Su *gloria*, al menos una décima parte de tu *tiempo* y tu *dinero*. Dios quiere tener el primer lugar en tu corazón.

- Servir al dinero es darle un valor tan alto que ponemos nuestra confianza y fe en él, buscamos en él nuestra máxima seguridad y alegría, y lo deseamos más que al reino de Dios y a Su justicia.

Sírvele a Dios con tus diezmos

La Escritura dice: Den a César lo que es de César (el gobierno); y a Dios, lo que es de Dios. (ver Mt. 22:21; Dt. 26:13;14:28-29)

Bendiciones: Debes ser fiel en el pago de tus diezmos que le pertenecen a Dios; entonces Él abrirá para ti las ventanas del cielo y derramará tantas bendiciones que no habrá espacio suficiente para recibirlas.

Maldición: Somos *malditos con maldición si robamos a Dios en los diezmos* y las ofrendas. (ver Mal. 3:8-12)

Tu actitud cuenta: Tráele a Él tus diezmos y ofrendas con un corazón alegre; porque Dios se complace con un dador alegre. Por ejemplo: Dios rechazó la ofrenda de Caín pero aceptó la de Abel. (ver 2 Co. 9:7; Gn. 4:4-5)

Siembra en tu propio campo: Debes sembrar tus diezmos en tu propia tierra para que puedas cosechar *la plenitud* (100 por uno) *de tu cosecha* a su debido tiempo. (Génesis 26:12)

Tus diezmos le pertenecen a la iglesia o a cualquier ministerio con que tu corazón se sienta atraído y con el que Dios te haya conectado. Tus ofrendas, sin embargo, puedes darla a cualquier iglesia o ministerio. ~ *Revelación que el Señor Jesús le dio a un verdadero profeta de Dios.*

4.11(b) Paga tus impuestos puntualmente, como lo hizo Jesús

MANDAMIENTOS DE DIOS PARA QUE LOS OBEDEZCAMOS	ESCRITURAS QUE CONFIRMAN
Jesús pagó Sus impuestos: 1. Paga tus impuestos. (ver Mt. 17:24-27) 2. Dale al gobierno lo que le pertenece. 3. Dale a Dios lo que es de Dios. (ver Mt. 22:21) *Mandato de Jesús para Pedro:* 4. Ve al mar, echa el anzuelo, y el primer pez que suba, tómalo. Cuando abras su boca, hallarás una moneda. Tómala y dásela a ellos por ti y por mí. (Mt. 17:24-27)	1. Después de que Jesús y Sus discípulos llegaron a Capernaúm, los cobradores del impuesto para el templo se acercaron a Pedro y le preguntaron: "¿Su maestro no paga el impuesto del templo?". "Sí", respondió Pedro. 2. Jesús dijo a Pedro: "Ve al mar, echa el anzuelo, y el primer pez que suba, tómalo. Cuando abras su boca, ***hallarás una moneda***. Tómala y dásela a ellos ***por ti y por mí***. (Mt. 17:24-27)

- Para pagar los impuestos, Jesús hizo un milagro, sacando una moneda de la boca de un pez. (Mt. 17:24-27)

- En otra ocasión, los fariseos, queriendo ***atrapar a Jesús*** en Sus propias palabras, le preguntaron: "¿Es lícito dar tributo a César o no?" Pero Jesús, conociendo su ***hipocresía***, les dijo: "Tráiganme una moneda romana para que la vea". Entonces Jesús les dijo: "¿De quién es esta imagen y esta inscripción?" "Del César", respondieron ellos. Entonces Jesús les dijo: "Den al César lo que es del César, y ***a Dios lo que es de Dios***".

- Como creyentes, Jesús espera que seamos personas honradas y fieles. Del ejemplo de Jesús aprendemos que debemos acatar las leyes del gobierno. No debemos evadir el pago de impuestos ni dar cuentas falsas a las autoridades. (Rom. 13:6-7)

Equilibra tu vida física con la espiritual

Nosotros somos *espíritu, alma y cuerpo*. Una vez que el espíritu abandona nuestro cuerpo, el cuerpo físico no tiene ningún valor. Vuelve al polvo, como dijo el Señor: *'Polvo eres y al polvo volverás.'* El promedio de vida de un ser humano es de 70 o puede ser de 80 años como máximo. Pero nuestro espíritu **no vivirá 100, 1000, 10.000 años o millones, miles de millones** de años, **sino por la eternidad.** Piensa en eso. (Gn. 3:19; 1 Ts. 5:23; Sal. 90:10)

4.12. Los ojos y los oídos: las ventanas del alma

MANDAMIENTOS DE DIOS PARA QUE LOS OBEDEZCAMOS	RECOMPENSAS POR LA OBEDIENCIA ESCRITURAS QUE CONFIRMAN
Cuida tus ojos: 1. Que tus ojos sean sanos. (ver Mt. 6:22)	1. Para que todo tu cuerpo esté lleno de luz. (ver Mt. 6:22) 2. Porque la lámpara del cuerpo es el ojo. (ver Mt. 6:22)
2. No dejes que tus ojos sean malos (corruptos). (ver Mt. 6:23)	1. Si tu ojo es malo, todo tu cuerpo estará **en tinieblas.** (Mt. 6:23) 2. De modo que, si la luz que hay en ti es oscuridad, ¡cuán grande es esa oscuridad! (Mt. 6:23)
3. Mira con tus ojos y percibe (las cosas espirituales). (Mt. 13:13-14) 4. Escucha con tus oídos y entiende (lo que dice el Espíritu de Dios). (Mt. 13:14-15) 5. Entiende con tu corazón (los misterios del reino de los cielos). (Mt. 13:15)	1. "Pero ¡**bienaventurados** sus ojos, porque ven; y sus oídos, porque oyen!". (ver Mt. 13:16) 2. Porque el corazón de este pueblo se ha vuelto insensible, y con los oídos han oído torpemente. Han cerrado sus ojos (a los caminos de Dios), para que no vean con los ojos ni oigan con los oídos ni entiendan con el corazón ni se conviertan (de sus malos caminos). Y yo los sanaré. (Mt. 13:15)

6. Entiende con tu corazón (los misterios del reino de los cielos). (Mt. 13:15)	1. Porque el corazón de este pueblo se ha vuelto insensible, y con los oídos han oído torpemente. Han cerrado sus ojos (a los caminos de Dios), para que no vean con los ojos ni oigan con los oídos ni *entiendan con el corazón* ni *se conviertan* (de sus malos caminos). Y *yo los sanaré*. (Mt. 13:15)
Oídos que escuchan: 7. ¡El que tiene oídos, oiga! (Mt. 11:15)	"Oigan esto, pueblo insensato y sin entendimiento. Tiene ojos y no ven; tienen oídos y no oyen. *¿A mí no me temerán?, dice el Señor".* (Jer. 5:21-22)

- Debes mantener tus ojos limpios ante Dios absteniéndote de escenas de inmoralidad que se muestran en películas, TV, internet, libros, celulares, etc.

- Ora para que Dios abra tus ojos espirituales para que veas visiones celestiales. (ver Jer. 33:3)

- Ora hasta que tus oídos espirituales se abran para oír al Espíritu de Dios porque el Señor dice: *"Mis ovejas oyen mi voz".* (ver Jn. 10:27)

4.13. No te preocupes, descansa en Jesús

MANDAMIENTOS DE DIOS PARA QUE LOS OBEDEZCAMOS	RECOMPENSAS POR LA OBEDIENCIA ESCRITURAS QUE CONFIRMAN
No te preocupes por la comida y el agua: 1. No se afanen por su vida, que han de comer o que han de beber. (Mt. 6:25)	1. ¿No tiene la vida más valor que la comida, y el cuerpo más que la ropa? (Mt. 6:25) 2. Su Padre celestial alimenta incluso a las aves del cielo. ¿No son ustedes de mucho *más valor que ellas?* (ver Mt. 6:26) 3. ¿Quién de ustedes podrá, por mucho que se afane, añadir a su estatura un milímetro? (Mt. 6:27)

No se afanen por su cuerpo, que han de vestir:	1. ¿No es la vida más que alimento, y el cuerpo más que el vestido? (ver Mt. 6:25)
2. No se afanen por su cuerpo, que han de vestir. (Mt. 6:25)	2. Ni aun Salomón, con toda su gloria, fue vestido como uno de los lirios del campo que Dios vistió.
	3. Si Dios viste así la hierba del campo, que hoy esta y mañana es echada en el horno, *¿no hará mucho más por ustedes,* hombres de poca fe? (Mt. 6:28-30)
	4. Porque los *gentiles buscan todas estas cosas.*
	5. *Y su Padre celestial* sabe que ustedes las necesitan. (Mt. 6:32)

¡Pausa y reflexiona!

• Jesús no quiso decir que está mal hacer provisiones para tus necesidades futuras. Pero Él sí prohíbe que estemos ansiosos, lo que muestra tu falta de fe en Su amor y cuidado paternal.

Porque la Escritura dice: "Si alguien no tiene cuidado de los suyos, y especialmente de los de su casa, ha negado la fe y es peor que un incrédulo. (1 Tim. 5:8)

MANDAMIENTO DE DIOS PARA QUE LO OBEDEZCAMOS	RECOMPENSAS POR LA OBEDIENCIA
3. No te afanes por el día de mañana. (Mt. 6:34)	1. Por lo tanto, no se preocupen por el mañana, el cual tendrá sus propios afanes. Cada día tiene ya sus problemas. (Mat. 6:34 NVI)
	2. *Busquen primeramente el reino de Dios* y su justicia, y todas estas cosas (comida, bebida y ropa) les serán añadidas. (Mt. 6:33)

• El que no eximió ni a Su propio Hijo sino que lo entregó por todos nosotros, ¿cómo no nos dará gratuitamente, también con Él, todas las cosas? (ver Rom. 8:32)

• Qué consuelo es el escuchar de nuestro Creador, que tanto se preocupa por nosotros, decir que ¡no nos preocupemos por nada!

MANDAMIENTOS DE DIOS PARA QUE LOS OBEDEZCAMOS	RECOMPENSAS POR OBEDIENCIA
Ven, Jesús te invita: 4. "Vengan a mí todos los que están fatigados y cargados, y yo les haré descansar". ~ Jesús (Mt. 11:28)	*"Y yo les daré descanso".* ~ Jesús (Mt. 11:28 NVI)
5. "Lleven mi yugo sobre ustedes y aprendan de mí". ~ Jesús (Mt. 11:29)	1. "Que soy manso y humilde de corazón, y **hallarán descanso para su alma"**. ~ Jesús (Mt. 11:29) 2. "Porque mi yugo es fácil y ligera mi carga". ~ Jesús (Mt. 11:30)

Nuestro camino: Muchas veces estropeamos nuestra vida por seguir nuestro propio camino. Si somos sabios en nuestra propia opinión y despreciamos los mandamientos de Dios, Dios tampoco nos respetará. La Escritura dice: "¡**Ay** de los que se consideran sabios, de los que se creen inteligentes!". (Prov. 3:5-7; Is. 5:21)

El camino de Dios: Cuando andamos en los caminos de Jesús, y obedecemos la guía del Espíritu Santo, Él nos liberará de nuestras pesadas cargas y nos dará descanso, paz y gozo en nuestras vidas. (ver Rom. 14:17)

4.14. Busca primeramente el reino de Dios y Su justicia

MANDAMIENTO DE DIOS	RECOMPENSA POR LA OBEDIENCIA
Haz de Dios tu prioridad: 1. Más bien, busquen primeramente el reino de Dios y su justicia, y todas estas cosas les serán añadidas. (Mt. 6:33)	Y *todas estas cosas* (comida, bebida y ropa), *les serán añadidas.* (Mt. 6:33)

Se nos ordena buscar dos cosas:

1. El reino de Dios   2. La justicia de Cristo

¿Qué es el reino de Dios?

El reino de Dios es el *"reino y poder de Dios"* en nuestras vidas, que debemos buscar fervientemente. El reino de Dios no es un asunto de comida y bebida, sino de *justicia, paz y gozo* en el Espíritu Santo. (ver Rom. 14:17)

Debemos aceptar a Cristo, no sólo como nuestro Salvador sino también como nuestro *"Señor"* y rendirnos totalmente a Él para que traiga Su reino y poder a nuestras vidas. Debemos orar para que el reino de Dios venga en el poderoso poder del Espíritu Santo para liberar a la gente de su pecado y esclavitud. (ver Mt. 6:10)

¿Cómo llegamos a ser justos?

La Escritura dice: El *"don de justicia"* reinará en vida a través de Jesucristo. Por lo tanto, la justicia es un regalo (a nuestro espíritu) que recibimos cuando aceptamos a Cristo. Llegamos a ser justos en nuestra alma y cuerpo, renovando nuestras mentes con la Palabra y obedeciendo los mandamientos de Cristo. (Rom. 5:17; 12:2; Mt. 5:20; 6:33; Jn. 14:15; St. 1:21).

MANDAMIENTO DE DIOS	RECOMPENSA POR LA OBEDIENCIA
Persigue con santa violencia: 2. Sé violento en apoderarte del reino de los cielos. (ver Mt. 11:12)	El reino de los cielos ha venido avanzando contra viento y marea, y los que se esfuerzan logran aferrarse a él. (Mt. 11:12 NVI)

- La violencia que Jesús menciona aquí es una "violencia santa", es decir, es necesario tener determinación, y un deseo sincero por tener Su poder y pureza, para poseer el reino de Dios en medio de la oposición.

4.15. No juzguen para que no sean juzgados

MANDAMIENTOS DE DIOS PARA QUE LOS OBEDEZCAMOS	RECOMPENSA POR LA OBEDIENCIA/ CONSECUENCIAS DE LA DESOBEDIENCIA
Según juzgues, serás juzgado: 1. No juzgues. (ver Mt. 7:1)	1. O tú también serás juzgado. (ver Mt. 7:1) 2. Porque con el juicio con que juzguen, serán juzgados. 3. Con la medida con que midan, se les medirá. (Mt. 7:1-2)
Observa la viga en tu ojo: 2. No mires la paja que hay en el ojo de tu hermano, sino la viga que hay en tu propio ojo. (ver Mt. 7:3 RVC) 3. "¡Hipócrita! Saca primero la viga de tu propio ojo". (ver Mt. 7:5)	Entonces verás con claridad para sacar la paja del ojo de tu hermano. (Mt. 7:5)

- Jesús condena el hábito de juzgar a los demás mientras ignoramos nuestras propias faltas.

- Primero debes entregarte a las normas justas de Dios, antes de intentar examinar e influir en la conducta de otros cristianos. (Mt. 7:1-5)

MANDAMIENTOS DE DIOS PARA QUE LOS OBEDEZCAMOS	RECOMPENSA POR LA OBEDIENCIA/ CONSECUENCIAS DE LA DESOBEDIENCIA
No des consejos santo a los escarnecedores empedernidos: 4. No des a los perros lo que es santo. (Mt. 7:6) 5. No eches tus perlas delante de los cerdos. (Mt.7:6)	No sea que lo pisoteen, y después se vuelvan contra ustedes y los despedacen. (ver Mt. 7:6)

- No des consejos piadosos a los escarnecedores empedernidos, porque no prestarán atención a tus consejos, sino que se burlarán de ti y encontrarán falta en ti.

- No reprendas al burlador porque te aborrecerá; corrige al sabio y te amará. (Pr. 9:8)

4.16. La puerta estrecha al cielo
(pocos la encuentran)

MANDAMIENTO DE DIOS PARA QUE LO OBEDEZCAMOS	RECOMPENSAS A LA OBEDIENCIA/ CONSECUENCIAS DE LA DESOBEDIENCIA
Entren por la puerta estrecha. (Mt. 7:13)	1. Porque es ancha la puerta *y espacioso el camino* que lleva a la *perdición*, y son muchos los que entran por ella. (Mt. 7:13) 2. Hay muchos que entran por la puerta ancha. (Mt. 7:13) 3. Pero ¡qué estrecha es la puerta y qué angosto el camino que lleva a la *vida*! Y son *pocos los que la hallan*. (Mt. 7:14)

• Asegúrate de ser uno de los pocos que entran por la puerta estrecha.

Para entrar por la puerta estrecha:

Arrepiéntete: Sé humilde ante Dios y arrepiéntete sinceramente de tus pecados. (2 Co. 7:10)

Ten temor reverencial de Dios y camina en la justicia de Cristo. (Is. 11:2)

Obedécele: Esfuérzate sinceramente por obedecer tanto los mandamientos de Dios (AT) como los de Cristo (NT) (Ap. 12:17; 14:12; 22:14; Jn. 14:15).

Muere a ti mismo: Niégate a ti mismo y sigue a Jesucristo. (Mt. 16:24)

Ocúpense de su salvación con temor y temblor y *perseveren hasta el fin* en verdadera fe, pureza y amor. (Fil. 2:12; Mt. 24:13)

Es un camino difícil y no muchos eligen este camino.

4.17. Prueba de los falsos profetas

MANDAMIENTO DE DIOS PARA QUE LO OBEDEZCAMOS	CONSECUENCIAS DE LA DESOBEDIENCIA ESCRITURAS QUE CONFIRMAN

Guárdense de los falsos profetas. (Mt. 7:15)	1. Porque los falsos profetas vienen a ustedes vestidos de ovejas (disfrazados), pero por dentro son lobos rapaces. (Mt. 7:15)
	
	2. *Por sus frutos conocerán a los falsos profetas:*
	
	   i. ¿Acaso se recogen uvas de los espinos, o higos de los abrojos?
	
	   ii. Así también, todo árbol sano da buenos frutos, pero el árbol podrido da malos frutos.
	
	   iii. Todo árbol que no lleva buen fruto, es cortado y echado en el fuego.
	
	   iv. Así que, por sus frutos los conocerán. (Mt. 7:16-20; 12:33)

Cómo identificar a los falsos profetas:

1. La doctrina de un falso profeta estará centrada en sí mismo y no en Dios. (Mt. 7:21-23)

2. Sus enseñanzas no estarán basadas en la sana doctrina de la Palabra de Dios y harán concesiones con la verdad de Dios.

3. Ofrecerán salvación a través del "camino ancho de la injusticia".

4. Complacerán a los hombres en lugar de complacer a Dios.

5. Se preocuparán por su propia gloria en lugar de la gloria y el honor de Dios.

6. Aceptarán enseñanzas y tradiciones humanas aun cuando esas enseñanzas contradigan la Palabra de Dios.

7. El fruto de los falsos maestros será comportamiento impuro manifestado en la vida de sus seguidores. (1 Jn. 4:5-6)

4.18(a) Cumple la voluntad de Dios para tu vida

MANDAMIENTO DE DIOS PARA QUE LO OBEDEZCAMOS	RECOMPENSAS POR LA OBEDIENCIA/ CONSECUENCIAS DE LA DESOBEDIENCIA

1. No me digas: Señor, Señor, si no haces la voluntad de Mi Padre que está en los cielos. ~ Jesús (ver Mt. 7:21)	1. No todo el que me dice: 'Señor, Señor', entrará en el reino de los **cielos**, sino el que hace la voluntad de mi Padre que está en los cielos. ~ Jesús (Mt. 7:21)
	
	2. Jesús dice: "Muchos me dirán en aquel día: 'Señor, Señor,
	
	   i. ¿No **profetizamos** en tu nombre?
	
	   ii. ¿En tu nombre **no echamos demonios?**
	
	   iii. ¿Y en tu nombre no **hicimos muchas obras poderosas?** Entonces yo les declararé:
	
	   '**Nunca les he conocido.** ¡Apártense de mí, obradores de maldad!' (Mt. 7:22-23)
	
	• Después de haber hecho las cosas anteriores, si todavía no has hecho la voluntad del Padre, **no entrarás en el cielo,** dice el Señor Jesús.

Puntos que considerar:

Siervos de Dios pero no en la voluntad de Dios: Cuando Dios equipa a Sus siervos con dones de profecía, echar fuera demonios y hacer milagros, si se dejan *llevar por la fama, el dinero y el poder* que los dones les traen, y no cumplen la voluntad específica de Dios para sus vidas para la cual Dios los había equipado, entonces Dios llama a tales personas "obreros de maldad".

Predicadores injustos: Dios no aprueba de ningún predicador del evangelio injusto. Pero, por Su misericordia, Él todavía obra milagros para aquellos que reciben la Palabra de Dios predicada por esos predicadores.

No tienen carga por las almas perdidas: Cuando los predicadores no tienen una verdadera carga por las almas que perecen, sino que buscan expandir su propio ministerio, haciendo de la obra de Dios un negocio para obtener riquezas, entonces no están en la voluntad de Dios. Jesús los llama "obreros de maldad".

A veces la obra de *milagros puede ser de Satanás.*

MANDAMIENTO DE DIOS PARA QUE LO OBEDEZCAMOS	RECOMPENSAS POR LA OBEDIENCIA/ CONSECUENCIAS DE LA DESOBEDIENCIA
2. Hagan la voluntad de Mi Padre que está en los cielos. ~ Jesús (Mt. 7:21)	1. Para poder entrar en el reino de los cielos. (Mt. 7:21) 2. El siervo que *conoce la voluntad de su señor* y no se prepara para cumplirla, o no hace lo que su señor quiere, recibirá *muchos golpes.* 3. Pero el que *no la conoce* y hace algo que merezca castigo, recibirá *pocos golpes.* 4. A todo el que se le haya dado mucho se le exigirá mucho. (Lc. 12:47-48 NVI)

¡Pausa y reflexiona!

- *Primero, descubre la voluntad específica de Dios* para tu vida esperando en Él. Luego, cumple la voluntad de Dios para todos y cada uno de los días de tu vida, como lo hizo Jesús. Por ejemplo: si Dios te envía a proclamar el evangelio en los orfanatos, los campamentos juveniles, las aldeas, e iglesias pequeñas, etc., entonces obedécele con gozo. Dios te honrará. No esperes a que se te presenten grandes oportunidades.

- *Si Dios te pide que hagas* algo, da un paso por fe y hazlo, aunque todo el mundo se ponga en contra tuya. Si Dios está a tu favor, ¿quién puede estar en contra tuya? (ver Rom. 8:31)

- *Entrada al cielo*: Después de aceptar a Cristo como tu Señor y Salvador, debes considerar hacer estas 4 cosas: *Orar, dar, ir o enviar para el reino de Dios.* Estas son las maneras por las cuales puedes multiplicar tus talentos para traer almas perdidas a Cristo. Porque la voluntad de tu Padre es que *no se pierda ninguna alma,* sino que todas se salven. (Mt. 25:14-30; 2 Pe. 3:9; 1 Tim. 2:4)

¿Estás cumpliendo la voluntad de Dios para tu vida?

¿Está toda tu vida centrada en el dinero? ¿Te está desviando la lujuria por el dinero de hacer la voluntad de Dios para tu vida? Pausa y reflexiona.

La escritura dice: *"Grande ganancia es la piedad con contentamiento"*. Estemos contentos si tenemos comida y ropa. Las personas que quieren enriquecerse caen en la tentación y en la trampa y en muchos deseos necios y perjudiciales que hunden a los hombres en la ruina y la destrucción. Porque el amor al dinero es la raíz de toda clase de males.

Pero tú, oh hombre de Dios, huye de estas cosas y sigue *la justicia, la piedad, la fe, el amor, la perseverancia y la mansedumbre.* Pelea la buena batalla de la fe; echa mano de la *vida eterna* a la cual fuiste llamado (por el Señor Jesucristo). (ver 1 Tim. 6:6-12)

La "perfecta voluntad" de Dios revelada en Su Palabra

1. **Que nadie se pierda:** La voluntad de nuestro Padre es que nadie se pierda sino que todos vengan al arrepentimiento y sean salvos. (ver 2 Pe. 3:9; Mt. 18:14; 1 Tim.2:4)

2. **Creer en Su Hijo, Jesús:** La voluntad de Dios es que todo el que *crea en el Hijo* tenga *vida eterna.* (ver Jn. 6:40)

3. **Ser llenos del Espíritu Santo:** La voluntad del Padre es que no nos embriaguemos con vino, sino que seamos llenos de Su Espíritu. (ver Ef. 5:18)

4. **Mantener santificado nuestro cuerpo:** La voluntad de Dios es que cada uno de nosotros sepa controlar su propio cuerpo en santificación y honor. (ver 1 Ts. 4:3-7)

5. **Estar siempre gozosos.** (ver 1 Tesalonicenses 5:16)

6. **Oren** sin cesar. Oremos para que se haga la voluntad de Dios en la tierra. (1 Ts. 5:17; Mt. 6:10)

7. **Den gracias** en todo, porque esta es la voluntad de Dios para ustedes en Cristo Jesús. (1 Tesalonicenses 5:18)

4.18(b) Obediencia a la voluntad de Dios Padre

MANDAMIENTO DE DIOS PARA QUE LO OBEDEZCAMOS	RECOMPENSA POR LA OBEDIENCIA
Parábola de los dos hijos: 3. Hagan la voluntad de Mi Padre que está en los cielos. ~ Jesús (ver Mt. 12:50, 21:28-31)	Porque cualquiera **el que hace la voluntad de mi Padre** que está en los cielos, ese es mi hermano, mi hermana y mi madre". ~ Jesús (Mt. 12:50, 21:28-31)

La parábola de los dos hijos:

- Cierto hombre tenía dos hijos; se acercó al primero y le dijo: "Hijo, ve a trabajar hoy en el viñedo". Él respondió: "No quiero", pero después se arrepintió y fue.

  El padre se acercó al segundo y le dijo lo mismo. Él respondió: "Si, señor", y no fue. (ver Mt. 21:28-30)

  "¿Cuál de los dos hizo la voluntad de su padre?", preguntó Jesús a los sumos sacerdotes y a los ancianos. Ellos le respondieron: "El primero".

  Entonces Jesús les dijo: "Les aseguro que los recaudadores de impuestos y las prostitutas van delante de ustedes en el reino de Dios ". (Mt. 21:31)

- Así como Jesús siempre cumplió la voluntad de Su Padre para Su vida, nosotros también debemos esforzarnos por hacer Su voluntad en todo momento. (Jn. 5:30)

- **Lo que importa no son las palabras, sino tu obediencia:**

  El primer hijo, aunque al principio dijo: "no quiero", más tarde agradó a su padre obedeciéndole.

  No puedes agradar a Dios con tus palabras, sino sólo con tu obediencia.

4.19. Edifica tu casa sobre Cristo, la Roca

MANDAMIENTOS DE DIOS PARA QUE LOS OBEDEZCAMOS	RECOMPENSAS POR LA OBEDIENCIA/ CONSECUENCIAS DE LA DESOBEDIENCIA
Hacedores, los edificadores sabios: 1. Escuchen Mis palabras y pónganlas en práctica. ~ Jesús (ver Mt. 7:24)	1. Porque lo compararé a un hombre prudente que edificó su casa sobre la peña (roca). ~ Jesús 2. Y cayó la lluvia, vinieron torrentes, soplaron vientos y golpearon contra aquella casa. *Pero no se derrumbó*, porque se había fundado sobre la peña. (Mt. 7:24-25)
Hombres desobedientes, los edificadores insensatos: 2. No desobedezcan cuando oigan Mis palabras. ~ Jesús (ver Mt. 7:26)	Pero todo el que me oye estas palabras y no las hace será semejante a un hombre insensato que edificó su casa sobre la arena. Y cayó la lluvia, vinieron torrentes, soplaron vientos, y azotaron contra aquella casa. Y se derrumbó, *y fue grande su ruina.* (Mt. 7:26-27)

- Tal como se explica en la parábola anterior, si edificamos nuestras vidas sobre el fundamento de *Cristo, la Roca (peña)*, entonces cuando las tormentas de la vida vengan, no seremos movidos, sino que nos mantendremos firmes.

¿Cómo podemos ser hacedores de la Palabra de Dios?

Podemos ser hacedores de la Palabra de Dios:

- Caminando en *total sumisión a Dios.*
- Confiando en el poder del Espíritu Santo.
- Cuando queremos agradar al Señor a toda costa.
- Cuando tenemos *temor reverencial de Dios.*
- Cuando amamos de verdad a Jesús.
- Cuando no queremos contristar al Espíritu Santo.
- Cuando nos negamos a nosotros mismos y crucificamos nuestra carne a la cruz
- Cuando tememos *el castigo* y la disciplina *de Dios* por nuestra desobediencia.

El Señor dejó morir a los israelitas mientras vagaban por el desierto durante cuarenta años a causa de su desobediencia y rebeldía. Pídele a Dios que te llene del *"Espíritu de obediencia".* (Núm. 14; Rom. 8:13)

4.20. Sé perfecto como tu Padre celestial es perfecto

MANDAMIENTO DE DIOS PARA QUE LO OBEDEZCAMOS	RECOMPENSAS A LA OBEDIENCIA
Sean perfectos, como su Padre celestial es perfecto. (ver Mt. 5:48)	1. Obedeciendo todos los mandamientos actualizados de Cristo, declarados en el capítulo 4, podemos **exceder la justicia de los escribas y los** fariseos y llegar a ser dignos de entrar en el reino de los **cielos**. (ver Mateo capítulos 5-7) 2. Cuando obedeces todos los mandamientos actualizados de Jesús, especialmente el mandamiento: "Amen a sus enemigos", te vuelves **perfecto** a los ojos de Dios. (Mt. 5:43-48)

Todo creyente en Cristo debe orar fervientemente para tener:

- 100% de temor reverencial a Dios. (Is. 11:2)
- 100% de obediencia a los mandamientos de Dios, no 40%, 60% u 80%. (Mt. 5:19; Is. 59:1-2)
- 100% de rendición a la voluntad de Dios y a Sus caminos. (Mt.16:24)
- 100% de dependencia de Dios para todo. (Prov. 3:5-6)
- 100% de orar sin cesar. (1 Ts. 5:17)
- 100% de meditar en la Palabra de Dios día y noche. (Sal. 1:2)
- 100% de victoria sobre el pecado, Satanás y el mundo. (1 Jn. 2:15-17)
- 100% de morir al yo, a nuestra propia sabiduría y a nuestros propios caminos. (Gal. 2:20)
- 100% de nuestra mente renovada con la Palabra de Dios. (Rom. 12:2)
- 100% de claridad en la dirección de Dios. (Jn. 16:13)
- 100% de plenitud de Cristo. (Efesios 4:13)

¡Pon tus metas espirituales altas, hacia la perfección en Cristo!

** Señor Jesús me ha estado llevando a través de todas las experiencias espirituales anteriores para llevarme a nivel de perfección en Cristo. (1 Pedro 1:6-7; Santiago 1:2-4; Rom. 8:26-27). Me estoy esforzando por llegar al nivel de las expectativas de Dios, día a día, con la **ayuda del Espíritu Santo de Dios**. ¡Tú también puedes! – Autora*

5. Los Hijos: Herencia del Señor

Hijos: "Hijos, obedezcan en el Señor a sus padres, porque esto es justo. Honra a tu padre y a tu madre… y vivas largo tiempo sobre la tierra". Este es el primer mandamiento de Dios con promesa, dada a los hijos. (Ef. 6:1-3; Ex. 20:12)

Padres: Dios espera que los padres instruyan a sus hijos en los caminos del Señor cuando son pequeños. Si te olvidas la Palabra de Dios, Él se olvidará de tus hijos. (ver Dt. 6:1-9; Os. 4:6)

Sé un modelo para tus hijos: en la adoración a Dios, en la oración, en una vida recta, en la lectura diaria de la Palabra de Dios y en la obediencia a los mandamientos de Dios.

El árbol y el retoño por igual: *En la medida en que ustedes, padres, hagan concesiones con las normas de la justicia de Dios,* en esa misma medida Dios permitirá que tus hijos hagan concesiones con el mundo. Si el árbol es verde, el retoño también será verde.

MANDAMIENTO DE DIOS PARA QUE LO OBEDEZCAMOS	CONSECUENCIAS DE LA DESOBEDIENCIA/ ESCRITURAS QUE CONFIRMAN
Para la salvación: 1. Cambien y vuélvanse como niños. (Mt. 18:3 NVI)	1. De lo contrario, jamás *entrarán* en el reino de los *cielos*. (Mt. 18:3) 2. Jesús dijo: "Dejen a los niños y no les impidan venir a mí, porque de los tales es el reino de los cielos". (Mt. 19:14) 3. "De cierto les digo que cualquiera que no reciba el reino de Dios como un niño, jamás entrará en él". (Lc. 18:17)

¡Pausa y reflexiona!

- El don de la salvación es a través de la fe en Jesucristo. Recibimos este don gratuito cuando tenemos al menos una de las siguientes cualidades inherentes de un niño: inocencia, humildad, dependencia, naturaleza enseñable y confiada.

- La verdad, es decir, Jesús, vendrá a ti; sólo la humildad la aceptará o de lo contrario la verdad te pasará de largo.

MANDAMIENTOS DE DIOS PARA QUE LOS OBEDEZCAMOS	RECOMPENSAS POR LA OBEDIENCIA/ ESCRITURAS QUE CONFIRMAN
Humildad como la de un niño: 2. Humíllate como un niño pequeño. (ver Mt. 18:4)	1. Porque el que se humilla como un niño ese es el *más importante en el reino* de los cielos. (Mt.18:4) 2. Porque el que se enaltece será humillado, y el que se humilla será *enaltecido.* (Mt. 23:12)
Recibir con amor: 3. Recibe a un niño pequeño en Mi nombre. ~ Jesús. (ver Mt. 18:5)	"Cualquiera que en mi nombre reciba a un niño como este, **a mí me recibe**". ~ Jesús (Mt. 18:5)
No menosprecies a los pequeños: 4. Miren que no menosprecien a uno de estos pequeños. (ver Mt. 18:10 NVI)	1. "Les digo que, en el cielo, sus ángeles siempre están en la presencia de mi Padre celestial". ~ Jesús (ver Mt. 18:10 NVI) 2. Porque el Hijo del Hombre (Jesús) *ha venido a salvar* lo que se había perdido. (Mt. 18:11)

¡Pausa y reflexiona!

- Debemos venir al Señor como un niño, con espíritu de humildad. Porque Dios resiste a los soberbios, pero da *gracia* a los humildes. (1 Pe. 5:5)

- El Salmos 127:3 dice que los niños son una herencia del Señor y que *el fruto del vientre (un niño) es Su recompensa.*

- El Señor se complace en la alabanza y la adoración de los niños. (Sal. 8:2)

- No debemos despreciar a ningún creyente basándonos en su estatus social o en los diplomas que lleva su nombre. Cada creyente es valioso ante Dios, porque Él lo ha comprado con la sangre de Jesucristo, Su Hijo unigénito.

❖ **Padres, oren fervientemente para que sus hijos tengan:**

  i. Espíritu de convicción de pecado. (Jn. 14:15-17; Is. 59:1-2)

  ii. Espíritu de arrepentimiento. (Lc. 13:1-5)

  iii. Espíritu de temor reverencial a Dios. (Is. 11:2)

  iv. Espíritu de obediencia a los mandamientos de Dios. (Mt. 5:19; Mt. 28:20)

  v. Espíritu de humildad. (Mt. 5:5; Lc. 18:14)

  vi. Espíritu de sabiduría y entendimiento. (Is. 11:1-2)

  vii. Espíritu de consejo y poder. (Is.11:1-2)

  viii. Espíritu de conocimiento y revelación. (Is. 11:1-2; Ef. 1:16-17; Jer. 33:3)

MANDAMIENTOS DE DIOS PARA QUE LOS OBEDEZCAMOS	CONSECUENCIAS DE LA DESOBEDIENCIA
No hagas tropezar a los pequeños: 5. No hagas tropezar a ninguno de los pequeños que creen en Mí. ~ Jesús (Mt. 18:6)	1. Y a cualquiera que haga tropezar a alguno de estos pequeños que creen en mí, mejor le fuera que se atara al cuello una gran piedra de molino, y que *se hundiera* en lo más profundo del mar. (Mt. 18:6-7) 2. *Ay* de aquel hombre que ocasione el tropiezo de un pequeño.
6. "Si tu mano o tu pie te hace tropezar, córtalo y échalo de ti". ~ Jesús (Mt. 18:8) 7. "Y si tu ojo te hace tropezar, sácalo y échalo de ti". ~ Jesús (Mt. 18:9)	1. Mejor te es *entrar en la vida* cojo o manco, que teniendo dos manos o dos pies ser echado en el fuego eterno. (Mt.18:8) 2. Mejor te es entrar con un solo ojo en la vida, que teniendo dos ojos *ser echado en el infierno de fuego.* (Mt. 18:9)

- Aquí, "el pequeño" representa a un niño o a un creyente semejante a un niño. *Los predicadores,* siendo los *pastores y modelos* para muchos, deben ser muy cuidadosos en su caminar delante de Dios. Deben dar buen ejemplo para que otros lo sigan. Si no, grande será su castigo. *No se hagan muchos maestros*, porque sabiendo que recibiremos juicio más riguroso. Dios te juzgará duramente si eres un tropiezo en el crecimiento de un creyente, por tu estilo de vida y actitud descuidada. (St. 3:1)

MANDAMIENTO DE DIOS PARA QUE LO OBEDEZCAMOS	RECOMPENSA A LA OBEDIENCIA
Amar a los niños pequeños: 8. Entonces Jesús les dijo: "Dejen a los niños y no les impidan venir a mí". ~ Jesús (Mt. 19:14)	Porque de los tales es el reino de *los cielos.* (Mt. 19:14)

- Jesús pasó su precioso tiempo con los niños pequeños. Le encantaba abrazarlos y bendecirlos. Los padres deben *pasar tiempo* con sus hijos, escuchar sus problemas y tratar de resolverlos. No se dejen atrapar por su ocupada agenda, sino que dediquen algo de tiempo a sus hijos. *Desarrollen una relación con sus hijos.* Pónganse a su nivel, interactúen con ellos y traten de entender sus sentimientos.

6. La crucifixión y resurrección de Cristo

"Jesús mismo llevó nuestros pecados" en Su cuerpo
sobre la cruz a fin de que nosotros, habiendo muerto
para los pecados, vivamos para la justicia. (1 Pe. 2:24)

6.1. La Cruz

MANDAMIENTO DE DIOS PARA QUE LO OBEDEZCAMOS	CONSEQUENCIAS DE LA DESOBEDIENCIA
No caigas y crucifiques de nuevo al Hijo de Dios, Jesucristo. (Heb. 6:4-6; Mt. 20:19; 27:35)	1. *¿Cómo puedes crucificar al Señor de nuevo?* Porque es imposible que aquellos que han sido *una vez iluminados*, que han saboreado el don celestial, que han tenido parte en el Espíritu Santo, que han experimentado la buena palabra de Dios y los poderes del mundo venidero, pero *después de todo esto se han apartado*, renueven su arrepentimiento. Pues así, para su propio mal, *vuelven a crucificar* al Hijo de Dios y lo exponen a la vergüenza pública. (Heb. 6:4-6 NVI)
	2. He aquí que Jesús viene con las nubes, y todo ojo le verá, aun *los que le traspasaron*. Y todas las tribus de la *tierra se lamentarán* por Él. (ver Jn. 19:37; Ap. 1:7)

El constante amor de Cristo: Nadie en esta tierra te amará tanto como te ama Jesús; ni siquiera tus propios padres te amarán tanto como Jesús. El Señor dice: Nunca te abandonaré, aunque tu madre te abandone. (Is. 49:15; Heb. 13:5)

Gloriarte sólo en la cruz de Cristo: Si realmente entiendes el amor de Jesús y el precio que Él ha pagado en la cruz para redimirte, nunca querrás contristar Su amoroso corazón continuando en el pecado.

Cuando *sigues pecando* después de haber sido salvo, ignorando la convicción del Espíritu Santo y tomando la gracia de Dios en vano, entonces, *para tu mal, estás crucificando a Jesucristo* de nuevo y poniéndolo en vergüenza. (Heb. 6:4-6)

Jesús murió en la cruz por ti, ¿qué has hecho tú por Él?

Los sufrimientos de Jesús: Jesucristo soportó los siguientes sufrimientos en la cruz por nosotros:

1. Jesucristo fue **despreciado** por los hombres; para que nosotros podamos ser amados.
2. Fue **rechazado** por todos, para que podamos ser aceptados.
3. Él **llevó** nuestras tristezas, para que podamos estar gozosos.
4. Él **llevó** nuestras penas e iniquidades.
5. Se sintió **solo**, para comprender nuestra soledad.
6. Fue **deshonrado**. (ver Is. 53:3)
7. Jesús fue **herido** por nuestras rebeliones.
8. Fue **molido** por nuestras iniquidades.
9. Fue **castigado** por nuestra paz.
10. Fue **azotado** para que nosotros podamos ser sanados. (ver Is. 53:5)
11. Jesús fue **oprimido** para que nosotros podamos ser liberados de la esclavitud.
12. Fue **herido**, pero no abrió la boca.
13. Fue **sacrificado** como cordero. (ver Is. 53:7)
14. Jesús fue **juzgado** en lugar de nosotros y **castigado** por nuestros pecados.
15. Fue **separado** de la tierra de los vivos.
16. Fue **azotado** por nuestras transgresiones.
17. Fue **sepultado** con los impíos.
18. Jesús **no se defendió** a Sí mismo.
19. **No fue deshonesto** en Sus palabras. (ver Is. 53:8-9)
20. Fue **azotado** y **herido** por Dios.
21. Fue hecho **una ofrenda** a causa de nuestros pecados.
22. Él fue **afligido** en Su alma.
23. Jesús fue **contado con los transgresores.**
24. Él **derramó Su preciosa sangre** por nosotros. (ver Hechos 20:28)
25. Él **vertió Su alma hasta la muerte.**

Cristo murió y resucitó para liberarnos del pecado, de Satanás y del mundo. Él fue hecho **maldición** por nosotros, para redimirnos de la maldición de la ley; porque está escrito: Maldito todo el que es colgado en un madero. (ver Gal. 3:13)

La recompensa de Jesús: Ya que nuestro Señor Jesús murió en nuestro lugar, Él verá Su semilla, (las **almas salvadas**) y se regocijará por ello. (Is. 53:10-11)

La agonía de Cristo: las siete etapas

1ª Etapa: Abandonado por Sus propios discípulos

i. Jesús fue **traicionado con un beso** por Judas Iscariote. Debe haber sido muy agonizante para Jesús ser defraudado por Su propio amigo y discípulo, quien estuvo con Él por 3 ½ años. (ver Mt. 26:49)

ii. Cuando llegaron el grupo de hombres, fariseos y oficiales de los sumos sacerdotes y para arrestar a Jesús, *todos Sus discípulos lo abandonaron y huyeron*. Ni siquiera uno de sus discípulos permaneció con el Señor. (ver Mt. 26:47, 56; Jn. 18)

iii. Pedro, uno de los discípulos más cercanos de Jesús, no sólo lo **negó** tres veces, sino que también **maldijo** y juró que no sabía quién era Jesús. (ver Mt. 26:69-74)

2ª Etapa: Acusado por Sus propios líderes judíos por envidia

- Jesús fue declarado culpable de muerte por afirmar que era el Hijo de Dios. **Fue acusado por falsos testigos** organizado por los líderes judíos.

- Le **vendaron** los ojos.

- Ellos se **burlaron** de Él repetidamente.

- Le **escupieron en la cara**.

- Le **golpearon** en la cara con los puños.

- Algunos lo **abofetearon**.

- **Prefirieron que un prisionero** y asesino **notable**, llamado Barrabás, fuera liberado en lugar de Jesús. (ver Mt. 26:57-67; 27:20-22)

3ª Etapa: Juicio ante el gobernador romano, Poncio Pilato

A la mañana siguiente, Jesús, **abatido y agotado**, fue llevado ante Pilato para ser juzgado.

El gobernador romano no encontró en Él falta alguna; lavándose las manos ante la multitud, dijo: "Soy inocente de la sangre de este justo. Miren por ustedes mismos". Pero Su propia raza judía quería que fuera crucificado.

Pilato, sabiendo lo que era verdadero y correcto hizo concesión, queriendo complacer a los líderes judíos, azotó a Jesús y lo entregó para que lo crucificaran. (Mt. 27:1-2, 11, 24)

4ª Etapa: Jesús es azotado

Los azotes eran una **tortura espantosa**. El azote estaba hecho de varias correas de cuero unidas a un mango corto de madera con *trozos de hierro o huesos atados a las correas*. Cuando azotaron a Jesús, su carne fue cortada hasta tal punto que las *venas y arterias* e incluso los órganos internos quedaron expuestos. (Is. 53; Sal. 22)

Jesús fue **desnudado** y **azotado** 39 veces. Tenía *la espalda* como tierra arada y se podían contar *todos Sus huesos*. *Por Sus llagas* estamos **100% sanados**. (Salmo 129:3; 22:17; Isaías 53:5)

5ª Etapa: Torturado a manos de los romanos (gentiles)

i. Jesús fue entregado a los soldados romanos para que lo crucificaran.

ii. Los soldados pusieron una **corona de espinas** sobre *Su cabeza* para que nosotros podamos tener una corona de justicia en el cielo.

iii. Se **burlaron** de Él.

iv. Los **soldado**s romanos **escupieron** a Cristo.

v. Tomaron una caña, **lo golpearon** en *la cara* y en *la cabeza*, **clavándole las espinas más profundamente** en *el cuero cabelludo,* y lo llevaron para ser crucificado. (ver Mt. 27:27-31)

6ª Etapa: Los romanos crucifican a Jesús

• Jesús tuvo que *llevar el pesado tronco de madera de Su propia cruz* sobre Sus ya **magullados y sangrantes** *hombros*. Se cree que el peso de la cruz era de más de 300 libras.

• Los soldados crucificaron a Jesús en esa horrible cruz. Pesados clavos cuadrados de hierro forjado **atravesaron** *sus manos* (o muñecas) y sus *pies*.

• El peso de todo Su cuerpo estaba sostenido por esos tres clavos. Su respiración debe haber sido **extremadamente dolorosa** porque tenía que levantar Su cuerpo contra esos clavos para respirar.

• Jesús colgaba de la cruz, **ensangrentado**, cubierto de **heridas** y expuesto a la vista del pueblo como una **patética exhibición**. Experimentó **horas de**

dolor en todo Su cuerpo, **fatiga** en los *brazos*, grandes oleadas de **calambres** en los *músculos* y la *piel arrancada* de la espalda.

- Fue derramado como agua y Su *lengua* se pegó a Su paladar, todos *Sus huesos estaban fuera de articulación* y se podían contar todos *Sus huesos*. Y su *corazón* se había convertido en cera y **se había derretido**. Su **fuerza se había secado** como un tiesto. Estaba consciente de los **abusos** y las **burlas** de los que pasaban junto a la cruz.

- Sintió una sed intensa y los soldados le dieron a beber vinagre mezclado con hiel. Jesús tuvo que probar la bebida agria para quitar la amargura de nuestras vidas. (ver Mt. 26-27; Is. 53; Sal. 22)

7ª Etapa: El punto culminante de los sufrimientos de Jesús

La tristeza, la pena y el dolor de Jesús llegaron al máximo cuando **fue abandonado por Su propio Padre**. Gritó en profunda agonía: "Dios mío, Dios mío, ¿por qué me has abandonado?" No había nadie que pudiera ayudarle.

Cuando Jesús tomó sobre Sí el pecado de la humanidad, Dios Padre, el Santo, que no puede tolerar el pecado, *escondió Su rostro* de Su propio Hijo, Jesús, y lo **abandonó** en Su hora más oscura.

Jesús murió **abandonado** para que nosotros fuéramos aceptados.

Cristo se entregó a sí mismo como **"rescate por muchos"** y así somos redimidos por Su preciosa sangre. (Mt. 20:28; 2 Co. 5:21; 1 Ti. 2:6; 1 Pe. 1:19)

En obediencia a la voluntad de Su Padre, Jesús se convirtió en maldición para abrirnos el camino de la salvación.

Recuerda, ¡Jesús soportó toda esta agonía por ti!
Así que, ¡gloríate sólo en la cruz de Cristo!

6.2. Cree en el poder de Dios para resucitarte

MANDAMIENTO DE DIOS PARA QUE LO OBEDEZCAMOS	ESCRITURAS QUE CONFIRMAN
1. No te equivoques; conoce las Escrituras y el poder de Dios para resucitar. (ver Mt. 22:23-29)	En la resurrección la gente no se casará ni se dará en casamiento. Pero serán como los ángeles que están en el cielo. (ver Mt. 22:30)

- Esta fue la respuesta de Jesús a los saduceos que le interrogaron sobre la vida después de la muerte.

- Nuestro Dios se enorgullece de llamarse: "El Dios de Abraham, Isaac, y de Jacob" porque no es el Dios de los muertos, sino de los vivos. (Mt. 22:30-32)

MANDAMIENTO DE DIOS	ESCRITURAS QUE CONFIRMAN
Mandato de Jesús a las mujeres en el sepulcro: 2. **No teman.** Den las noticias a mis hermanos, para que vayan a Galilea. Allí me verán. (ver Mt. 28:10)	1. Así como Jesús habló cuando aún vivía, diciendo: "Es necesario que el Hijo del Hombre sea entregado en manos de hombres pecadores, y que sea crucificado, y *que resucite al tercer día*", y Él resucitó. (Mt. 16:21; Lc. 24:6-7) 2. Y hubo un ***gran terremoto***; porque ***el ángel*** del Señor descendió del cielo, y al llegar removió la piedra y se sentó sobre ella. Su aspecto era como un relámpago, y su vestidura era blanca como la nieve. Los guardias temblaron por miedo de él y quedaron como muertos. Y respondiendo el ángel, dijo a las mujeres: No teman porque sé que buscan a Jesús, quien fue crucificado. ***No está aquí, porque ha resucitado;*** así como dijo". (Mt. 28:2-7)

- El Señor Jesús resucitado les dio esta orden a las mujeres junto al sepulcro que eran leales al Señor, para que anunciaran Su resurrección a Sus discípulos.

La vida después de la muerte:

Tenemos la *seguridad de que resucitaremos* después de la muerte porque Cristo resucitó de entre los muertos al tercer día. Podemos estar seguros de que hay vida después de la muerte, porque Jesús dijo: ***Voy a prepararles una mansión*** en el cielo, y vendré otra vez a recibiros conmigo. (Jn. 14:2-3)

En la segunda venida de Cristo, Sus hijos fieles no tendrán motivo para temer, si han permanecido leales a Él en medio de un mundo que rechaza Su amor y Su salvación. (1 Jn. 2:28)

La importancia de la resurrección de Jesús para los creyentes

1. La resurrección de Cristo le demuestra al mundo que *Jesús es el Hijo de Dios* (ver Rom. 1:4)

2. Enfatiza Su *poder redentor.* (ver 1 Co. 15:17)

3. Confirma la *veracidad de las Escrituras.* (Lc. 24:44-47)

4. Les garantiza a los creyentes su futura *herencia celestial* y su resurrección después de la muerte. (ver Jn. 14:4)

5. Nos permite disfrutar de la *presencia de Cristo* y de Su poder sobre el pecado en nuestra vida cotidiana. (ver Ef. 1:18-20)

6.3. Eventos sobrenaturales de la muerte y resurrección de Cristo

Prueba del Señorío de Jesús: Los acontecimientos sobrenaturales en la muerte y resurrección de Cristo le demuestra al mundo que Jesucristo resucitó de entre los muertos y que verdaderamente es el Hijo de Dios.

En la muerte de Cristo

1. El **velo** del templo se rasgó en dos de **arriba abajo.** Esto significa que el camino hacia el lugar santísimo ahora está abierto para todos los creyentes para que podamos entrar con confianza en Su Presencia donde sólo los sumos sacerdotes podían entrar. (Mt. 27:51; Heb. 4:16)

2. La **tierra tembló** y las **rocas se partieron.** (ver Mt. 27:51)

3. El **sol dejó** *de brillar* y la **oscuridad** cubrió toda la tierra durante tres horas. (Lc. 23:44-45)

Acontecimientos sobrenaturales en la resurrección de Cristo

1. En la resurrección de Jesús, hubo **otro gran terremoto**. (Mt. 28:2)

2. El **ángel** del Señor descendió del cielo, vino, **removió la piedra** de la tumba de Jesús y se sentó sobre ella. Los soldados romanos que cuidaban la tumba de Jesús quedaron como muertos. (Mt. 28:2-4)

3. El *ángel les dijo* a las mujeres que estaban en la tumba que *Jesús había resucitado* de entre los muertos, y les ordenó que fueran rápidamente a anunciar Su resurrección a todos Sus discípulos. (Mt. 28:5-7)

4. La *ropa de lino* y el sudario fueron *doblados* cuidadosamente y se guardaron por separado. (Jn. 20:6-7)

5. **Dos ángeles** vestidos de blanco fueron vistos por los discípulos, sentados uno a la cabecera y el otro a los pies, donde había estado el cuerpo de Jesús. (Jn. 20:12)

6. La **tumba estaba vacía**. Cristo ha resucitado; vive para siempre. Él ha *vencido a la muerte y a la tumba.* (Mt. 28:6-7; 1 Co. 15:55-57)

7. Después de la resurrección de Jesús, **se abrieron las tumbas** y los cuerpos de muchos **santos** que habían muerto **resucitaron** y se aparecieron a muchas personas de la ciudad. Este acontecimiento simboliza nuestra gloriosa resurrección al regreso de Cristo. (ver Mt. 27:53; 1 Ts. 4:14; 1 Co. 15:50-58)

8. **Jesús se le apareció** personalmente a todos Sus discípulos y a más de **quinientas personas a la vez**, antes de ascender al cielo. (ver 1 Cor.15:6)

9. **Dos hombres vestidos de blanco** dijeron a la multitud que Jesús volvería de la misma manera que había ascendido al cielo. (Hch. 1:11)

10. Al ver todo esto, el **centurión romano** y los soldados, temiendo mucho, declararon: **"Verdaderamente, Jesús era el Hijo de Dios"**. (Mt. 27:54)

* Cuando aceptamos a Cristo como nuestro Señor y Salvador, inmediatamente, dos ángeles ministradores son asignados a nosotros por Dios, para ayudarnos a crecer en las cosas espirituales y para protegernos. Por la gracia de Dios, he tenido el privilegio de ver a mis ángeles, en forma de miniatura, desde que acepté a Cristo, a la edad de 18 años.

Siempre que me equivoco, veo a mis ángeles parpadear a mi alrededor, advirtiéndome. Al mismo tiempo, cuando hago las cosas correctas, como orar o enseñarle la Palabra a alguien, etc., veo a mis ángeles, felices y aprobando mi trabajo.

Ora para que tus ojos espirituales se abran y también puedas contemplar a tus ángeles guardianes. (Jer. 33:3; Joel 2:28; Hch. 12:5-10) ~ Autora

6.3. Acontecimientos relacionados con la crucifixión de Cristo

6.3(a) Jesús, nuestra primera prioridad

MANDAMIENTO DE DIOS	ESCRITURAS QUE CONFIRMAN
Orden de Jesús a Sus discípulos: Déjenla en paz; no molesten a la mujer que derramó el perfume muy caro sobre Mi cuerpo. ~ Jesús (Mc. 14:3-9; Mt. 26:7, 10-12)	1. Jesús dijo: "Ella ha hecho una buena obra conmigo". 2. Porque siempre tienen a los pobres con ustedes, pero a Mí no siempre me tienen. (Mc. 14:6-7) 3. Porque al derramar este aceite perfumado sobre Mi cuerpo y ungirlo para Mi sepultura. ~ Jesús 4. De cierto les digo que dondequiera que sea predicado este evangelio en todo el mundo, también lo que esta ha hecho será contado en memoria para memoria de ella." (Mc. 14:6-9; Mt. 26:10-13)

• Jesús les dijo esto a los discípulos, quienes reprendieron a la mujer por malgastar su dinero en el Señor.

Lecciones que aprender:

• **Poner a Jesús por encima de la caridad:** Jesús debe ser nuestra "primera prioridad", y la predicación del evangelio debe tener prioridad sobre cualquier otra obra de caridad. Porque la salvación es el mejor regalo que puedes darles a tus semejantes, es decir, llevarlos a tu Mesías, Jesucristo. (Mt. 26:11)

• **Señor Majestuoso:** Recuerda siempre lo majestuoso que Jesús es. Debemos tener temor reverencial por el Señor y nunca debemos hacer comentarios irrespetuosos sobre el Señor, como lo hicieron los discípulos. (Mt. 26:8)

- **Profundo amor por Jesús:** Jesús honró a la mujer porque ella mostró profundo amor y devoción por Jesús. Esta debe ser *la característica de todo discípulo.*

- **Intimidad con Cristo**: El cristianismo no es una religión ritualista sino una devoción personal al Señor Jesús. El Señor disfruta más de nuestro amor devoto por Él que de nuestro ministerio. (Lc. 7:38)

6.3(b) La salvación no debe menospreciarse

MANDAMIENTO DE DIOS PARA QUE LO OBEDEZCAMOS	CONSECUENCIAS DE LA DESOBEDIENCIA
Traición de Judas Iscariote: No traiciones (niegues) al Hijo del Hombre, Jesucristo, como lo hizo Judas. (Mt. 26:24, 47-49; 10:33)	**Ay de aquel hombre** que traicione al Hijo del Hombre (Jesús). Más le valdría a ese hombre no haber nacido. (Mt. 26:24 NVI) Al que **me niegue** delante de los hombres, **Yo también le negaré** delante de mi Padre que está en los cielos. ~ Jesús (Mt. 10:33)

Puntos que considerar:

- **El amor de Jesús por Judas**: El Señor tenía un profundo amor por Judas que trató de evitar, en lo posible, que Judas lo traicionara.

- **La salvación perdida:** Judas había endurecido tanto su corazón que ignoró las repetidas advertencias del Señor. Siguió su propio camino, haciendo caso a la voz del diablo. Perdió su salvación al traicionar a Jesús.

- **¿Un discípulo engañado?** Después de haber pagado el precio de ser discípulo de Cristo y de haber estado con Él tres años y medio, es triste que Judas se dejara engañar por el diablo. (Mt. 26:14-25, 47-50)

- **Ceder a Satanás destruirá tu alma:** Tristemente, Judas permitió que Satanás entrara en su corazón y fue y traicionó a Jesús. Más tarde, aunque Judas, con profundo remordimiento, fue y devolvió las 30 monedas de plata a los sumos sacerdotes y a los ancianos, diciendo que **había traicionado la sangre inocente**, sin embargo Judas no podía creer que Jesús lo podría perdonar.

Judas debió haberse rendido a Satanás, poco a poco, durante un período de tiempo, para que finalmente Satanás pudiera poseerlo. Esto llevó a Judas a ahorcarse y acabó en el fuego del infierno por toda la eternidad. ¡Qué tristeza! (Mt. 27:1-10)

- **No des por hecho tu salvación:** Sólo se salvarán los que perseveren hasta el fin. Por lo tanto, *ocúpate de* tu salvación con temor y temblor ante Dios, con la ayuda del Espíritu Santo. (Mt. 10:22; Fil. 2:12; Jn. 14:15-17)

6.3(c) "Mi cuerpo quebrantado por ti"

MANDAMIENTOS DE DIOS PARA QUE LOS OBEDEZCAMOS	RECOMPENSA POR LA OBEDIENCIA/ CONSECUENCIAS DE LA DESOBEDIENCIA
La cena del Señor: 1. Tomen; coman. Esto es Mi cuerpo. ~ Jesús 2. Beban de ella (la copa), porque esto es Mi Sangre. ~Jesús (Mt. 26:26-28) 3. "Hagan esto en memoria de Mí". ~ Jesús (1 Co. 11:24)	1. Jesús tomó pan y lo bendijo; lo partió y lo dio a Sus discípulos y dijo: Tomen; coman. Esto es Mi cuerpo. (Mt. 26:26) 2. Tomando la copa, y habiendo dado gracias, les dio diciendo: "Beban de ella todos; porque esto es mi sangre del pacto, **la cual es derramada para el perdón de pecados para muchos**". (Mt. 26:27-28; 1 Co. 11:25)
Participar de manera indigna: 4. No comas el pan ni bebas la copa del Señor de manera indigna. (1 Co. 11:27) 5. Examínese cada uno a sí mismo, antes de comer del pan y beber de la copa. (1 Co. 11:28)	1. De modo que cualquiera que coma este pan y beba esta copa del Señor de manera indigna será **culpable del** cuerpo y la sangre del Señor. (1 Co. 11:27) 2. Porque el que come y bebe no discerniendo el cuerpo, come y bebe **juicio** para sí. 3. Por eso hay entre ustedes muchos **enfermos y debilitados**, y muchos duermen (mueren). 4. Pero siendo **juzgados, somos disciplinados** por el Señor. (1 Co. 11:29-32)

Significado de la cena del Señor:

- **Cristo murió por ti:** Participamos en la cena del Señor para recordar la muerte de Cristo por nosotros. (Lc. 22:19)

- **Dar gracias:** Es nuestra acción de gracias a Dios por el sacrificio de Cristo en la cruz. (Mt. 26:27-28)

- **Tener compañerismo:** Es un compañerismo con Cristo tanto como con otros creyentes. (1 Corintios 10:16-17)

- **Tener temor reverencial de Dios:** Debemos participar en la cena del Señor con temor reverencial de Dios y con verdadera fe. (1 Co. 11:27-32)

6.3(d) La sangre de Jesús derramada por ti

Bendiciones por medio de la sangre de Jesús:

1. **El perdón:** La sangre de Jesucristo nos limpia de todo pecado y nos justifica. (ver 1 Jn. 1:7; Rom. 3:24-25)

2. **Reconciliación con Dios:** La sangre de Cristo nos reconcilia con Dios. (ver Col. 1:20)

3. **Vida eterna:** La sangre de Cristo nos da vida eterna. (ver Jn. 6:54)

4. **La sangre de Jesús purifica tu conciencia:** Puesto que Jesús se ofreció a Sí mismo sin mancha a Dios, Su preciosa sangre purifica nuestra conciencia de obras muertas, para servir a Dios en santidad. (Heb. 9:14)

5. **Entrada en el lugar santísimo:** La sangre de Jesús nos da confianza para entrar al lugar santísimo. (ver Heb. 9:12; 10:19)

6. **La Iglesia de Dios ha sido comprada** por la sangre de Cristo. (ver Hch. 20:28)

7. **Victoria sobre el diablo:** La sangre de Cristo nos ayuda a vencer al diablo. (ver Ap. 12:11)

6.3(e) Demasiada confianza en la carne

MANDAMIENTO DE DIOS PARA QUE LO OBEDEZCAMOS	CONSECUENCIAS DE LA DESOBEDIENCIA/ ESCRITURAS QUE CONFIRMAN
Pedro niega a Cristo: No me nieguen delante de los hombres. ~ Jesús (Mt. 10:33)	1. "Ya cualquiera que me niegue delante de los hombres, *yo también le negaré* delante de mi Padre que está en los cielos". ~ Jesús (Mt. 10:33) 2. Jesús le dijo a Pedro: "Esta noche, antes que el gallo cante, tú me negarás tres veces". 3. Pedro dijo al Señor: "Aunque todos te abandonen, yo jamás lo haré". (Mt. 26:33 NVI) 4. "Aunque me sea necesario morir contigo, jamás te negaré". (Mt. 26:33-35, 69-74).

Jesús les dijo esto a Sus discípulos. En la noche del arresto de Cristo, anticipando persecución, todos Sus discípulos incluyendo Pedro, lo abandonaron y huyeron. No debemos poner nuestra confianza en la carne, como lo hizo Pedro. No niegues a Jesús a ninguna costa.

6.3(f) Morir a mí mismo

Desgracia de Pedro revelada

Pedro estaba demasiado confiado cuando confesó audazmente que incluso moriría por Jesús debido a su amor por Él. Pero al poco tiempo, negó a Cristo tres veces e incluso, maldiciendo dijo que no lo conocía. (Mt. 26:35, 69-74)

Jesús, queriendo mostrarle a Pedro su naturaleza frágil, predijo acerca de su negación del Señor. Cuando Pedro se convenció de su propia miseria, lloró amargamente y se arrepintió de su debilidad. (Mt. 26:34, 75)

La vocación de Pedro restaurada: Aunque Pedro había negado al Señor tres veces, Jesús se presentó ante Pedro después de Su resurrección y le restauró el llamado, diciéndole tres veces: "Apacienta mis corderos y mis ovejas". Así liberó el Señor a Pedro de su culpa y condenación. (Jn. 21:15-17)

Más tarde, después de que el Señor moldeara el carácter de Pedro llenándolo con la unción del Espíritu Santo, Pedro se hizo tan humilde que cuando iba a ser crucificado por su fe en Jesús, dijo que no era digno de ser crucificado de la misma manera que su Maestro. Así que Pedro fue **crucificado cabeza abajo** en una cruz.

Revelación de la inmundicia de Isaías

En otro caso, cuando Isaías estaba en la Presencia de Dios, se le reveló su naturaleza miserable. A la luz de la santidad de Dios, Isaías vio su inmundicia y exclamó: "**¡Ay de mí** pues soy muerto! Porque siendo un hombre de labios impuros, y habitando en medio de un pueblo de labios impuros, mis ojos han visto al Rey, al Señor de los ejércitos". (ver Is. 6:5)

Los escogidos del Señor: despojados del "yo"

La Escritura dice: "Muchos son los llamados, pero pocos los escogidos". Tú puedes ser uno de los pocos escogidos si de todo corazón le entregas tu vida a Dios. Una vez que aceptas Su llamado, Él pacientemente prepara tu vaso. Puede tardar uno o 10 o incluso hasta 20 años... mientras te sometes a los caminos del Espíritu Santo. (Mt. 22:14)

Cuando el Señor te vacíe de "ti mismo y del ego", **entonces no tocarás la gloria de Dios** cuando Dios te use grandemente.

El Señor puede llevarte a través de las siguientes **cuatro pruebas** antes de usarte en Su servicio.

1. *La prueba de tu carácter*: Llegar a ser a imagen de Cristo.
2. *La prueba de tu fe*: Tener una fe en Cristo inquebrantable.
3. *La prueba de la Palabra*: Para ser fuerte en la Palabra de Dios.
4. *La prueba de tu obediencia*: Obedecer al Señor inmediatamente.

¿En qué nivel te encuentras con respecto a las 4 pruebas anteriores?

¿Aun en el nivel escolar, de posgrado o de doctorado?

6.3(g) Ora para no caer en la tentación

MANDAMIENTOS DE DIOS PARA QUE LOS OBEDEZCAMOS	CONSECUENCIAS DE LA DESOBEDIENCIA/ ESCRITURAS QUE CONFIRMAN
1. Velen y oren al menos por una hora. (ver Mt. 26:40-41)	i. Para que *no entren en tentación.* (Mt. 26:41) ii. El espíritu está dispuesto, pero la carne es débil. (Mt. 26:41).
Las órdenes específicas de Jesús a Sus discípulos en Getsemaní: 2. "Siéntense aquí, hasta que yo vaya allí y ore". (Mt. 26:36) 3. "Quédense aquí y velen conmigo". (Mt. 26:38) 4. "¿Todavía están durmiendo y descansando? He aquí la hora está cerca". (Mt. 26:45) 5. "¡Levántense, vamos! He aquí está cerca el que me entrega". (Mt. 26:46)	i. Entonces llegó Jesús con ellos a un lugar que se llama Getsemaní. Entonces les dijo: Mi alma está muy triste, hasta la muerte. Quédense aquí y velen conmigo. (Mt. 26:36, 38) ii. Pasando un poco más adelante, se postró sobre su rostro, orando y diciendo: "Padre mío, de ser posible, pase de mí esta copa. *Pero no sea como yo quiero, sino como tú*". (Mt. 26:39) iii. Volvió a sus discípulos, y los halló durmiendo, y dijo a Pedro: ¿Así que no han podido *velar ni una sola hora conmigo?* (Mt. 26:40) iv. "He aquí la hora está cerca, y el Hijo del Hombre va a ser entregado en manos de pecadores". ~ Jesús (Mt. 26:45)

Recuerda, Jesucristo soportó todo el dolor y los sufrimientos para redimirte; ¡porque Jesús te ama tanto!

Estar alertas en la oración

El Señor, anticipando Su crucifixión, se fortaleció en oración. Así pudo cumplir la voluntad de Su Padre y morir en la cruz por nuestra redención. Conociendo la importancia de la oración, el Señor les pidió a Sus discípulos que velaran y oraran al menos una hora para que ellos también pudieran vencer la tentación. (Mt. 26:36-46)

Los discípulos, incluido Pedro, *no hicieron caso de las repetidas súplicas del Señor para que orasen*, sino que se durmieron. Por eso, cuando Pedro se enfrentó a la tentación, no pudo superarla y *negó tres veces al Señor*. Los demás discípulos también temieron por sus vidas y huyeron, dejando solo a Jesús. (Mt. 26:36-41, 69-75)

El fracaso en la vida cristiana es absolutamente seguro cuando no pasas suficiente tiempo en oración. Mantente alerta en oración para que cuando las pruebas vengan a tu camino, estés equipado con Su poder para tener la victoria sobre el enemigo. (Ef. 6:10-18)

Puedes seguir estos pasos para orar eficazmente:

i.   *Confiesa y arrepiéntete* de tus pecados hasta que sientas la paz de Dios en tu corazón. (1 Jn. 1:9)

ii. *Alaba y adora a* Dios cantándole hasta que sientas Su presencia. (Sal. 100)

iii. *Da gracias al Señor* por todas Sus bendiciones. (Sal.107:8-9)

iv. *Espera en el Señor en silencio hasta que estés lleno de Su Espíritu Santo*; enfoca tu mente en el Señor; anhela Su Presencia. (Hch. 1:4-5,8)

v.   *Permítele hablarte,* y escucha la voz del Espíritu Santo. (Heb. 3:7)

vi. *Lee y medita en la Palabra de Dios*; deja que el Señor te hable por medio de Su Palabra. (Sal. 1:2)

vii. *Ora e intercede* no sólo por tus necesidades, sino también por la salvación de las almas que perecen; ora todo lo que puedas, en el Espíritu, que te capacitará para oír al Señor hablarte. (Rom. 8:26-27)

7. Discípulos: Colaboradores con Cristo

7.1. Llamado de los discípulos al ministerio

MANDAMIENTO DE DIOS PARA QUE LO OBEDEZCAMOS	RECOMPENSAS A LA OBEDIENCIA
"¡Sígueme!" ~ Jesús (Mt. 4:19; 9:9)	1. "Y los haré **pescadores de hombres**". (ganar almas perdidas para Cristo) ~ Jesús (Mt. 4:19)
	2. Ustedes que me han seguido **se sentarán** también **sobre doce tronos**, para juzgar a las doce tribus de Israel. ~ Jesús (Mt. 19:27-28; 1 Co. 6:2; Ap. 3:21; 2 Tim. 2:12)
	3. "Y todo aquel que deje casas, o hermanos, o hermanas, o padre, o madre, o mujer, o hijos, o campos por causa de mi nombre, recibirá *cien veces más* y heredará la *vida eterna*". ~Jesús (Mt. 19:29)

¡Pausa y reflexiona!

• Esta fue la orden de Jesús le dio a cuatro de sus discípulos, Pedro, Andrés, Santiago y Juan, y más tarde a Mateo: que lo siguieran. Inmediatamente obedecieron al Señor, dejaron sus profesiones y familias y se fueron con Él. Jesús no los mantuvo desocupados, sino que les dio un *nuevo trabajo de pescar por hombres* y una vida impulsada por un propósito.

¿Oyes la dulce voz de tu Maestro que te llama a servirle?

• Ve, proclama que *Jesús es el Salvador del mundo* y predica las buenas nuevas del Evangelio. Dile a todos que Jesús los ama y que Jesús tiene un gran plan para sus vidas, y llévalos a Cristo. Cada segundo que desperdiciamos, perdemos *dos almas al fuego del infierno* para la eternidad. ¡Despierta! ¡No demoraremos más!

* *En el año 1992, el Señor me preguntó: "Yo morí en la cruz por ti, ¿qué has hecho tú por Mí? ¿Me servirás hasta tu último aliento? ¿Me seguirás para cumplir Mi ministerio?". Inmediatamente respondí: "Sí, Señor, pero primero mi trabajo". Ahí fue el comienzo de mi llamado. Mi proceso de "morir a mí misma" comenzó* *a partir de entonces. Jesús me inscribió en Su escuela de entrenamiento y me preparó primero, antes de llamarme al ministerio a tiempo completo.*

Parecía que el Señor quería saber qué precio estaría yo dispuesta a pagar; si dejaría en el altar mi lucrativa carrera de médico para seguirle. Lo hice con gran dificultad, contra todo pronóstico.

*En 1995, el Señor me prometió: "Por cuanto eres de gran estima a mis ojos, has sido honrada (con este alto llamamiento), y yo te he amado; por eso **daré hombres por ti, y pueblos por tu vida**". (Is. 43:4) Jesús ha sido fiel en cumplir esta promesa. ~ Autora*

Contar el costo

Un discípulo de Jesús es alguien que sigue Sus pasos, teniendo al Señor como modelo y obedeciendo cada orden de su Maestro. Ser discípulo de Jesús es un asunto costoso.

¿Estás preparado para ser Su discípulo?

Primero hay que contar el costo, si puedes seguir a Jesús hasta el final o no. Una vez que pones la mano en el arado, no hay vuelta atrás. Debes estar dispuesto a negar tus deseos, tus metas y renunciar a tus derechos y placeres mundanos. Los intereses de Dios deben gobernar tu vida y debes estar dispuesto a decir: "Quebrántame, fórmame y úsame, Señor, según Tu voluntad".

Tienes que vencer todo lo que es del mundo: los ***deseos de la carne, los deseos de los ojos*** y la ***soberbia de la vida***, que no provienen del Padre, sino del mundo. (ver 1 Jn. 2:16). *Un discípulo debe vencer: el placer, el deseo por poder y el orgullo.*

Si cualquier siervo de Dios es cuidadoso en seguir los tres principios dados más abajo, él/ella será usado poderosamente por Dios.

* *"Nunca toques el **oro**"* significa, no sirvas a Dios por dinero.

* *"Nunca toques la **gloria de Dios**"* significa: No te atribuyas el mérito de lo que Dios está haciendo a través de ti. Asegúrate de darle a Él toda la gloria.

* *"Nunca toques a una **chica o a un chico**"* con el motivo equivocado.

¿Qué hay de ti y de mí?

Cuando Jesús llamó a Sus discípulos para el ministerio, ellos no habían presenciado muchos de Sus milagros ni Jesús había muerto por ellos; tampoco habían conocido la profundidad de Su amor ni habían visto Su poder; sin embargo, lo dejaron todo y lo siguieron. Debió ser la *Majestuosa y Poderosa voz* de Jesús la que los atrajo hacia Él. (ver Sal. 29)

Hoy sabemos el precio que Jesús ha pagado en la cruz para librarnos de la condenación eterna. Habiendo experimentado el regalo gratuito de la salvación, muchos de nosotros somos tan duros de corazón que somos reacios a dejar nuestra zona de comodidad para servir al Señor, cuando millones de almas a nuestro alrededor se están perdiendo. ¡Qué triste!

7.2. El precio del discipulado

MANDAMIENTO DE DIOS PARA QUE LO OBEDEZCAMOS	ESCRITURAS QUE CONFIRMAN
El sublime llamado de Dios: 1. "Sígueme y deja que los muertos entierren a sus muertos". ~ Jesús (ver Mt. 8:21-22)	Un discípulo de Jesús le dijo: "Señor, permíteme que primero vaya y entierre a mi padre". Pero Jesús le dijo: "Sígueme y deja que los muertos entierren a sus muertos". (Mt. 8:21-22)

- "Deja que los muertos entierren a sus muertos". Esto implica **dejar que los espiritualmente muertos entierren a los físicamente muertos.**

- Aquí, un discípulo de Cristo quería enterrar a su padre que había fallecido. Pero el Señor le pidió que le siguiera. Jesús está tratando de enseñarnos una lección aquí, que después de recibir el llamado del Señor para el ministerio, no debemos preocuparnos por los asuntos mundanos, sino que nuestros ojos deben estar enfocados únicamente en las cosas celestiales. (Col. 3:2)

- No esperes que el camino del discipulado sea siempre fácil. (ver Mt. 8:20)

- Jesús afirmó: "Ninguno que ha puesto su mano en el arado y sigue mirando atrás es apto para el reino de Dios". (Lc. 9:62)

MANDAMIENTO DE DIOS PARA QUE LO OBEDEZCAMOS	CONSECUENCIA DE LA DESOBEDIENCIA
Sé digno de Cristo: 2. No ames a tu padre o a tu madre más que a Mí. ~ Jesús (ver Mt. 10:37)	Porque "El que ama a padre o a madre más que a mí, *no es digno de mí*". ~ Jesús (Mt. 10:37)

- Jesús debe ser tu prioridad, incluso por encima de tus padres. Pero es tu responsabilidad asegurarte de que sus necesidades sean suplidas.

- **Cuanto más alto sea el precio que pagues al negarte a ti mismo, mayor será la unción** del Espíritu Santo que tú recibas, por el alto llamamiento de Dios sobre tu vida. Por ejemplo, Jesús fue lleno del Espíritu Santo sin medida debido al precio que pagó, en oración y obediencia a Dios Padre. (Jn. 3:34)

MANDAMIENTO DE DIOS PARA QUE LO OBEDEZCAMOS	CONSECUENCIA DE LA DESOBEDIENCIA
3. No ames a tu hijo o hija más que a Mí. ~ Jesús (ver Mt. 10:37)	Porque "El que ama a hijo o a hija más que a mí, **no es digno de mí**". ~ Jesús (Mt. 10:37)

- Jesús debe ser tu prioridad, incluso por encima de tus hijos.

- Encomienda tus hijos a las poderosas manos del Señor, y el Señor *hará grande* tu descendencia. (ver Job 5:25)

MANDAMIENTOS DE DIOS PARA QUE LOS OBEDEZCAMOS	RECOMPENSA POR LA OBEDIENCIA/ CONSECUENCIAS DE LA DESOBEDIENCIA
4. Niégate a ti mismo, toma tu cruz y sígueme. ~ Jesús (Mt. 10:38; 16:24)	Y el que no toma su cruz y sigue en pos de mí **no es digno de mí.** ~ Jesús (Mt. 10:38)
Tu vida no es para ti mismo: 5. Tu vida no es para ti mismo: (es decir, no vivas tu vida para ti mismo). (ver Mt. 10:39)	1. *Porque "El que halla su vida la perderá".* 2. *"El que pierde su vida por mi causa, la hallará".* ~ Jesús (Mt. 10:39) 3. ¿De qué le sirve a uno ganarse todo el mundo si pierde su alma? (Mt. 16:26 RVC)

¡Pausa y reflexiona!

- Esfuérzate por negarte a ti mismo de pensamientos vanos, las palabras sucias y las obras que te agradan a ti y no a Dios.

  * En cada etapa de mi formación espiritual, el Señor me preguntaba: "¿Estás dispuesta a seguir el camino de tu Redentor? Porque es un camino de sufrimiento". Y cada vez respondía: "¡Sí, Señor!". Ha sido un camino extremadamente duro hasta ahora, pero el Señor ha sacado con gracia lo mejor de mí. El Señor nos purificará y sacará el oro de nosotros, llevándonos a través de la cueva de las aflicciones. - Autora

- ¡Vive para Jesús! ¡Vale la pena! Porque Jesús es "el Camino, la Verdad y la Vida". Cuando tenemos a Jesús, tenemos "vida verdadera". (Jn. 14:6)

MANDAMIENTOS DE DIOS PARA QUE LOS OBEDEZCAMOS	RECOMPENSA POR LA OBEDIENCIA
Encuentra vida en Cristo: 6. El que pierde su vida por Mi causa (es decir, sacrificar tu vida por la causa de Cristo). - Jesús (Mt. 10:39)	Porque "El que pierde su vida por mi causa, la hallará". - Jesús (Mt. 10:39)

Sacrifica tu vida por Cristo

- Isaías 43:4 dice: "**Daré hombres** (es decir, almas perdidas) por ti, y pueblos por tu vida". ** Una promesa dada a la autora en 1995.*

- A veces puede que necesites cambiar tu ambiente, tu zona de comodidad por causa del Señor. Dios siempre está buscando "**vasijas dóciles**" que paguen el precio.

- El número de almas que ganes está en directa proporción al sacrificio que tú hagas por amor a Cristo. Paga el precio de rodillas en oración y en obediencia a Su Palabra.

- Jesús y yo somos mayoría.

MANDAMIENTOS DE DIOS PARA QUE LOS OBEDEZCAMOS	RECOMPENSA POR LA OBEDIENCIA
Recibir bendiciones del 100 por uno: 7. Y todo aquel que deje casas, o hermanos, o hermanas, o padre, o madre, o mujer, o hijos, o campos, por causa de mi nombre, recibirá cien veces más y heredará la vida eterna. (Mt. 19:29)	**Recibirá cien veces** más ahora en este tiempo (casas, hermanos, hermanas, madres, hijos y terrenos, aunque con persecuciones); y en la edad venidera, la **vida eterna**. (ver Mc. 10:30)

• Cuando abandonamos todo por amor al Señor, Él nos promete bendiciones 100 veces más en la tierra, que puede que no sean literales sino espirituales. Cuando estamos en Su perfecta voluntad para nuestras vidas, Dios traerá **relaciones espirituales** a nuestro camino, tales como, hermanos, hermanas o padres en el Señor, quienes nos traerán muchas bendiciones y gozo.

* *El Señor, en Su gracia, me ha ayudado a abandonarlo todo por Cristo. He pagado un precio muy alto por mi vocación. Desde 1992, el Señor comenzó a darme opciones: Jesús o mi trabajo, Jesús o las comodidades de este mundo, Jesús o la fama mundana, el honor y la prosperidad que habría llegado a través de mi profesión de médico. Sólo por la gracia de Dios, pude elegir a Jesús por encima de todas las opciones anteriores. El Señor nos sigue probando y calificando para nuestras recompensas celestiales. Nada de lo que sacrifiquemos en la tierra por Cristo, quedará sin recompensa. ~ Autora*

MANDAMIENTOS DE DIOS	RECOMPENSAS POR LA OBEDIENCIA
Honra y bendice a los siervos de Dios: 8. Recibe a un discípulo de Cristo (un siervo de Dios). (Mt. 10:40)	El que los recibe a ustedes, a Mí me recibe, y el que *me recibe a Mí*, recibe al que (Dios Padre) que me envió. ~ Jesús (ver Mt. 10:40)
9. Recibe a un profeta porque es profeta. (ver Mt. 10:41)	Y recibirás *recompensa de profeta.* (ver Mt. 10:41)
10. Recibe a un justo porque es justo. (ver Mt. 10:41)	Recibirás *recompensa de justo.* (Mt.10:41)
11. Cualquiera que dé a uno de estos pequeñitos un vaso de agua fría solamente porque es mi discípulo. ~ Jesús (ver Mt.10:42)	De cierto les digo *que jamás perderá su recompensa*". ~ Jesús (Mt. 10:42)

Puntos que considerar:

- Cuando recibas a los siervos de Dios y a los profetas que son justos, entonces ***tu recompensa será la misma que la del profeta*** o de la persona justa a la que ayudes. (Mt. 10:40)

- No pongas bozal al buey mientras pisa el grano. Y el obrero es digno de su salario. (1 Tim. 5:18)

- Asegúrate de darle la gloria solamente a Dios, pero bendice a los siervos de Dios que te han bendecido.

- Honra a un verdadero profeta de Dios que opera bajo la unción del Espíritu Santo. ***Si apoyas a un falso profeta*** o a un hombre de Dios que está viviendo una vida de pecado, entonces estas causando más daño al reino de Dios y también participando en sus malas acciones.

- Los líderes juzgan por un soborno, los sacerdotes enseñan por un precio, y ***los profetas dicen fortunas por dinero***, sin embargo, se apoyan en el Señor y dicen: "¿No está el Señor entre nosotros?" El Señor dice: Por tu culpa la ciudad se convertirá en un montón de escombros. (Miq. 3:11-12)

- Pídele a Dios que te dé sabiduría y el don de discernimiento de espíritus para identificar a un verdadero siervo de Dios.

- ***Demuestra gratitud:*** Acostúmbrate a bendecir a los siervos de Dios que han traído fruto a tu vida al invertir sus oraciones, su tiempo y sus consejos.

Niégate a ti mismo y sigue a Cristo

Mártires vivientes

Los que son de Cristo crucificarán la carne con sus pasiones y deseos.

Si vivimos en el Espíritu, andemos también en el Espíritu. Porque todos los que son guiados por el Espíritu de Dios, éstos son Hijos de Dios. (ver Gal. 5:24-25; Rom. 8:14)

Un mártir viviente: Todo creyente está llamado a vivir como un "mártir viviente" en la tierra, pero sólo unos pocos ceden a la guía del Espíritu. Un mártir viviente debe morir diariamente al "yo" y crucificar sus deseos, metas, ambiciones a la cruz cada momento del día, y depender totalmente de Dios.

Rees Howells, uno de los más grandes intercesores que haya existido, fue llamado a vivir como un mártir viviente por nuestro Señor.

* Cuando tenía 23 años, el Señor me hizo leer la autobiografía de Rees Howells para entrenarme como mártir viviente.

Todos los días, el Señor programa mi día cuando estoy en oración entre las 3 y las 6 de la mañana. Algunos días, el Señor dice: "Descansa en Mí en oración y aprende de Mí", otros días: "Ve a la iglesia y ora en el Espíritu".

A veces Jesús dice: "Trabaja en el libro". El Señor me prometió: **"Cada vez que obedezcas, te espera una bendición".** *- Autora*

Es extremadamente difícil cambiar todos tus planes para el día así como el Señor te instruye. Pero si obedeces tal como Él te aconseja, Él te hará la vida mucho más fácil. Él te ayudará a evitar las trampas del diablo para el día.

Es maravilloso ser guiado por el Espíritu Santo de Dios porque Él es Omnisciente, Él es el Dios que todo lo sabe. Así que podemos confiar nuestras vidas y futuro en Sus manos.

El Espíritu Santo: Sólo siguiendo estrictamente la guía del Espíritu Santo, se puede ser un mártir viviente. (Rom. 12:1)

Aquellos que son llamados a ser mártires vivientes no sólo deben obedecer los mandamientos dados en la Palabra de Dios; sino también obedecer el consejo dado por el Espíritu Santo para sus situaciones específicas diariamente; así como la *"nube"* simbólica del Espíritu Santo, que guio a los israelitas a través de su viaje en el desierto. Cada vez que la nube se detenía, ellos tenían que detener su viaje. Siempre que la nube se alzaba sobre el tabernáculo, los israelitas volvían a seguir en camino. (ver Ex. 40:36-38; Núm. 9:15-23)

7.3. La misión de los discípulos

MANDAMIENTO DE DIOS PARA QUE LO OBEDEZCAMOS	ESCRITURA QUE CONFIRMA
¿A quién debes predicarle? 1. No vayan por los caminos de los gentiles ni entren a las ciudades de los samaritanos. Pero vayan, más bien, a las ovejas perdidas de la casa de Israel. ~ Jesús (Mt. 10:5-6)	Les digo que, del mismo modo, **habrá más gozo en el cielo** por un pecador que se arrepiente que por noventa y nueve justos que no necesitan de arrepentimiento. (Lc. 15:7)

- Esta fue una orden específica dada a los doce discípulos de ir primero a las almas perdidas de Israel.

- Puesto que nuestro Dios es un *Dios que hace y guarda Sus pactos*, Él envió primero a Jesucristo para que los judíos recibieran la salvación, recordando Su pacto con Abraham, honrando así su fe y obediencia a Dios. (Gen. 12:2-3; Dt. 7:9)

- *Hoy en día, se nos ordena alcanzar a las almas perdidas en cada nación, en lugar de predicar a los creyentes ya salvos una y otra vez. Pero los creyentes en Cristo deben ser discipulados como ganadores activos de almas y vivir como Cristo, a imagen de Dios. (Heb. 6:1-2; Mt. 28:19-20)*

MANDAMIENTOS DE DIOS PARA QUE LO OBEDEZCAMOS	RECOMPENSA POR LA OBEDIENCIA / CONSECUENCIA DE LA DESOBEDIENCIA
¿Qué debes predicar? 2 (a) Ve y predica este mensaje: "El reino de los cielos se ha acercado". (ver Mt. 10:7) (b) Vayan por todo el mundo y prediquen el evangelio a toda criatura. (Mc. 16:15)	El que cree y es bautizado será **salvo**; pero el que no cree será **condenado**. (Mc. 16:16)

- Prediquen la Palabra de Dios que es la Verdad. (ver Jn. 17:17)

- Porque los labios del sacerdote deben guardar el conocimiento y de su boca ha de buscar (la gente) la instrucción, pues él es un mensajero del Señor de los Ejércitos. (ver Mal. 2:7)

- Enseñemos el camino de Dios en *verdad*, como lo hizo Jesús. Podemos entender los caminos de Dios por medio de la Palabra de Dios. (Mt. 22:16; Sal. 119)

MANDAMIENTO DE DIOS PARA QUE LO OBEDEZCAMOS	RECOMPENSA POR LA OBEDIENCIA/ ESCRITURAS QUE CONFIRMAN
Hagamos señales y maravillas: 3. "Sanen enfermos, resuciten muertos, limpien leprosos, echan fuera demonios. De gracia han recibido, den de gracia". (Mt. 10:8)	Porque Jesús dijo: "Estas señales seguirán a los que creen: En mi nombre echarán fuera demonios, hablaran nuevas lenguas, tomaran serpientes en las manos, y si llegaran a beber cosa venenosa, no les dañara. Sobre los enfermos *pondrán sus manos, y sanarán*". (Mc. 16:17-18)

- A medida que prestemos atención al llamado del Señor y le obedezcamos, Él nos capacitará con Su unción. Él también nos equipará con los dones del Espíritu Santo para hacer milagros, como lo hicieron los primeros apóstoles. (ver 1 Cor. 12:7-11; Hch. 2-3)

- La Escritura también nos advierte: "No impongas las manos a ninguno con ligereza **ni participes en pecados ajenos**; consérvate puro". Protégete orando más con el don de lenguas. (1 Tim. 5:22)

- **Los demonios** de otras personas también **se te pueden transfer a ti**, sin tu conocimiento, si tu caminar con el Señor no es perfecto.

MANDAMIENTOS DE DIOS PARA QUE LOS OBEDEZCAMOS	RECOMPENA POR LA OBEDIENCIA
¿Qué llevar de viaje? 4. No se provean ni de oro ni de plata ni de cobre (dinero) en sus cintos. (ver Mt. 10:9)	Porque el trabajador tiene derecho a su sustento. (Mt. 10:10 NVI)
5. Tampoco lleven bolsas para el camino ni dos vestidos ni zapatos ni bastón (cuchillo o pistola). (Mt. 10:10)	

- Si Dios llama, Él provee. (ver Fil. 4:19)

- **Ninguno de los discípulos de Jesús murmuró** por carecer de algo, porque su atención estaba puesta en las cosas celestiales. Tenían absoluta confianza en Dios, quien los había llamado. Por consiguiente, lograron más grandes cosas para Dios. Confía a todo momento en que Dios va a suplir todas tus necesidades financieras.

- Por ejemplo, Pedro le dijo al cojo que pedía limosna a la puerta del templo: "**No tengo ni plata ni oro**, pero lo que tengo te doy. En el nombre de Jesucristo de Nazaret, ¡levántate y anda!" De inmediato, y de un salto se puso de pie y empezó a caminar.

- Pedro no llevaba consigo ni plata ni oro, pero tenía el *poder del Espíritu Santo* para cumplir la voluntad de Dios. (ver Hch. 3:2-8)

MANDAMIENTOS DE DIOS PARA QUE LOS OBEDEZCAMOS	RECOMPENSA POR LA OBEDIENCIA/ CONSECUENCIA DE LA DESOBEDIENCIA
¿Dónde debes alojarte? 6. "En cualquier ciudad o aldea donde entren, averigüen quien en ella *sea digno y quédense allí* hasta que salgan". (Mt. 10:11) 7. En cualquier casa en que entren, digan primero: Paz a esta casa. Quédense en esa casa, coman y beban de lo que ellos tengan. 8. *No anden de casa en casa.* (ver Lc. 10:5-7 NVI)	1. Porque el trabajador tiene derecho a su salario. (Lc. 10:7 NVI) 2. "En cualquier casa que entren, digan primero: "Paz a esta casa". Y si hay allí *alguien que promueva la paz, la paz de ustedes reinará en ella*; y si no, la paz regresará a ustedes". (Lc. 10:5-6 NVI) 3. Si no los reciben bien, salgan de ese pueblo y sacúdanse el polvo de los pies como un testimonio de sus habitantes. (Lc. 9:5 NVI)

- Cuando Dios te envía a algún lugar para ministrar, Él se encargará de tu alojamiento, pero dondequiera que Dios haga la provisión, tú debes estar dispuesto a quedarte sin murmurar.

- Por ejemplo, el profeta Elías no fue enviado al palacio, sino a la casa de una viuda pobre durante la hambruna. Debemos aprender los caminos de Dios. (1 Reyes 17:8-9)

MANDAMIENTO DE DIOS PARA QUE LO OBEDEZCAMOS	RECOMPENSA POR LA OBEDIENCIA/ CONSECUENCIA DE LA DESOBEDIENCIA
¿Qué se debe decir al entrar en una casa? 9. Al entrar, digan: "Paz a esta casa". (Mt. 10:12 NVI)	1. Si la casa es digna, venga la paz de ustedes sobre ella. Pero *si no es digna*, vuelva su paz a ustedes. (ver Mt. 10:13) 2. Si hay allí *un hijo de paz*, la paz de ustedes reposará sobre él; pero si no, volverá a ustedes. (Lc. 10:6)

- Si recibes a un verdadero siervo de Dios en tu casa, la paz y las bendiciones de Dios entrarán en tu hogar.

- Cuando aceptes el evangelio del Príncipe de Paz, la paz que el mundo no puede dar llenará tu corazón. (Jn. 14:27)

MANDAMIENTO DE DIOS PARA QUE LO OBEDEZCAMOS	ESCRITURA QUE CONFIRMA
No esperes nada a cambio: 10. Den gratuitamente. (ver Mt. 10:8 NVI)	Lo que ustedes recibieron gratis. (ver Mt. 10:8 NVI)

Puntos que considerar:

- Jesús nos ha dado la salvación, Su Palabra y la unción del Espíritu Santo gratuitamente, y por lo tanto espera que demos libremente el evangelio de Cristo a otros.

- Cuando tu intención no es ganar dinero por medio del ministerio, entonces Dios se asegurará de que tus necesidades sean suplidas. (ver Fil. 4:19)

- Un verdadero obrero tendrá una profunda carga por las almas que perecen y trabajará incansablemente por el reino de Dios. No trabajará por dinero, para su propia fama o para expandir su propio ministerio. No hará de la obra de Dios un negocio. (ver 1 Tim. 6:5)

- Como dice el rey David: "El Señor es mi pastor; nada me faltará. Ciertamente el bien y la misericordia me seguirán todos los días de mi vida", nosotros también deberíamos poner nuestra confianza en el Señor, para que nos provea. (Sal. 23:1, 6)

- "Sea ensalzado el Señor, que se **complace en el bienestar de su siervo**". (Sal. 23:1, 6; Sal. 35:27)

MANDAMIENTO DE DIOS PARA QUE LO OBEDEZCAMOS	ESCRITURA QUE CONFIRMA
Sé inocente pero sabio: 11. Sean, pues, astutos como serpientes y sencillos como palomas. (ver Mt. 10:16)	"He aquí, yo los envío como ***ovejas en medio de lobos***". ~ Jesús (Mt. 10:16)

El conocimiento es poderoso: Los creyentes no deben ignorar los caminos de Dios, los caminos del diablo ni los caminos del mundo. Actualiza tu conocimiento de vez en cuando.

Cuidado con los lobos disfrazados de ovejas: Las Escrituras nos advierten que hay quienes dicen ser creyentes, incluso pueden ser líderes en la iglesia, pero son lobos rapaces viciosos, disfrazados de ovejas. (Mt. 7:15)

7.4. Sufrimientos de un discípulo

MANDAMIENTO DE DIOS PARA QUE LO OBEDEZCAMOS	CONSECUENCIAS DE LA DESOBEDIENCIA
Traición de los hombres: 1(a) Guárdate de los hombres. (Mt. 10:17) (b) Tengan cuidado. (Mt. 10:17 NVI)	1. "Porque los entregarán a los tribunales. 2. En sus sinagogas los azotarán. 3. Serán llevados aun ante gobernadores y reyes por mi causa". ~ Jesús (ver Mt. 10:17-18)

- ***Si a Jesús lo llamaron "Beelzebul",*** príncipe de los demonios, cuánto más los llamarán a ustedes, y los perseguirán. No se desanimen, sino esperen su recompensa en el cielo. (Mt. 10:24-25; 12:24)

❖ ***A causa de Cristo:***
- Tu propio hermano te entregará a la muerte.

- Un padre traicionará a su propio hijo.

- Los hijos se levantarán contra sus padres y los matarán.

- Serás odiado por todos los hombres por el nombre de Cristo.

- Los sufrimientos y la persecución son parte de la vida cuando realmente quieres servir a Dios. (ver Mt. 10:21-22)

MANDAMIENTO DE DIOS PARA QUE LO OBEDEZCAMOS	RECOMPENSAS A LA OBEDIENCIA
No estés ansioso por lo que has de responder: 2. Pero cuando los arresten, no se preocupen por lo que van a decir o cómo van a decirlo. (ver Mt. 10:19 NVI)	1. Porque les será dado en aquella hora lo que han de decir. Pues *no son ustedes los que hablan, sino el Espíritu* de su Padre que hablará en ustedes. (Mt. 10:19-20) 2. "Pues yo mismo les daré tal elocuencia y sabiduría para responder que ningún adversario podrá resistirles ni contradecirles". ~ Jesús (ver Lc. 21:15 NVI)

El Espíritu de Dios te dará *denuedo y sabiduría* para hablar por Cristo. Por ejemplo, en el día de Pentecostés, Pedro, un pescador analfabeto, se volvió muy valiente y no temió por su vida, sino que convenció a los judíos de su pecado al crucificar a Cristo, su Mesías, en la cruz. Pedro predicó audazmente el evangelio bajo la unción del Espíritu Santo, y tres mil almas fueron salvas en un día. (ver Hch. 2:14-41)

MANDAMIENTO DE DIOS PARA QUE LO OBEDEZCAMOS	RECOMPENSA POR LA OBEDIENCIA
Termina bien tu carrera: 3. Persevera hasta el fin. (ver Mt. 10:22)	Porque "El que persevere hasta el fin, este será salvo". (Mt. 10:22)

- Debemos ser fieles a Dios hasta el final de nuestras vidas, para que nuestra salvación sea completa.

- Muchos empezaron bien pero perdieron su salvación por el camino. Por ejemplo: Judas Iscariote, el rey Saúl, la esposa de Lot, Ananías y Safira, etc. (ver Mt. 27:3-5; 1 Sam. 28:16-18; Gn. 19:26; Hch. 5:3-10).

- **Persevera hasta el fin:** El apóstol Pablo dijo: "He peleado la buena batalla, he terminado la carrera, me he mantenido en la fe. Por lo demás me espera la **corona de justicia** que el Señor, el Juez Justo, me otorgará en aquel día; y no solo a mí, sino también a todos los que con amor hayan esperado su venida". (2 Tim. 4:7-8)

MANDAMIENTOS DE DIOS PARA QUE LOS OBEDEZCAMOS	ESCRITURAS QUE COFIRMAN
Qué hacer cuando eres perseguido: 4. Cuando seas perseguido en un lugar, huye a otro. (ver Mat. 10:23 NVI)	"Les aseguro que no terminarán de recorrer las ciudades de Israel antes de que venga el Hijo del hombre". ~ Jesús (ver Mt. 10:23 NVI)
5. No pienses que eres más que tu Maestro (Jesucristo). (Mt. 10:24)	Bástale al discípulo ser como su maestro, y al siervo como su señor. (ver Mt. 10:25)

- Dios espera que **uses tu sabiduría** y escapes de la persecución, a menos que el Señor te ordene específicamente que permanezcas en ese lugar. Por ejemplo: **Jesús se fue de Judea,** a las afueras de Galilea, cuando Juan el Bautista fue encarcelado; porque Jesús sabía que sería el siguiente quien el rey Herodes perseguiría si Él se quedaba en Judea. (Mt. 4:12- 16; Hch. 23:11; 25:10-12; 27:23-24)

- No debemos ser "**más justos y más sabios**" que Jesús, nuestro Maestro, y seguir permaneciendo en el lugar de la persecución, creyendo que Dios nos protegerá. Puede que el Señor no nos proteja. (Ec. 7:16)

Nada puede separarte del amor de Cristo

El Apóstol Pablo dijo que ni:

El trabajo duro: He trabajado mucho más duro.

La prisión: He estado en prisión con más frecuencia.

Ser azotado: Más severamente, *cinco veces* recibí de los judíos *treinta y nueve latigazos cada vez.*

Ser expuesto a la muerte *una y otra vez.*

Ser golpeado: Tres veces fui golpeado con varas.

Ser apedreado: Una vez fui apedreado.

Naufragar: Naufragué tres veces.

Estar en mar abierto: Pasé una noche y un día en alta mar.

Huir: He estado huyendo constante.

El peligro: He estado en peligro en **ríos**,

en peligro de **bandidos**,

en peligro de mis propios **compatriotas**,

en peligro de los **gentiles**,

en peligro en la **ciudad**,

en peligro en el **campo**,

en peligro en **el mar**; y

en peligro ante **falsos hermanos**.

No dormir: He trabajado y me he afanado y no he dormido a menudo.

Estar sin comida ni agua: He pasado hambre y sed y a menudo me he quedado sin comer.

Estar sin ropa: He pasado frío y he estado desnudo además de todo lo demás.

Estar agobiado por las iglesias: Me enfrento presión diariamente de mi preocupación por todas las iglesias". (ver 2 Cor. 11:23-33)

Sin embargo, el apóstol Pablo podía decir: "Pues estoy convencido de que ni la muerte ni la vida, ni los ángeles ni los demonios, ni lo presente ni lo por venir, ni los poderes, ni lo alto ni lo profundo, ni cosa alguna en toda la creación podrá apartarnos del amor que Dios nos ha manifestado en Cristo Jesús nuestro Señor". (Rom. 8:38-39)

La revelación del amor de Cristo, le permitió al apóstol Pablo soportar las aflicciones mencionadas. Pídele a Dios que te revele la profundidad de Su amor, como lo hizo con el apóstol Pablo. *¿Soportarás los sufrimientos como lo hizo el apóstol Pablo y seguirás sirviéndole al Señor?*

7.5. El valor de un discípulo

MANDAMIENTOS DE DIOS PARA QUE LOS OBEDEZCAMOS	RECOMPENSA POR LA OBEDIENCIA
Escucha al Señor y predica: 1. "Lo que les digo en privado, díganlo en público. 2. Lo que oyen al oído, proclámenlo desde las azoteas. ~ Jesús (ver Mt. 10:27 NVI)	Porque *"Mis ovejas oyen Mi voz"*. ~ Jesús (Jn. 10:27)

¿Cuándo no oirás la voz del Señor?

• El Espíritu Santo anhela estar en comunión contigo, pero si tus oídos espirituales están tapados por las preocupaciones mundanas, no lo escucharás aunque Él grite fuertemente en tus oídos. Tus oídos espirituales se abrirán cuando mueras al "yo".

- Nunca te alejes demasiado del Espíritu Santo que Él no pueda darte un mensaje para predicarle a la congregación.

- Podrías estar haciéndole daño al reino de Dios sin tu saberlo al dar mensajes en la carne.

- Si deseas escuchar al Señor hablarte, espera en Él en oración en las primeras horas de la mañana, especialmente entre las **3 - 6 am**, cuando tu mente está en reposo. No te detengas hasta que lo escuches.

* Por la gracia de Dios, he estado escuchando Su voz audible en las primeras horas de la mañana desde 1992 hasta hoy. Tú también puedes. ~ Autora

MANDAMIENTOS DE DIOS PARA QUE LOS OBEDEZCAMOS	ESCRITURAS QUE CONFIRMAN
No le temas a los hombres: 3. Cuando sean perseguidos, no teman. (ver Mt. 10:23, 26 NVI) 4. Soporta las dificultades como un buen soldado de Cristo Jesús. (ver 2 Tim. 2:3)	Así que no les teman. Porque no hay nada encubierto que no será revelado ni oculto que no será conocido. (Mt. 10:26 NVI)

- Cuando comiences tu ministerio, Satanás tratará de asustarte trayendo obstáculos en tu camino, para desanimarte y hacerte renunciar a tu llamado antes de que puedas establecer el ministerio de Dios. Pero debes permanecer fiel al Señor en el cumplimiento de Su voluntad para tu vida. (ver 1 Ts. 3:2-4)

- No temas, porque el Espíritu Santo te aconsejará para que evites los peligros, pero si tienes que pasar por la prueba, Él te ayudará a soportarla. ***Si Dios está de nuestra parte, ¿quién puede estar en contra nuestra?*** (ver Rom. 8:31)

- La verdad acabará saliendo a la luz. El Señor puede levantarte y honrarte en el mismo lugar donde fuiste perseguido. Por ejemplo: Daniel, Sadrac, Mesac y Abed-nego, José y David. (Dan. 6:24-28; 3:28-30; Gn. 37-41; 1 Sam. 19-2 Sam. 5)

MANDAMIENTO DE DIOS PARA QUE LO OBEDEZCAMOS	RECOMPENSA POR LA OBEDIENCIA/ ESCRITURAS QUE CONFIRMAN
5. **No tengas temor.** (ver Mt.10:31 NVI)	1. ¿No se venden dos gorriones por una monedita? Sin embargo, ni uno de ellos caerá a tierra sin que lo permita el Padre. Así que no tengan miedo, *ustedes valen más que muchos gorriones.* (Mt. 10:29, 31 NVI) 2. Pues aun los cabellos de ustedes están todos contados. (Mt. 10:29-30)

- Eres muy valioso para Dios. Dios cuida más por ti, tus necesidades personales, tus pruebas y tus penas de lo que puedes comprender.

- Dios te ama tanto que envió a Su único Hijo, Jesucristo, a morir en la cruz por ti. Él te llevará a través de tus tiempos difíciles. (ver Jn.3:16)

MANDAMIENTOS DE DIOS PARA QUE LOS OBEDEZCAMOS	RECOMPENSA DE LA OBEDIENCIA/ CONSECUENCIA DE LA DESOBEDIENCIA
6. No me nieguen delante de los hombres. ~ Jesús (Mt. 10:33)	"Y a cualquiera que me niegue delante de los hombres, yo también *lo negaré delante de mi Padre* que está en los cielos". ~ Jesús (ver Mt. 10:33)
7. Confiésame ante los hombres. ~ Jesús (ver Mt. 10:32)	Por tanto, a todo el que me confiese delante de los hombres, yo también *le confesaré* delante de mi Padre que está en los cielos. ~ Jesús (ver Mt. 10:32)

MANDAMIENTO DE DIOS PARA QUE LO OBEDEZCAMOS	RECOMPENSA POR LA OBEDIENCIA/ ESCRITURAS QUE CONFIRMAN
No temas a la muerte: 8. No teman a los que matan el cuerpo pero no pueden matar el alma. Más bien, teman a Jesús. (ver Mt. 10:28)	1. Porque Jesús puede **destruir tanto el alma y el cuerpo en el infierno.** (Mt. 10:28) 2. "Yo soy, yo soy su Consolador. 3. *¿Quién eres tú, para que temas al hombre, que es mortal*; al hijo del hombre, que es tratado como el pasto? 4. ¿Te has olvidado ya del Señor, tu Hacedor, que desplegó los cielos y puso los fundamentos de la tierra, para que continuamente y todo el día temas la furia del opresor, cuando se dispone a destruir? 5. Pero, *¿dónde está la furia del opresor?"* (Is. 51:12-13)

¡Pausa y reflexiona!

- Tenemos una vida que vivir en la tierra, y luego está el juicio. Nuestras vidas no terminan con la muerte, sino que continúan para siempre, ya sea en el cielo o en el infierno. (Heb. 9:27; 1 Tim. 5:24)

- Hoy en día, las personas que viven haciendo concesiones se han inventado una **teoría conveniente que no hay "infierno"**.

- Pero Jesús mismo, a menudo usó la palabra "infierno" describiendo el lugar de condenación eterna, donde hay fuego inextinguible, reservado para los impíos. (Mc. 9:43,48)

- Debemos obedecer a Dios antes que a los hombres. Si temes al Señor, Él te protegerá a ti y a tu familia durante los tiempos de tribulación que nos esperan. (Hch. 5:29)

- Si mueres con Cristo, también vivirás con Cristo. (ver 2 Tim. 2:11)

- Si mueres como **mártir para Cristo**, tendrás un lugar especial en el cielo, justo delante del trono de Dios Todopoderoso. (Ap. 7:13-17)

8. La fe

Dios Padre está sentado en el trono como Rey de reyes. Nosotros, siendo Sus hijos amados, debemos saber cómo entrar al cuarto de Su trono y tomar cualquier cosa que necesitemos de Sus manos, por fe.

No necesitamos rogarle, **porque un hijo obediente conoce sus derechos**. Si lloramos y suplicamos en oración, Dios también llorará con nosotros; Su rostro se moverá, pero Sus manos puede que no se muevan para hacer milagros.

Sólo por fe podemos recibir milagros de Dios. Nuestro Señor nunca nos pondrá a prueba más allá de nuestro nivel de fe. Incluso la fe, tan pequeña como una semilla de mostaza, puede producir grandes milagros para nosotros. No sólo debemos expresar nuestra fe en la habilidad del Señor para hacer un milagro, sino también actuar con fe.

Sin fe, es imposible agradar a Dios. (Heb. 11:6)

8.1. La fe puede mover montañas

MANDAMIENTO DE DIOS PARA QUE LO OBEDEZCAMOS	RECOMPENSAS POR LA OBEDIENCIA
Ten fe y no dudes. (Mt. 21:21)	1. Porque, "*todo* lo que pidan en oración, creyendo, *lo recibirán*". (Mt. 21:22)
	2. Jesús dijo a Sus discípulos: "si dicen a este monte: 'Quítate y arrójate al mar', *así será*". (Mt. 21:21)

• ***¿Qué es la fe?***

La fe es estar seguro de lo que esperamos y seguro de lo que no vemos. (Heb. 11:1)

* *Para mí, la fe es: "creer como un niño" en el nombre de Jesús y en Su amor y poder.*

• Debes decirle a tu "monte", tal como los problemas: "***Quítate en el nombre de Jesús***", y se hará como tú dices, si no dudas.

* *Cuando tenía 23 años, el Señor, en una visión, me dio el '**don de fe**', mientras asistía a un programa de entrenamiento evangélico. Desde entonces, el Señor me ha estado llevando a través de varias pruebas de fe, para operar en el don de fe. - Autora*

8.2. La fe persistente trae liberación

MANDAMIENTO DE DIOS PARA QUE LO OBEDEZCAMOS	RECOMPENSA A LA OBEDIENCIA
Ten gran fe, como la mujer cananea. (ver Mt. 15:28)	1. Jesús le dijo a la mujer cananea, que clamaba a Él por la liberación de su hija, gravemente endemoniada: "¡Oh mujer, grande es tu fe! *Sea hecho contigo como quieres*". 2. Y su hija fue sana desde aquella hora. (Mt. 15:28)

Razones por las que la mujer cananea recibió la liberación de su hija:

- Ella, siendo gentil, llamó a Jesús, "Señor" y lo adoró.
- Ella clamó por Su misericordia.
- Ella perseveró en su fe en el Señor. Aunque el Señor no parecía responderle, ella no se dio por vencida.
- La mujer cananea fue una de las dos gentiles que fueron apreciadas por el Señor por su gran fe. Esta fue una prueba de fe para ella, y la pasó.

¿Cómo recibes la fe?

Recuerda, Dios le ha dado a cada hombre la medida de la fe. (ver Rom. 12:3)

1. *Por medio de la Palabra de Dios: La fe viene por oír la Palabra de Dios.* Meditar los en los "milagros de Dios" aumentará tu fe. (Rom. 10:17)

   * En la década de 1990, cuando el Señor me estaba llevando a través de numerosas pruebas para aumentar mi fe, finalmente le clamé al Señor con frustración: "¿Cómo consigo esta fe, Señor?" Y escuché la voz audible de Jesús, diciéndome: "Al meditar en Mis milagros". - Autora

2. **Por medio del Espíritu Santo:** El Espíritu Santo de Dios imparte diferentes medidas de fe a cada uno de nosotros. El "*don de fe*" es el nivel más alto de fe. Es uno de los 9 dones del Espíritu Santo. (Rom. 12:3; 1 Co. 12:9)

3. **Por medio de la oración:** Puedes orar y pedirle al Señor que aumente tu fe, como lo hicieron los apóstoles. (Lucas 17:5)

Siete bendiciones por tener fe en Jesús

1. **La salvación por medio de la Fe:** Si confiesas con tu boca que Jesús es el Señor, y **crees** en tu corazón que Dios lo levantó de los muertos, serás **salvo**. El que crea y sea bautizado será salvo. (Rom. 10:9; Mc. 16:16)

2. **Vida eterna por medio de la fe:** El que cree en Cristo no es condenado sino que tiene *"vida eterna"*. Y el que no cree al Hijo ya está condenado y no verá la vida. (Jn. 3:18, 36)

3. **El Espíritu Santo por medio de la fe:** Jesús dice: "Si alguno tiene sed, venga a mí y beba. El que *cree* en mí, como dice la Escriture, ríos de agua viva correrán de su interior". (Jn. 7:37-38)

4. **Respuestas a las oraciones por medio de la fe:** "Todo lo que *pidan* en oración, creyendo, lo recibirán". (ver Mt. 21:21-22)

   Ten fe en que Dios puede responder a tus oraciones. Nada será difícil para que recibas de Dios:

   i. Si lo pides en oración
   ii. Según la voluntad de Dios y
   iii. Sin vacilar en la fe

5. **Obras mayores por medio de la fe:** "De cierto, de cierto les digo que el que *cree* en mí, el también hará las obras que yo hago. Y mayores que estas hará, porque yo voy al Padre", dice el Señor Jesús. (Jn. 14:12)

   Las "obras mayores" incluirán un mayor número de almas salvadas y con un mayor alcance del ministerio.

6. **Sanidad por medio de la fe:** Cuando la mujer que tenía flujo de sangre tocó el manto de Jesús con fe, Él le dijo: "Hija, **tu fe te ha salvado**. Vete en paz y queda sanada de tu azote". E inmediatamente fue sanada. (Mc. 5:25-34)

7. **La paz perfecta por medio de la fe:** Dios te guardara en completa paz si tus pensamientos perseveran en Él, porque confías en Él. Confía en el Señor para siempre. (ver Is. 26:3-4)

   Recuerda, los israelitas fueron juzgados por su pecado
   de incredulidad. (Éx. 3:8; Núm. 13-14)

9. El temor de Dios: El principio de toda sabiduría

"¿Oh Señor, quién no temerá y glorificará tu nombre? Porque solo tú eres santo. Todas las naciones vendrán y adorarán delante de ti". (Ap. 15:4)

El temor del Señor es aborrecer el mal. La obediencia a Dios está en directa proporción al temor de Dios que tengas. (Prov. 8:13)

MANDAMIENTOS DE DIOS PARA QUE LOS OBEDEZCAMOS	RECOMPENSAS A LA OBEDIENCIA/ CONSECUENCIAS DE LA DESOBEDIENCIA
1. Teme a Aquel (Jesucristo) que puede destruir tanto el alma como el cuerpo en el infierno. 2. No teman a los que matan el cuerpo pero no pueden matar el alma. (ver Mt. 10:28) • "*Yo y el Padre uno somos*". ~ Jesús (Jn. 10:30) • "Yo tengo las ***llaves de la muerte y del infierno***". ~ Jesús (Ap. 1:18 RVC)	*Las bendiciones que vienen cuando temes a Dios:* 1. **Honor, riqueza y vida:** La humildad y el temor del Señor traen riquezas, honor y vida. (Prov. 22:4) 2. **Rescatado de la muerte:** El temor del Señor es una fuente de vida que aparta al hombre de las trampas de la muerte. (Prov. 14:27) 3. **El secreto de Dios y de Su Pacto:** El secreto del Señor es para los que le temen; a ellos hará conocer Su pacto. (Sal. 25:14) 4. **Conocimiento:** El temor del Señor es el principio del conocimiento; los insensatos desprecian la sabiduría y la disciplina. (Prov. 1:7) 5. **Larga vida:** El temor del Señor prolonga la vida, pero los años del malvado se acortan. (ver Prov. 10:27 NVI) 6. **Seguridad para tus hijos:** El que teme al Señor tiene una fortaleza segura, y para sus hijos será un refugio. Su descendencia será poderosa en la tierra. (ver Prov. 14:26; Sal. 112:2) 7. **No será visitado por el mal:** El temor del Señor es para vida; el hombre vivirá satisfecho con él y no será visitado por el mal. (ver Prov.19:23)

¿Quién es este Jesús a quien debemos temer?

Jesús dijo: *"Yo soy el Hijo de Dios"*. (Jn. 10:36)

Otras declaraciones de Jesucristo:

• *"Yo soy el Camino, la Verdad y la Vida"*.

Muchos santos, profetas, hombres santos y grandes líderes religiosos han venido y se han ido de esta tierra; pero nadie nunca ha dicho lo que dijo Jesús:

Yo soy "el Camino" al cielo,
Yo soy "la Verdad" y
Yo soy "la Vida" para tu espíritu muerto. Hasta que Jesucristo, "la Vida", entre en tu corazón, estarás muerto en tus pecados.

"Nadie viene al Padre celestial si no es por Mí". (Jn. 14:6; Ef. 2:1)

• *"Yo soy la Luz del mundo"*.

Muchas religiones enseñan que Dios es amor y Dios es luz y apuntan hacia esa luz. Pero sólo el Señor Jesucristo proclamó: "Yo soy la luz verdadera que alumbra a todo hombre que viene al mundo". Hasta que Jesucristo, la luz, sea invitado a tu espíritu muerto, tu espíritu vive en las tinieblas del pecado. (Jn. 1:9; 8:12)

• *"Yo soy Rey"*. (Jn. 18:37)

• *"Yo soy el Alfa y la Omega, el primero y el último, el principio y el fin"*. (Ap. 1:8; 22:13)

• *"Antes que Abraham existiera, Yo Soy"*. (Jn. 8:58)

• *"Yo soy su Maestro y Señor"*. (Jn. 13:13-14)

• *"Yo soy el pan de vida"*, el alimento adecuado para tu espíritu. (ver Jn. 6:35, 48)

• *"Yo soy el pan vivo que descendió del cielo"*. (Jn. 6:51)

• *"Yo soy la resurrección y la vida.* El que cree en mí, aunque muera, vivirá (tendrá vida eterna)". (Jn. 11:25)

• *"Yo soy la puerta.* Si alguien entra por mí, será salvo". (Jn. 10:9)

• *"Yo soy la puerta de las ovejas"*. (Jn. 10:7)

• *"Yo soy el Buen Pastor.* El buen pastor da su vida por las ovejas". (ver Jn. 10:11,14 NVI)

- *"Yo soy la vid* y ustedes son la ramas. El que permanece en mí, como yo en él, dará mucho fruto; separados de mí no pueden ustedes hacer nada". (Jn. 15:5 NVI)

- *"Yo soy el que escudriño la mente y el corazón.* Y les daré a cada uno de ustedes según sus obras". (ver Ap. 2:23)

- Jesús también dijo: "Si alguno tiene sed, venga a mí y beba. El que cree en mí, como dice la Escritura, *ríos de agua viva correrán de su interior". Es decir, del Espíritu Santo.* (Jn. 7:37-38)

Honra y teme al Señor Jesús, por quien Él es:

"Yo honraré a los que me honran, pero los que me desprecian serán tenidos en poco". Él también dice: "YO SOY EL QUE SOY". El Señor Dios Todopoderoso. (1 Sam. 2:30; Ex. 3:14)

No se burlen de Jesucristo, como lo hicieron los gentiles. Grande será su castigo en el día del juicio. *Porque Jesucristo es el Dios verdadero* y *la vida eterna.* (Mt. 20:19; 1 Jn. 5:20)

Consecuencias de no tener temor de Dios

- *Violencia*, derramamiento de sangre*, asesinatos, guerras* por todas partes.

- **Odio**, ningún valor por la vida humana, personas que se levantan unas contra otras.

- Altos índices de crimen, *robos, disturbios raciales.*

- *Borracheras,* parrandas.

- *Pecados sexuales*, inmoralidad, *problemas matrimoniales.*

- Codicia de poder, orgullo y egoísmo.

- Falta de amor, los hijos que se rebelan contra los padres.

- Mucho caos por todo del mundo.

Todo esto porque no hay "temor de Dios".

Por lo tanto, ora fervientemente para que *el espíritu del temor de Dios* venga sobre ti y sobre los miembros de tu familia. (Is. 11:2)

10. No le temas a Satanás, el maligno

"Ninguna arma forjada contra ti prosperará, y toda lengua que se levante contra ti en juicio condenarás. Esta es la herencia de los siervos del Señor, y su justicia proviene de mí".

"Te convertiré en una trilladora, nueva y afilada, de doble filo. *Trillarás las montañas (de Satanás) y las harás polvo*; convertirás a paja las colinas", dice el Señor. (Is. 54:16-17; 41:15 NVI)

* Desde 1992, el Señor me ha estado dando las dos promesas anteriores una y otra vez. Jesús me ha estado llevando a través de pruebas muy duras de obediencia, entrenándome para aplastar las montañas de Satanás, con el poder del Espíritu Santo. (2 Co. 3:17) ~Autora

MANDAMIENTO DE DIOS PARA QUE LO OBEDEZCAMOS	RECOMPENSAS POR LA OBEDIENCIA
Atar a Satanás y a sus huestes: Primero ata al hombre fuerte, es decir, a Satanás. (ver Mt. 12:29)	1. Y entonces *saquearás su casa.* 2. Porque, ¿cómo puede alguien entrar en la casa de un hombre fuerte y saquear sus bienes? (ver Mt. 12:29)

¿Qué puedes recuperar de Satanás al atarlo?

* Recuperas a tus hijos, hijas y a tu esposa de las garras del diablo.
* Recuperas a tus seres queridos cegados por el diablo, quienes no están salvos.
* Recuperas tu salud.
* Reclamas las finanzas que te pertenecen.
* Recibes tus bendiciones espirituales.
* Restauras tu matrimonio y tu vida familiar.
* Recuperas tu honor.

Autoridad dada por Dios: Si eres un verdadero seguidor de Cristo, Dios te equipará con el poder del Espíritu Santo y la autoridad para atar al hombre fuerte, Satanás y sus huestes. (Lucas 10:19)

Los demonios saben quién eres: Se relata en Hechos 19:11-17 que cuando algunos judíos, exorcistas ambulantes, se pusieron a invocar el nombre del Señor Jesús, pero el demonio los dominó a todos, diciendo: "A Jesús lo conozco, y se quién es Pablo; pero ustedes ¿quién son?", y huyeron del lugar desnudos y heridos.

¿Puedes atar a Satanás? Definitivamente sí puedes. Pero debes vivir una vida justa, tener una relación más cercana con el Señor y caminar en obediencia a Sus mandamientos para tener verdadero poder y autoridad sobre los demonios, y para que los demonios tiemblen por tu palabra. (Mt. 12:29; 18:18)

MANDAMIENTO DE DIOS PARA QUE LO OBEDEZCAMOS	RECOMPENSA POR LA OBEDIENCIA/ ESCRITURAS QUE CONFIRMAN
Aten a los espíritus malignos: 2. Aten en la tierra. (Mt. 18:18)	1. Porque todo lo que aten en la tierra *habrá sido atado en el cielo.* (Mt. 18:18) 2. He aquí, les doy autoridad *sobre todo el poder del enemigo.* ~ Jesús (ver Lc. 10:19)

Como verdaderos creyentes, nos ha sido dada la autoridad para **atar a todos los espíritus de las tinieblas** que gobiernan nuestras vidas y nuestra nación. Algunos de los espíritus que puedes atar son: el espíritu de ceguera, el espíritu de enfermedad, el espíritu de adulterio, el espíritu de idolatría, el espíritu de decepción, el espíritu de orgullo y arrogancia, el espíritu de falta de perdón y amargura, etc., y ser liberados en el nombre de Jesús. (Lc. 10:19; Ef. 6:11-16)

MANDAMIENTO DE DIOS PARA QUE LO OBEDEZCAMOS	RECOMPENSA POR LA OBEDIENCIA
¿Qué debes desatar? 3. Desaten en la tierra. (Mt. 18:18)	Porque todo lo que desaten en la tierra *habrá sido desatado en el cielo.* (Mt. 18:18)

- Dios no nos ha dado un espíritu de cobardía, sino de poder, de amor y de dominio propio. (2 Tim 1:7)

- Podemos **liberar el Espíritu del Señor** sobre nosotros mismos y sobre los miembros de nuestra familia para vivir una vida abundante, por ejemplo:

  El Espíritu de verdad y de consuelo.

  El Espíritu de sabiduría y entendimiento.

  El Espíritu de consejo y poder.

  El Espíritu de conocimiento.

  El Espíritu de obediencia.

  El Espíritu del temor de Dios.

  El Espíritu de convicción y arrepentimiento. (ver Is. 11:2; Jn. 15:26)

- También puedes liberar a los cautivos de su cautiverio y liberar a los prisioneros que están atados en varias adicciones, por el poder del Espíritu Santo dentro de ti. (Mt. 10:1; 2 Co. 3:17)

10.1. Satanás tiembla ante el nombre de Jesús

MANDAMIENTO DE DIOS	ESCRITURAS QUE CONFIRMAN
La orden de Jesús a la legión de demonios: "Vayan". (Mt. 8:32)	1. En la región de los gadarenos, vinieron al encuentro con Jesús ***dos endemoniados*** que habían salido de los sepulcros. Ellos lanzaron gritos diciendo: "¿Qué tienes con nosotros, ***Hijo de Dios?*** ¿Has venido acá para atormentarnos antes de tiempo?" Porque los demonios sabían quién era Jesús. (Mt. 8:28-29)
	2. Y Jesús les dijo a los demonios: "¡Vayan!" Ellos ***salieron*** y se fueron al hato de cerdos. (Mt. 8:32)
	3. Todo el hato de cerdos se lanzó al mar por un despeñadero y murieron en el agua. (ver Mt. 8:32)

¡Pausa y reflexiona!

- Esta orden fue dada por el Señor Jesús a la "legión de demonios" (6.000 demonios) de los endemoniados, para que se fueran al hato de cerdos.

- **Los corazones endurecidos de la gente:** Cuando toda la ciudad oyó que Jesús había echado fuera la legión de demonios, le rogaron que se fuera de su ciudad. ¡Qué tristeza! (ver Mat. 8:28-34)

- Oremos para que Dios nos quite el corazón de piedra y nos dé un corazón de carne. (ver Ez. 11:19; 36:26)

- **Puede que un "cambio de corazón" no venga por ver milagros:** Después de haber sido testigos de cómo una legión de demonios entraba en el hato de unos 2000 cerdos, aun así, la gente no quería invitar a Jesús a su ciudad, ni querían escucharle.

- El verdadero arrepentimiento viene sólo por la convicción del Espíritu Santo, y tal vez no sea por presenciar milagros.

- **Solamente en el nombre de Jesús podemos echar fuera demonios:** Jesucristo fue el primero en echar fuera demonios de los seres humanos. Ya que Jesús tiene la máxima autoridad sobre Satanás, y a razón de que Él nos ha dado esa autoridad, nosotros también podemos echar fuera demonios, pero solamente en el nombre de Jesús. (Lc. 10:19)

10.2. ¿Quién es Satanás?

- Satanás es el ángel maligno que una vez deseó el trono de Dios, y es por eso que fue expulsado por Dios del cielo. (Is. 14:12-15)

- Satanás es la antigua serpiente que busca "adoración" que sólo le corresponde a Dios. (2 Co. 11:3)

- Satanás es el príncipe y el gobernante de este mundo. (Jn. 12:31)

- Otros nombres de Satanás: Lucifer, Lucero, diablo, bestia, dragón, serpiente antigua. (Ap. 12:9)

Las obras malignas de Satanás

- Satanás es el maligno que es sutil y astuto y **ciega las mentes** de los que no creen en el evangelio de Cristo. (2 Co. 4:4)

- Desde el principio Satanás es el asesino que viene a **robar, matar y a destruir**; es el **enemigo de nuestras almas.** (ver Jn. 10:10)

- No hay verdad en Satanás, porque es un **mentiroso** y el padre de la mentira. Nos hace dudar del amor que Dios nos tiene. (ver Jn. 8:44)

- Satanás es el *acusador de los hermanos* que nos acusa ante Dios día y noche. (Job 1:6-10; Ap. 12:9-10)

- Nuestro adversario el diablo, como león rugiente, anda alrededor buscando a quien devorar. (1 Pedro 5:8)

- Satanás es el **tentador** que nos quiere hacer pecar. (ver Gn. 3:1; Mt. 4:3)

Nuestra guerra espiritual

Efesios 6:12 dice:

i. Nuestra lucha no es contra carne ni sangre (seres humanos),

ii. sino contra **principados**, y

iii. **contra autoridades**,

iv. contra los **gobernantes** de las tinieblas de este mundo,

v. contra **espíritus de maldad** en los lugares celestiales.

Jesús dijo: "He aquí, les doy **autoridad** de pisar serpientes, escorpiones, y **sobre todo el poder del enemigo (Satanás)**, y nada les dañará." (Lc. 10:19)

¿Quién es Jesús?

* Dios ha resucitado a Jesús de entre los muertos y lo hizo sentar a Su diestra en lugares celestiales.

* Jesús está **por encima de todo principado y autoridad.**

* Jesús está **por encima de todo poder y señorío.**

* Jesús está **por encima de todo nombre** que sea nombrado, no sólo en esta edad, sino también en la venidera.

* Dios sometió todas las cosas bajo los pies de Jesús.

* Dios ha puesto a Jesús por "Cabeza" sobre todas las cosas para la Iglesia, la cual es Su cuerpo.

* La plenitud de **Jesucristo que todo lo llena en todo.** (ver Ef. 1:20-23)

Vestidos de toda la armadura de Dios

Debemos vestirnos de toda la armadura de Dios, y luchar contra el enemigo invisible en el reino espiritual.

Debemos tomar el **casco de la salvación,**

La coraza de **justicia,**

Ceñidos con el cinturón de la **verdad,**

Calzados nuestros pies con la preparación para proclamar el **evangelio de la paz,**

Armarnos con el **escudo** de la fe,

Y además, la espada del Espíritu, que es la **Palabra de Dios**, para combatir y atar a Satanás y a todas sus huestes. (ver Ef. 6:14-17; Mt. 12:29)

Pausa y reflexiona: Si alguna de las anteriores protecciones sobre ti no es fuerte, el diablo atravesará esa área de debilidad.

Por ejemplo: si vas a la guerra, ¿acaso no querrás que tu escudo sea de bronce y no de aluminio, y que tu "espada" sea de hierro y no de cartón?

Del mismo modo, en la guerra espiritual, la "espada del Espíritu" que llevas, que es la Palabra de Dios, debe ser lo suficientemente fuerte como para luchar contra el diablo; así como también las demás armas para batalla.

10.3. Formas de vencer al diablo

Sométanse, pues, a Dios. Resistan al diablo, y el huirá de ustedes. (St. 4:7)

1. **Por medio de la Palabra de Dios:** Puedes resistir al diablo citando las Escrituras relacionadas a la situación. Cuando meditas en la Palabra de Dios diariamente, siempre estarás preparado para la guerra espiritual. La "Palabra" es tu arma. Para luchar contra Satanás y sus huestes, necesitas *afilar tu espada* devorando constantemente la Palabra de Dios. (Mt. 4:4, 6-7; Ef. 6:12-17)

2. **Por medio del nombre de Jesús, el nombre sobre todo nombre:** Puedes atar al diablo en el nombre de Jesús y echarlo fuera de tu vida. Porque todo poder le es dado a Jesús en el cielo y en la tierra. (Mt. 28:18; Fil. 2:9; Ef. 1:20-23)

3. **Por medio de la sangre de Jesús:** Vencemos al enemigo por la sangre preciosa del Cordero inmolado, Jesucristo, y por las palabras de nuestro testimonio. (ver Ap. 12:11)

4. **Por medio del poder del Espíritu Santo:** Ya que tú eres el templo del Espíritu Santo, Él que mora dentro de ti te dará poder, para tomar autoridad sobre el diablo. (Hch. 1:8; Lc. 10:19)

5. **Por medio de la oración ferviente y del ayuno:** Cierta clase de demonios no pueden ser expulsados excepto por medio de la oración y el ayuno. Cuando oramos, Dios enviará a Sus ángeles para pelear nuestras batallas. Orar en el Espíritu paralizará al enemigo rápidamente. (Mt. 17:21; Dan. 10:12-14)

6. **Por medio de gritos de alabanza y gozo:** Cuando alabas a Dios con un corazón alegre, Él peleará tus batallas, porque Él es el Señor de los Ejércitos.

   Puedes darle lugar al diablo y prolongar la prueba cuando hablamos nuestros temores; porque la vida y la muerte están en el poder de tu lengua. (ver Jos. 6; Prov. 18:21)

7. **Siendo justo y obediente a Dios:** Como soldado en el ejército del Señor, necesitas ser 100% santo y justo ante Dios, para combatir a Satanás efectivamente; para que el *Dios de Paz* pueda *aplastar a Satanás bajo tus pies rápidamente.* (Rom. 16:19-20)

8. **Atando a los espíritus malignos:** La Escritura dice: *"Mayor es Él (Jesús) que está en ustedes*, que el (Satanás) que está en el mundo". (1 Jn. 4:4)

   Por lo tanto, se valiente y toma autoridad sobre Satanás. Ata a los espíritus malignos y échalos fuera en el nombre de Jesús. Por ejemplo: el *espíritu de lujuria*, el espíritu de fornicación, el espíritu de amargura y *falta de perdón*, etc. (Lc. 10:19; Mt. 12:29)

10.4. ¿Qué espíritus malignos debemos atar?

Jesús dijo a los que creen en Él:

- "En Mi nombre, echarán fuera demonios". (Mc. 16:17)

- "He aquí, *les doy autoridad* de pisar serpientes, escorpiones y *sobre todo el poder del enemigo*, y nada les dañará". (Lc. 10:19)

Los siguientes son algunos de los espíritus malignos que debes atar y expulsar:

Espíritu de lujuria y perversión	*Espíritu de depresión*
Espíritu de pornografía	Espíritu de pesadez
Espíritu de adulterio	Espíritu de desesperación
Espíritu de fornicación	Espíritu del vacío
Espíritu de prostitución	Espíritu de autocompasión
	Espíritu negativo

Espíritu de robo	*Espíritu del suicidio*
Espíritu de ira	*Espíritu que nubla la mente*
Espíritu de violencia	Espíritu de confusión
Espíritu de asesinato	
Espíritu de odio	*Espíritu de orgullo*
Espíritu de venganza	Espíritu de codicia
Espíritu de envidia	Espíritu de egoísmo
Espíritu de destrucción	*Espíritu de crítica*
Espíritu de muerte	Espíritu de desprecio
Espíritu de falta de perdón	*Espíritu de lucha*
Espíritu de amargura	Espíritu de descontento
	Espíritu de murmuración
Espíritu de miedo	
Espíritu de incredulidad	*Espíritu del anticristo*
Espíritu de timidez	Espíritu de blasfemia
Espíritu de ansiedad	*Espíritu de Jezabel*
Espíritu de idolatría	Espíritu de hipocresía
Espíritu de engaño	*Espíritu de vanidad*
Espíritu de mentira	*Espíritu de carnalidad*
Espíritu de persecución	Espíritu de soberbia
Espíritu de oposición	*Espíritu de debilidad*
	Espíritu sordomudo
Espíritu dominador	
Espíritu de rebelión	*Espíritu religioso*
Espíritu atormentador	Espíritu legalista
Espíritu devorador	Espíritu familiar
Espíritu acusador	Espíritu de adivinación
Espíritu de resistencia	Espíritu de hechicería
Espíritu de desobediencia	*Espíritu de brujería*
Espíritu de culpa	Espíritu de adicción
Espíritu de condena	*Espíritu de ceguera*
Espíritu de pereza	
Espíritu de tacañería	*Espíritu de división*
Espíritu de pobreza	*Espíritu de racismo*

Versículos de referencia: Gal. 5:19-21; Is. 19:14; Prov. 17:20; Mt. 5:28; 1 Co. 6:9-10; Rom. 1:26-28; 1 Jn. 3:15; 1 Tim. 6:9; Is. 59:7; Ex. 12:29; 2 Re. 19:35; 1

Jn. 3:8; Mt. 5:22; Sal. 37:8-9; Mt. 6:15; Heb. 12:15; Rom. 12:19; 1 Pe. 2:1; Ap. 2:20;

1 Re. 21:25; Prov. 16:18-19; Prov. 15:27; 1 Ti. 6:10; Mt. 7:1-2; Fil. 2:3; 1 Ti. 6:5-10; 2 Ti. 1:7; Jn. 3:18-19; He. 3:16-19; Mt. 6:34; Fil. 4:6-7; Is. 61:3; 2 Co. 4:4; 1 Co. 14:33; Sal. 42:5; Sal. 51:12; Ec. 7:17; Fil. 2:14; Nm. 14:2;

2 Rom. 8:1; Prov. 19:15; Prov. 28:22; 1 Re. 22:22; Sal. 40:17; Jn. 10:10; Mt. 23:23; Ec. 1:14; Is. 64:6; St. 4:4; 1 Jn. 2:15; Lc. 13:11; Mc. 9:25; 1 Jn. 4:1-3; Mt. 12:31-32; 1 Sam. 15:23; 1 Tim. 4:1; Ap. 2:10; 1 Sam. 16:14; 1 Pe. 5:8; Ap. 12:10; Rom. 13:1-2;

Ef. 2:1-2; 2 Tim. 3:5; Col. 2:8; Lv. 20:27; Hch. 16:16; 2 Re. 21:6; 2 Cr. 33:6; 2 Co. 4:4; Prov. 20:1; Mt. 16:6; 1 Co. 1:10; Prov. 24:23

10.5. No permitas que el diablo le hable a tu mente

MANDAMIENTO DE DIOS	ESCRITURAS QUE CONFIRMAN
Pedro, un discípulo reprendido por Jesús: "¡Quítate de delante de mí, Satanás!" (ver Mt. 16:23)	"Entonces él, volviéndose le dijo a *Pedro*: ¡Quítate de delante de mí, Satanás!; me eres tropiezo. Porque no piensas en las cosas de Dios, sino en las de los hombres". (ver Mt. 16:23)

Lecciones que aprender:

- Jesús reprendió a *Pedro* cuando trató de impedir que fuera a la cruz.

- **Pedro ignoraba la voluntad de Dios para Jesús:** Jesús comenzó a explicar a Sus discípulos que le era preciso padecer mucho de parte de los ancianos, de los principales sacerdotes y de los escribas, y morir y resucitar al tercer día. Entonces Pedro lo tomó aparte y comenzó a reprenderlo diciendo: "Señor, ten compasión de ti mismo, ¡Jamás te suceda esto!" Pero Jesús, volviéndose, le dijo a Pedro: "¡Quítate de delante de mí, Satanás!" (ver Mt. 16:21-23)

- **Pedro, un gran siervo de Dios, engañado:** A Pedro le fue dada una impresionante revelación por Dios Padre, que *Jesús es el Cristo, el Hijo del Dios viviente,* y el Señor incluso lo elogió, aun así, fue usado por Satanás. (Mt. 16:16-17)

- **Pedro, ¿Un hombre de Dios usado por Satanás?** Después de recibir una impresionante revelación de Dios, un poco más tarde, Pedro dejó que Satanás le hablara a su mente, y fue reprendido por el Señor. *Pedro no tenía la menor idea* de que el diablo lo había usado en contra de la voluntad de Dios. ¡Qué miedo! Pedro, siendo un discípulo de Cristo por cerca de 3 años y medio, habiendo pasado mucho tiempo en oración, todavía podía ser engañado por Satanás.

- **Un Dios de segundas oportunidades:** Pero Pedro, el mismo discípulo que fue reprendido anteriormente por Jesús, fue usado grandemente por Dios más tarde, después de que Jesús resucitó de entre los muertos. Dios restauró la vocación de Pedro al 100%. ¡Qué consuelo! (ver Hch. 2, 3) Dios nos dará muchas oportunidades para arrepentirnos y volver de nuestros caminos pecaminosos y errores, para que Él pueda restaurar todo lo que hemos perdido hasta entonces. Dios incluso promete **restituir los años que las langostas han comido** en el pasado. (ver Joel 2:25)

- **Mantente alerta:** Hay una lección aquí para que aprendamos: que necesitamos estar espiritualmente *alertas en todo momento*, en constante comunión con el Señor, para que escuchemos sólo la voz del Espíritu Santo y no la voz del diablo.

11. La Gran Comisión de Cristo

MANDAMIENTOS DE DIOS PARA QUE LOS OBEDEZCAMOS	ESCRITURAS QUE CONFIRMAN
1. "Por tanto vayan y hagan discípulos de todas las naciones, 2. **Bautizándolos** en el nombre del Padre, del Hijo y del Espíritu Santo, 3. **Y enseñándoles que guarden todas las cosas que les he mandado".** ~ Jesús (ver Mt. 28:19-20)	"Yo estoy con ustedes todos los días, hasta el fin del mundo". ~ Jesús (Mt. 28:20) "Toda autoridad me ha sido dada en el cielo y en la tierra". ~ Jesús. (Mt. 28:18)

Puntos que considerar:

- **Seguidores de Cristo:** La "Gran Comisión de Cristo" es **dada a todos Sus seguidores.**

- **Vayan:** Cristo espera que sus seguidores *vayan a las almas perdidas de todas las naciones* y les enseñen la Palabra de Dios sin hacer ninguna concesión.

- **Enseña:** El evangelio que prediques debe estar centrado en el arrepentimiento, el perdón y la remisión de los pecados. También predica sobre el poder del Espíritu Santo para vivir una vida victoriosa. (Lc. 24:47; Hch. 2:40)

- **Hacer discípulos:** El propósito no es que sólo se conviertan, sino de hacer discípulos que observen todos los mandamientos de Cristo y le sigan con todo su corazón, mente y voluntad. (ver Jn. 8:31)

- **Bautizar:** Aquellos que creen en Cristo y en el evangelio de la gracia deben ser bautizados con agua. Esto simboliza que tu vida pecaminosa pasada es enterrada con Cristo cuando eres sumergido en el agua, y cuando sales del agua das a entender que vivirás una nueva vida en Cristo.(ver Rom. 6:3-4)

- **Obedece Sus mandatos:** Cristo estará con Sus seguidores obedientes por medio de la presencia y el poder del Espíritu Santo. (ver Mt. 28:20)

- **Autoridad para testificar:** Al pueblo de Dios se le promete autoridad y denuedo para proclamar el evangelio por todo el mundo. Cristo espera que testifiquemos con denuedo acerca de Él, no sólo en nuestro vecindario, sino también en nuestra ciudad, en todo el estado, en la nación y también en otras naciones. (Hch. 1:8)

12. Dios busca intercesores

MANDAMIENTOS DE DIOS PARA QUE LOS OBEDEZCAMOS	RECOMPENSA DE LA OBEDIENCIA / / CONSECUENCIA DE LA DESOBEDIENCIA
1. "Levanta un muro y ponte **en la brecha delante de Mí,** intercediendo por la tierra". ~ Señor Dios Todopoderoso (ver Ez. 22:30)	1. **"Busqué entre ellos hombre** que levantara el muro y que se pusiera en la brecha delante de mí, intercediendo por la tierra, **para que yo no la destruyera; y no lo hallé.** (Ez. 22:30)
	2. Por tanto, derramaré sobre ellos **mi indignación;** con el fuego de mi ira los consumiré. Haré recaer su conducta sobre sus propias cabezas", dice el Señor Dios. (Ez. 22:31; Jer. 7:17-20)
	3. "Oh hija de mi pueblo, **cíñete de cilicio** y revuélcate en ceniza. Haz duelo como por hijo único, llanto de amarguras; porque **súbitamente vendrá sobre nosotros el destructor".** ~ Señor Dios Todopoderoso (Jer. 6:26)
2. "Si se humilla mi pueblo sobre el cual es invocado Mi nombre, Si oran y buscan mi rostro y se vuelven de sus malos caminos". ~ El Señor Dios. (2 Cr. 7:14)	"Entonces: i. Yo oiré desde los cielos. ii. Perdonaré sus pecados. **iii. Y sanaré su tierra".** ~ El Señor Dios. (2 Cr. 7:14)

- *La perfecta voluntad de Dios:* Dios desea que *todos los hombres sean salvos* y lleguen al conocimiento de la verdad. El Señor es paciente para con ustedes porque no quiere *que nadie se pierda* sino que todos procedan al arrepentimiento. (1 Tim. 2:4; 2 Pe. 3:9)

- Ora para que Dios levante intercesores sinceros que se intercedan por las almas que perecen en el fuego del infierno.

- ¿Oyes la voz apacible del Señor *que te llama como centinela*, para que estés en la brecha por las naciones? (Ez. 3:17; 33)

Cualidades de un intercesor

"Oh hija de Sion,

Derrama **lágrimas** como arroyo de **día y de noche**;

No descanses,

Ni cesen las niñas de tus ojos.

Levántate y **da voces** en la noche, en el comienzo de las vigilias;

Derrama como agua **tu corazón** ante la presencia del Señor;

Levanta hacia él tus **manos** por la vida de tus pequeñitos,

Que han desfallecido por el hambre (es decir, por la salvación) en las entradas de todas las calles". (Lam. 2:18-19)

Como dice la Escritura anterior, un verdadero intercesor debe tener una intensa carga por las almas perdidas y clamar por su salvación.

¡Adivina lo que dos intercesores pueden hacer por su nación!

Aquellos de ustedes que son llamados a ser intercesores para ponerse en la brecha por su nación:

Puedes **formar pequeños grupos** de dos o tres personas con las que puedas orar.

Cada grupo puede *orar por su ciudad durante un mes, por la* **salvación de cada persona** que vive en esa ciudad. Después de que ese mes termine, selecciona una ciudad diferente en tu estado, y continúa intercediendo por su avivamiento, hasta que hayas cubierto todas las ciudades en oración; **porque la salvación es el mejor regalo** que puedes dar a tus semejantes en estos últimos días. Dales a su Mesías, Jesucristo.

Toma el libro de estadísticas de cada ciudad y anota todas las necesidades por las que hay que orar. Distribuye también estos puntos de oración a todos los demás grupos de oración.

Intercede con fervor. Puesto que estás en la voluntad de Dios, Jesús estará en medio de ti para bendecir tu trabajo. (Ez 22:30)

Tu recompensa será grande en el cielo, pues la Escritura dice que el que **gana almas es sabio. Resplandecerá como las estrellas** por toda la eternidad. (Prov. 11:30; Dan. 12:3)

Cuando lleves la carga del Señor por las almas perdidas, Él llevará tu carga.

La carga que Dios puso en mi corazón

** Dios me habló audiblemente y me instruyo a comenzar **"grupos de oración"** para interceder por avivamiento para cada estado y para cada nación. ~ Autora*

❖ **Avivamiento nacional**

Creo firmemente que estos grupos de oración se destacarán como **faros de luz por millones**, a través de todas y cada una de las naciones, bombardeando al cielo, enviando incienso de dulce aroma continuamente a Su sala del trono, para que Dios envíe avivamiento en las naciones. Entonces veremos el verdadero avivamiento irrumpiendo por Su Espíritu, incluso en un día.

Recuerda, el avivamiento fue traído a la ciudad de Nínive con un mensaje de advertencia de Dios a través de Jonás. Cuando toda la ciudad de **Nínive ayunó** y realmente **se arrepintió** de sus pecados, en Su gracia, Dios libró a esa gran ciudad de Su juicio. (ver Jon. 3)

Yo espero y oro para que cada iglesia entienda esta visión y la implemente para que veamos un gran avivamiento en cada nación del mundo. ~ Autora

❖ **Avivamiento personal**

El avivamiento en una nación no puede surgir a menos que haya un avivamiento personal en cada individuo.

Para tener avivamiento en tu espíritu, debes suplicar al Señor que te llene con lo siguiente:

- Espíritu de **temor reverencial a Dios.** (Is. 11:2)

- Espíritu de humildad. (Is. 57:15)

- Espíritu de convicción y arrepentimiento de los pecados. (Sal. 51:17)

- **Espíritu de obediencia** para obedecer los mandamientos de Dios. (Mt. 5:19; Jn. 14:15)

- Espíritu de entrega y dependencia de Dios. (Gálatas 2:20; Rom. 8:26)

- Espíritu de oración e intercesión. (2 Cr. 7:14; Ez. 22:30)

- Espíritu del Señor: Los **Siete Espíritus del Señor.** (Is. 11:2)

¿Puede una nación ser salva en un día?

Sí. No con ejercito ni con fuerza, sino solamente
por Su Espíritu Santo. (ver Zac. 4:6)

13. La mies es mucha y pocos los obreros

¿Cómo, pues, invocarán a aquel en quien no han creído? ¿Y cómo creerán a aquel de quien no han oído? **¿Y cómo oirán sin haber quién les predique?** ¿Y cómo predicarán sin que sean enviados? Como está escrito: *¡Cuán hermosos son los pies de los que anuncian el evangelio la paz, de los que anuncian buenas nuevas!* (Rom. 10:14-15)

13.1. Orar por obreros dignos

MANDAMIENTO DE DIOS PARA QUE LO OBEDEZCAMOS	ESCRITURA QUE CONFIRMA
Rueguen, pues, al "Señor de la mies", que **envíe obreros a su mies.** (Mt. 9:38)	A la verdad, la mies es mucha, pero los obreros son pocos." (Mt. 9:37)

- Este es el mandato directo de Cristo que se nos da para que oremos por más obreros dedicados a trabajar en Su viñedo.

- De la mañana a la tarde son triturados; **sin que nadie los considere,** se pierden para siempre. (Job. 4:20)

13.2. El barro en manos del Alfarero

Nuestro deber es orar: Debemos orar para que Dios envíe los obreros adecuados quienes Él ha llamado y preparado para Su ministerio.

Inscrito en la Escuela de Entrenamiento de Dios: Cuando Dios te llama y te inscribe en Su escuela de entrenamiento, Él no se conformará con nada menos que Su estándar de rectitud y preparación. Dios está dispuesto a esperar 10, 20 o hasta 40 años para preparar a ese obrero fiel, justo y temeroso de Dios para Su Reino. Ninguna "solución rápida" logrará Su propósito. (Nm. 12:3) Una vez que el recipiente está preparado, Dios hará grandes cosas a través de él en un corto tiempo.

Por ejemplo: Moisés, Jonás y José. Después de que Jonás predicó, toda Nínive se arrepintió y se salvó. Dios preparó a Moisés durante 80 años antes de llamarlo a Su servicio, y preparó a José durante 13 años para servir en Su propósito.

El vaso preparado por Dios será un verdadero obrero con una intensa carga por las almas que perecen y trabajará diligentemente por Su Reino. Un verdadero obrero no trabajará por dinero, su gloria o para expandir su ministerio. No hará de la obra de Dios un negocio, sino que su alimento será cumplir la voluntad de Dios para su vida, como dijo e hizo Jesús. (Jn. 4:34)

Proporción de oración a predicación (5:1)

A la edad de 12 años, Jesús estaba listo para predicar, pero sólo comenzó su ministerio a la edad de 30 años. Jesús había pasado 18 años en oración detrás de escena, para Sus 3 ½ años de ministerio público, que sigue impactando al mundo por los últimos más de 2000 años. (ver Lc. 2:43-50)

Del ejemplo de Cristo aprendemos que un ministro de Dios necesita orar por lo menos 5 horas por 1 hora de predicación, para tener un ministerio poderoso como el que tuvo Jesús. Entonces los rebeldes empezarán a obedecer, los espiritualmente sordos empezaran a escuchar; los carnales empezaran a encontrar las cosas mundanas desagradables, y los paganos empezaran a entender verdaderamente el evangelio y ser salvos. ~ *Un siervo de Dios que ora.*

13.3. Misión de un obrero digno

MANDAMIENTO DE DIOS PARA QUE LO OBEDEZCAMOS	CONSECUENCIA DE LA DESOBEDIENCIA
Recoge (almas) Conmigo. ~ Jesús (ver Mt. 12:30)	"El que no está conmigo, contra mí está; y el que conmigo *no recoge, desparrama*", dice el Señor. (Mt. 12:30)

- El que no camina con el Señor es un estorbo para los demás; por su estilo de vida y comportamiento, arrastra a la gente con él al infierno.

MANDAMIENTO DE DIOS PARA QUE LO OBEDEZCAMOS	RECOMPENSAS POR LA OBEDIENCIA/ ESCRITURAS QUE CONFIRMAN
Parábola de la oveja perdida: Deja las noventa y nueve ovejas (las almas salvas), y ve a buscar la que se ha descarriado (la perdida). (Mt. 18:12)	Si el pastor la encuentra: "De cierto les digo que *se goza más por aquella oveja* que por las noventa y nueve que no se extraviaron". ~ Jesús (Mt. 18:13) Así que, *no es la voluntad de su Padre* que está en los cielos que se pierda uno *de estos pequeños.* (Mt. 18:14)

Primero, alcancemos a los perdidos: No es la voluntad de su Padre que está en el cielo que uno de estos pequeños perezca. Porque todo el cielo se alegrará por una sola alma perdida que reciba al Señor y sea *salva.* (ver Mt. 18:13-14; Lc. 15:7)

13.4. Trabaja en la viña de Jesús y recibe tu pago

MANDAMIENTOS DE DIOS PARA QUE LOS OBEDEZCAMOS	RECOMPENSAS A LA OBEDIENCIA
Parábola de los obreros de la viña: 1. Vayan y trabajen en mi viña. (Mt. 20:4)	i. Y les pagaré lo que sea justo. (Mt. 20:4) ii. Porque el reino de los cielos es semejante a un hombre, dueño de un campo, que salió al amanecer a contratar obreros para su viña. (Mt. 20:1).
2. Llama a los obreros y págales el jornal. Comienza desde los últimos hasta los primeros. (ver Mt. 20:8)	El capataz les pagó a todos los obreros, contratados a distintas horas del día, el mismo salario. (ver Mt. 20:8-10)
3. Toma lo que es tuyo y vete. (Mt. 20:14) 4. No tengas envidia porque Yo soy generoso. (ver Mt. 20:15)	i. Quiero darle al último contratado lo mismo que te di a ti. ii. ¿No tengo derecho a hacer lo que quiera con lo mío? (ver Mt. 20:14-15)
5. Pocos son los escogidos. (Mt. 20:16 RVA)	Porque muchos son llamados, mas poco los escogidos. (Mt. 20:16 RVA)

- **Cristo, el dueño de la tierra:** El hombre que está contratando obreros para trabajar en su viña, simboliza a Cristo que está buscando obreros para trabajar en Su campo de cosecha.

- **Recibir más de lo que esperas:** Puedes recuperar lo que has perdido hasta ahora en tu vida y recibir más de lo que esperabas. Incluso, si comienzas ahora mismo, a la hora undécima y sirves bien al Señor, puedes ser igualmente recompensado como los demás. (Joel 2:23-25)

- Ora para que Dios te libere del espíritu de envidia y te llene del espíritu de amor; porque el amor no es envidioso. (Rom. 5:5; 1 Co. 13:4)

- **Pocos son los escogidos:** Cuando somos llamados por el Señor, el que seamos escogidos o no depende de cómo respondamos al Señor y del precio que estemos dispuestos a pagar.

- **No seas envidioso:** No podemos cuestionar a Dios sobre Sus decisiones, porque Él es Soberano.

No debemos tener celos de nuestros hermanos cuando el Señor, en Su bondad y gracia, los bendice. Todos los creyentes deben trabajar en unidad hacia la expansión del reino de Dios y no ver a nuestros hermanos como competidores.

Así que, hermanos míos amados, estén firmes y constantes, sabiendo que su arduo trabajo por Cristo no será en vano. Cada uno será recompensado según sus obras, porque Él es un Dios justo. (ver 1 Co. 15:58)

13.5. Obreros de la undécima hora

- **El Señor busca obreros:** Nuestro Señor, quien simboliza al hombre de la parábola, también busca contratar obreros para trabajar en Su campo de cosecha en estos últimos días.

- **El Señor no se adormece ni duerme:** El Señor nunca se adormece ni descansa y siempre está trabajando, así como el hombre de la parábola contrató obreros a distintas horas del día, es decir, a las 0, 3, 6, 9 y 11 horas; y les pagó a todos por igual. (Mt. 20:1-16; Sal. 121:4)

- **Obreros de la undécima hora:** Si el hombre de la parábola contrató obreros que estaban inactivos todo el día, cuánto más el Señor estaría dispuesto a contratarte para servirle en estos últimos días.

- **Nunca es demasiado tarde** para servir al Señor, aunque en el pasado hayas perdido muchas oportunidades en la vida para servirle. ¡Puedes empezar ahora mismo! Por ejemplo, Caleb fue a la guerra a la edad de 85. (Jos. 14:10-11)

- **Dios todavía puede usarte:** No te desanimes si estás desocupado y no tienes trabajo. Si buscas fervientemente al Señor, Él te revelará el propósito para tu vida y te usará de acuerdo a Su voluntad.

- **Maldito el hombre que toma a la ligera la obra de Dios:** Si tienes un corazón dispuesto a trabajar duro, el Señor definitivamente te contratará para servirle. El Señor no busca vagabundos, sino obreros que trabajen en Su viña. (Jer. 48:10 NVI)

- **Trabajo de calidad:** No es la duración del servicio lo que te convierte en un obrero digno sino la calidad de tu trabajo.

14. Hambre y sed del Espíritu Santo

MANDAMIENTOS DE DIOS PARA QUE LOS OBEDEZCAMOS	RECOMPENSA POR LA OBEDIENCIA/ CONSECUENCIAS DE LA DESOBEDIENCIA
1. No **blasfemen contra** el Espíritu Santo. (ver Mt. 12:31) 2. No **entristezcan** al Espíritu Santo de Dios en quien fueron sellados para el día de la redención. (Ef. 4:30) 3. No **apaguen** el Espíritu Santo. (ver 1 Ts. 5:19) 4. No **resistan** al Espíritu Santo. (ver Hch. 7:51)	1. Porque todo pecado y blasfemia será perdonado a los hombres. pero la blasfemia contra el Espíritu Santo **no será perdonada**. 2. Y a cualquiera que diga palabras contra el Hijo del Hombre (Jesús), le será perdonado; pero a cualquiera que **hable contra el Espíritu Santo no le será perdonado**, ni en este mundo ni en el venidero. (Mt. 12:31-32)
Bautismo del Espíritu Santo: 5. **Pide** el Espíritu Santo. (ver Lc. 11:13) 6. **Espera** al Espíritu Santo, promesa del Padre. 7. **Ser bautizado** con el Espíritu Santo. (Hch 1:4-5)	"Pero **recibirán poder** cuando el Espíritu Santo haya venido sobre ustedes, y me serán **testigos** en Jerusalén, en toda Judea, en Samaria y hasta lo último de la tierra". ~ Jesús (Hechos 1:8)

Blasfemia contra el Espíritu Santo:

Podemos endurecer nuestros corazones al contristar, resistir y apagar constantemente al Espíritu Santo, a tal grado que ya no seremos convencidos de nuestros pecados por el Espíritu Santo. En ese punto, podemos terminar cometiendo blasfemia contra el Espíritu Santo.

Por ejemplo: si un hombre de Dios está haciendo milagros bajo la unción del Espíritu Santo, cuida tus palabras y no digas que está operando por el poder de Satanás. Esto es una blasfemia contra el Espíritu Santo. Cuando los fariseos acusaron a Jesús de echar fuera demonios por Beelzebú, el príncipe de los demonios, Jesús explicó que era una blasfemia contra el Espíritu Santo. (ver Mt. 12:24-32)

Poder para vencer el pecado sólo es ofrecido por Jesucristo: Todas las religiones enseñan buena moral; por ejemplo: caminar en amor, perdonarse unos a otros, no robar, etc. Pero sólo nuestro Señor Jesús nos ofrece el poder y la presencia del Espíritu Santo, para vencer al pecado, a Satanás y al mundo. Aprovecha el poder del Espíritu Santo que está a tu disposición para tener una vida victoriosa. (Rom. 8:26-27; Jn. 16:7-11; 14:15- 17; Hch. 1:4-8)

"Avivamiento" por el Espíritu Santo: Si queremos tener un avivamiento en nuestra nación, no será por nuestra fuerza ni por nuestro poder, sino sólo por el derramamiento del Espíritu Santo a través de mucha oración y obediencia a Dios. (Zac. 4:6; Joel 2:28; Jn. 14:15)

* El Señor moldeó mi carácter durante un período de varios años llevándome a través de numerosas pruebas y cueva de aflicciones. Jesús me entrenó a morir a mi misma y a depender de Él en lugar de mis propias habilidades. Su asombrosa presencia, **Su precioso Espíritu Santo, como una bola de fuego,** *limpia el templo de mi espíritu cada día, usualmente entre las 3-6 am, y me llena, dándome poder para Su ministerio. ¡Es un proceso continuo y está disponible para ti también! ~ Autora*

Jesús dice: "Mis ovejas oirán mi voz". Por la gracia de Dios, he estado oyendo la voz **audible del Señor** *desde 1992, todos los días, hasta hoy, ¡y tú también puedes hacerlo!*

MANDAMIENTO DE DIOS PARA QUE LO OBEDEZCAMOS	RECOMPENSA POR LA OBEDIENCIA/ CONSECUENCIA DE LA DESOBEDIENCIA
Tener abundancia: 8. Sé cómo el que tiene, para recibir más y tener abundancia. (Mt. 13:12) Esto puede significar un pequeño talento, una visión, la Palabra, el Espíritu Santo, el espíritu de oración, etc.	i. Al que tiene, **se le dará más** y tendrá en abundancia. ii. Pero al que no tiene, hasta lo que tiene se **le quitará.** (Mt. 13:12 NVI)

- El que es fiel en lo muy poco también es fiel en lo mucho, y el que en lo poco es injusto también es injusto en lo mucho. (Lc. 16:10)

- Por ejemplo: si tienes sólo un poco de aceite (Espíritu Santo) en tu lámpara, y si no te esfuerzas por conseguir más, terminarás perdiendo lo poco que tienes, por andar descuidado delante de Dios.

- Si tienes una pequeña carga por las almas perdidas, y comienzas a interceder por ellas, entonces Dios te confiará un llamado más alto para alcanzar a las multitudes.

- La posición y herencia de un creyente en el cielo estará basada en su compromiso con Dios en esta tierra.

14.1. ¿Quién es el Espíritu Santo?

I. *"La Persona" del Espíritu Santo:*

- El Espíritu Santo es una de las tres personas de la santísima Trinidad y Él es el que ahora está en la tierra después de que Cristo ascendió al cielo. (ver Jn. 14:17)

- Es un Espíritu muy apacible que puede entristecerse fácilmente. (Ef. 4:30)

- El Espíritu Santo de Dios es una persona real. Tiene sentimientos, emociones, intelecto y voluntad propia. (1 Co. 12:11)

- Él piensa, ama, da, recibe, percibe y también **se comunica** como nosotros. Él ama tener comunión con nosotros más de lo que nosotros deseamos estar con Él.

- *Él imparte dones* y talentos a los hijos de Dios según Su voluntad. (ver 1 Co. 12:11)

- *Él nos da poder* para vivir una vida cristiana victoriosa. (Gal. 5:16)

- El Espíritu Santo es tan poderoso como Dios Padre y Jesucristo, pero funciona de manera diferente. (1 Jn. 5:7; Jn. 14:26; 15:26)

II. *El Espíritu Santo, el Consolador:*

- Como Jesús lo prometió, nos envió al Consolador, el Espíritu Santo, que nos enseña todas las cosas y nos recuerda todas las cosas. (Jn. 14:26)

- La palabra "Consolador" (del griego Parakletos), traducida del griego al español, expresa las siete manifestaciones del Espíritu Santo:

1. Consolador: (Jn. 14:16; Lc. 2:25-27)

2. Consejero: (Jn. 14:26, 15:26)

3. Quien nos apodera: (Hch 1:5, 8)

4. Intercesor: (Rom. 8:26-27)

5. Ayudador: (Rom. 8:28)

6. Abogado: (Rom. 8:16; Jn. 15:26)

7. Quien está pendiente: El Espíritu Santo de Dios está esperando que lo invoques. (Jn. 16:7)

14.2. El Espíritu Santo te hace un vencedor

Nuestro Señor nos ha prometido: "En los últimos días derramaré mi Espíritu sobre toda carne". Dios está dispuesto a ungirnos con Su precioso Espíritu Santo, no sólo hasta nuestros tobillos o rodillas o cintura sino hasta que desborde en nuestros corazones.

Lo único que debemos hacer para ser vencedores es clamar desesperadamente por el poder del Espíritu Santo. (ver Ez. 47:1-12; Joel 2:28)

❖ **Si nunca has caído en el pecado de adicción,** tal como: alcoholismo, fumar, uso de drogas, inmoralidad sexual, etc., y has vencido el pecado por el poder del Espíritu Santo, tal como Jesús lo hizo, **esa vida victoriosa es testimonio** de la gracia de Jesús que nos salva. Es aún más testimonio que Jesús salvarte de tu miserable y pecaminoso estilo de vida por Su gracia. Por lo tanto, esfuérzate por ser un vencedor a toda costa. (Jn. 16:7-11; 13-14; 14:15-17; 15:26-27; Rom. 8:26-27; Hch. 1:4-8; 2:38; 2 Co. 3:17)

Recompensas eternas para un vencedor

1. El vencedor **comerá del árbol de la vida** que está en medio del paraíso de Dios y también recibirá una **corona de la vida.** (ver Ap. 2:7, 10)

2. El vencedor **jamás** recibirá el daño de **la muerte segunda.** (ver Ap. 2:11)

3. El vencedor comerá del **maná escondido** y recibirá una **piedrecita blanca** que tiene escrito **un nombre nuevo** que nadie conoce sino aquel que lo recibe. (ver Ap. 2:17)

4. El vencedor recibirá la estrella de la mañana, Jesús, tanto como autoridad sobre las naciones. (ver Ap. 2:26-28)

5. El vencedor será vestido con **vestidura blanca** y su **nombre** nunca será borrado del **libro de la vida**, sino que Jesús confesará su nombre ante Su Padre y Sus ángeles. (ver Ap. 3:5-6)

6. El vencedor será hecho **columna en el templo de Dios**, y Jesús escribirá sobre él el *nombre de su Dios*, y el nombre de la ciudad de Dios, que es la *nueva Jerusalén*, y el nuevo nombre de Jesús. (Ap. 3:12)

7. El vencedor se sentará con Jesús en Su trono, así como Jesús está sentado con Su Padre en Su trono. (ver Ap. 3:21)

   ¡Qué honor sería para nosotros, los vencedores, en ese día final, recibir todas estas recompensas!

14.3. ¿Arderá tu lámpara hasta que venga el Novio?

Ustedes son la luz del mundo. Así alumbre la luz de ustedes delante de los hombres, de modo que vean sus buenas obras y glorifiquen a su Padre que está en los cielos. (Mt. 5:14,16)

MANDAMIENTOS DE DIOS PARA QUE LOS OBEDEZCAMOS	RECOMPENSAS POR LA OBEDIENCIA/ ESCRITURAS QUE CONFIRMAN
La parábola de las diez vírgenes: 1. Seamos como las cinco vírgenes prudentes que tomaron aceite en sus vasijas, juntamente con sus lámparas para el encuentro con el novio. (ver Mt. 25:1-7).	1. El reino de los cielos será semejante a diez vírgenes que tomaron sus lámparas y salieron a recibir al novio. 2. Cuando llegó el novio (Jesús), las cinco vírgenes prudentes que estaban preparadas, ***entraron con Él al banquete de bodas*** y se cerró la puerta. (Mt. 25:1, 10)
2. Velen (es decir, estén siempre preparados). (ver Mt. 25:10-13)	Porque no saben ni el día ni la hora en que el Hijo del Hombre ha de venir. (Mt. 25:13)

- En esta parábola, las vírgenes representan a los creyentes que esperan a su novio, Jesucristo.

- Las lámparas encendidas que llevaban las vírgenes indican su relación íntima con el Señor. El aceite simboliza al Espíritu Santo.

¿Por qué se les llamaba vírgenes prudentes?

Lámparas encendidas con aceite adicional: Las vírgenes prudentes actuaron con prudencia y llevaron aceite adicional, junto con sus lámparas encendidas.

Consejo sabio: Las vírgenes prudentes no mostraron ninguna compasión hacia las otras cinco vírgenes insensatas que querían pedirles prestado un poco de aceite, sino que les pidieron a las vírgenes insensatas que fueran a buscar el aceite del vendedor. Actuaron sabiamente porque si hubieran prestado un poco de aceite a las cinco vírgenes insensatas, el aceite no habría sido suficiente para todas.

Preparación: Las vírgenes prudentes esperaban al Novio y estaban totalmente preparadas para encontrarse con Él. (Mt. 25:1-13)

¿Estás preparado, tal como las cinco vírgenes prudentes, para encontrarte con tu Novio, Jesucristo?

¿Está preparada la Iglesia para encontrarse con su Rey, Jesús?

Cristo indica en esta Parábola que Él no esperará hasta que todas las Iglesias estén preparadas para Su venida.

Es triste que una gran parte de la "Iglesia" no esté preparada en el momento del regreso de Jesús. (Mt. 25:8-13)

MANDAMIENTO DE DIOS PARA QUE LO OBEDEZCAMOS	CONSECUENCIA DE LA DESOBEDIENCIA
3. No seas como las cinco vírgenes insensatas que tomaron sus lámparas, pero no llevaron aceite consigo, para salir al encuentro del novio. (ver Mt. 25:1-3).	El Novio, Jesús, les dijo a las vírgenes insensatas: "De cierto les digo que *no las conozco*". (ver Mt. 25:10-12)

- **Las vírgenes insensatas no estaban completamente preparadas:** Las vírgenes insensatas también anticiparon la venida del novio, pero no estaban completamente preparadas.

- **La preparación a última hora no te ayudará:** Debes estar en la voluntad de Dios a todo momento para recibir el aceite adicional del Espíritu Santo; para que puedas encontrarte con tu novio, Jesús, como Su novia digna, a diferencia de las vírgenes insensatas.

- **Intimidad:** Si no eres cuidadoso en tu relación personal diaria con Cristo, corres peligro de ser excluido de Su reino.

¿Por qué fueron rechazadas por el Novio las vírgenes insensatas?

Lámparas encendidas, pero sin aceite adicional: Las vírgenes cumplían los criterios básicos para ser las novias de Cristo. Averiguaron el lugar y el día de Su venida. Salieron al encuentro del novio con lámparas encendidas, pero no llevaron aceite adicional.

¿No basta el deseo y la persistencia? Las vírgenes no volvieron a casa cuando el Novio demoró Su venida. Tenían deseo de encontrarse con el Novio. Pagaron el precio de esperar hasta la medianoche. Pero el precio que pagaron no fue suficiente para ser elegidas por el Novio.

No estaban totalmente preparadas: Las vírgenes no anticiparon que sus lámparas se apagarían. Sólo podían encontrarse con su novio con las lámparas encendidas. Durmieron junto con las vírgenes prudentes. Mientras las vírgenes prudentes dormían, podrían haber salido a comprar aceite.

Demasiado tarde: Volvieron un poco más tarde con las lámparas encendidas, pero ya era demasiado tarde y fueron rechazadas por el Novio.

¿Eres una virgen prudente o una virgen insensata?

15. Los mandamientos más importantes de Jesús acerca del amor

El constante amor de Dios hacia nosotros: Dios es amor. Su amor es un amor desinteresado que abarca el mundo entero de la humanidad pecadora. La principal expresión de ese amor fue que Dios envió a Jesús, *Su único Hijo, a morir por nosotros*, cuando aún éramos pecadores. (1 Jn. 4:8-10; Jn. 3:16)

El amor de Cristo por la humanidad es tan profundo y duradero que *Él no quiere que nadie se pierda*, sino que todos vengan al arrepentimiento. Debemos estar arraigados y cimentados en Su amor para comprender cuál es la **anchura, la longitud, la altura y la profundidad del amor de Cristo hacia nosotros**. (2 Pe. 3:9; Ef. 3:17-19)

El primer gran mandamiento de Cristo

MANDAMIENTO DE DIOS PARA QUE LO OBEDEZCAMOS	RECOMPENSAS A LA OBEDIENCIA
El primer gran mandamiento de Cristo: Amarás al Señor tu Dios, con todo tu **corazón**, 100% con toda tu **alma**, 100% con toda tu **mente**, 100% con todas tus **fuerzas**, 100% (Mt. 22:37; Mc. 12:30)	Jesús dice: 'El que tiene mis mandamientos y los guarda, él es quien Me ama. **'El que Me ama será:** 1. Amado por Mi Padre, y 2. Yo también le amaré, y 3. Me manifestaré a él y 4. Nosotros vendremos a él y 5. Haremos morada con él'. (Jn. 14:21, 23)

Dios pone tu amor a prueba: Dios puede poner a prueba tu amor por Él. Por ejemplo: Él te dará a escoger entre Él y tu educación, tu trabajo o Su llamado, etc. Vuelve a tu primer amor si te has apartado de Dios. (Ap. 2:4-5)

¿Amamos al Señor, como Él espera que lo hagamos?

A menudo cantamos canciones al Señor sin darnos cuenta de su significado. Por ejemplo cantamos: "Todo a Cristo, yo le entrego..." cuando todavía nos aferramos a las cosas del mundo. ¡Piénsalo!

15.1. Formas de expresarle nuestro amor a Dios

- Debemos expresar nuestro *amor y devoción* al Señor. (Dt. 6:5)

- Podemos mostrar nuestro amor por Jesús al anhelar Su *amistad*. (Jn. 15:14-15)

- Podemos expresar nuestro amor a Jesús por medio de nuestra *obediencia*. (Juan 14:21)

- Podemos mostrar nuestro amor por Jesús cuando todo lo que hacemos y decimos es para *Su honor y gloria*. (1 Co. 10:31)

- Podemos demostrar nuestro amor siendo *fieles en nuestro compromiso* con Jesús. (Col. 3:17)

- Si realmente amamos a Jesús, *no lo negaremos* por ningún precio, ni siquiera si estamos a punto de morir. (Mt. 10:33)

- Debemos amar a Jesús *de todo corazón* porque Él nos amó primero. (Jn. 3:16)

¿Cuánto amor tienes por el Señor?

15.2. El segundo gran mandamiento de Cristo

MANDAMIENTOS DE DIOS PARA QUE LOS OBEDEZCAMOS	RECOMPENSA POR LA OBEDIENCIA/ ESCRITURAS QUE CONFIRMAN
1. Amarás a tu prójimo como a ti mismo. (Mt. 22:39) 2. Ámense los unos a los otros. (ver Jn. 13:35)	1. Porque toda la Ley y los Profetas dependen de estos dos mandamientos. (Mt. 22:37-40) 2. En esto conocerán todos que son **mis discípulos.** ~ Jesús (Jn. 13:35)

Bendición: En el día del juicio, nuestro Rey Jesús dirá a los de Su derecha:

"¡Vengan, **benditos** de mi Padre! **Hereden el reino** que ha sido preparado para ustedes desde la fundación del mundo". (Mt. 25:34)

'Por cuanto lo hicieron a uno de **estos hermanos más pequeños, a mí me lo hicieron**'. (Mt. 25:40)

Maldición: El Rey dirá a los que estén a Su izquierda:

"Apártense de mí, malditos, al **fuego eterno**, preparado para el diablo y sus ángeles". (Mt. 25:41)

'En cuanto no lo hicisteis a uno de estos más pequeños, tampoco **me lo hicieron a mí**'. (Mt. 25:45)

¿Cómo podemos amar a nuestro prójimo?

- Alimentando a los hambrientos.
- Proporcionando ropa a los necesitados.
- Ayudando a los forasteros, tal como el buen samaritano.
- Visitando a los enfermos.
- Visitando a los presos. (ver Mt. 25:31-46)

15.3. Ama a tu prójimo como Jesús te amó a ti

Jesús dice: Un mandamiento nuevo les doy: que se amen los unos a los otros. Como los he amado, ámense también ustedes los unos a los otros. En esto conocerán todos que **son mis discípulos**: si tienen amor los unos por los otros. (Jn. 13:34-35)

Las características del verdadero amor:

1. El amor es **paciente**.
2. El amor es **bondadoso**.
3. El amor **no es celoso**.
4. El amor **no es ostentoso**.
5. El amor **no es arrogante**.
6. El amor **no es grosero**.
7. El amor **no es egoísta**.
8. El amor **no se enfada fácilmente**.
9. El amor **no lleva cuentas de los agravios**.
10. El amor **no piensa lo malo**.
11. El amor no se complace en el mal, sino que se alegra en la verdad.
12. El amor **todo lo soporta**.
13. El amor todo lo cree.
14. El amor **todo lo sufre**.
15. El amor **siempre confía**.
16. El amor todo lo espera.
17. El amor **nunca deja de ser**.
18. Aunque **demos todo** nuestros bienes a los pobres, **si no tenemos amor, de nada nos sirve**.

19. Dios valora el amor genuino más que al ministerio, la fe o los dones espirituales. Entre la fe, la esperanza y el amor, el amor es el mayor. (ver 1 Co. 13:3-8, 13)

20. **El amor cubre todos los pecados.** (Prov. 10:12)

¿Cómo recibimos este "amor como el de Cristo"?

El Espíritu Santo lo derrama en nuestros corazones mientras esperamos en Él. (Rom. 5:5)

16. "Yo soy el Señor, tu Sanador"

Jesús sanó a los leprosos, ciegos, paralíticos, sordos y mudos, e incluso liberó a los endemoniados, cuando caminó sobre la tierra. Tú también puedes experimentar el mismo poder milagroso de Jesús hoy, simplemente siguiendo los principios presentados en las sanidades dadas a continuación.

16.1. El toque de Jesús limpia al leproso

MANDAMIENTOS DE DIOS	RECOMPENSAS A LA OBEDIENCIA
Mandatos de Jesús al leproso: 1. Purifícate. 2. Procura no decírselo a nadie. 3. Sigue tu camino. 4. Muéstrate al sacerdote. 5. Y *ofrece la ofrenda* que mandó Moisés, como testimonio. (Mt. 8:1-4)	1. Y he aquí que un leproso se acercó y adoró a Jesús, diciendo: "Señor, si quieres, puedes limpiarme." 2. Entonces Jesús extendió la mano y tocó al leproso, diciendo: "*Quiero; ¡sé limpio!*" 3. Inmediatamente quedó limpio de su lepra. (Mt. 8:2-3)

¿Cómo recibió el leproso su sanidad?

- El leproso se acercó a Jesús, el Dios Viviente, para recibir su sanidad.
- El leproso adoró a Jesús y lo honró como "Señor".
- El leproso **creía** en la capacidad de Jesús para sanarlo; pues dijo: "Señor, si Tú quieres, puedes limpiarme", lo que demuestra la fe del leproso.
- El leproso tuvo que ofrecer una ofrenda de agradecimiento a Dios después de recibir su sanidad.

16.2. La fe te sana por completo

MANDAMIENTO DE DIOS	RECOMPENSA A LA OBEDIENCIA
Mandato de Jesús a la mujer con flujo de sangre: Ten ánimo, hija. (Mt. 9:22; Mc. 5:22-43)	1. Porque tu fe te ha *salvado*. (Mt. 9:22; Mc. 5:22-43) 2. Y la mujer fue sanada desde aquella hora. (Mt. 9:22)

- La mujer que había sufrido de hemorragia desde por 12 años se acercó a Jesús y tocó el borde de Su manto, diciéndose a sí misma: "Si solamente toco Su manto, seré sanada". Esta mujer puso su fe en el poder ilimitado de Jesús y obtuvo su sanidad del Señor. A partir de ese momento, la mujer quedó sana. (Mt. 9:20-22)

16.3. La gran fe de un gentil

MANDAMIENTO DE DIOS	RECOMPENSA A LA OBEDIENCIA
El mandato de Jesús al centurión: Ve, y *como creíste* te sea hecho. (Mt. 8:13)	Jesús se maravilló de la **gran fe** del centurión y dijo a los que le seguían: "De cierto les digo que no he hallado tanta fe en ninguno de Israel". Entonces Jesús le dijo al centurión: "Ve, y como creíste te sea hecho". Y su criado fue *sanado* en aquella hora. (Mt. 8:10-13)

Las características del centurión romano para apropiarse de la sanidad de su criado:

- *Se acercó al Dios viviente:* El centurión romano acudió a Cristo, el Dios viviente y verdadero, suplicando por Su ayuda.

- *Honró a Jesús como Señor:* El centurión, un gentil, llamó a Jesús "Señor", dándole el honor que le correspondía.

- *Manifestó humildad:* El centurión se consideraba indigno de tener a Jesús en su casa, mostrando así su humildad.

- *Gran fe demostrada:* El centurión mostró una gran fe en Cristo al decir: "Señor, solamente di la palabra y mi criado será sanado".

- *Actuó en base a su fe:* El centurión creyó en las palabras de Cristo, e indudablemente se aferró a la promesa del Señor en su camino de regreso a casa.

- *Amor por su siervo:* El centurión demostró una preocupación tan amorosa por otra persona, a pesar de que no era más que un criado. (Mt. 8:5-13)

16.4. La enfermedad puede deberse a pecados no confesados

MANDAMIENTO DE DIOS	RECOMPENSAS A LA OBEDIENCIA
El mandato de Jesús al paralítico: ¡Levántate, toma tu camilla y vete a tu casa! (Mt. 9:2-6)	1. Ten ánimo, hijo, ***tus pecados te son perdonados.*** (Mt. 9:1-2) 2. El paralítico obedeció inmediatamente a Jesús, y *se levantó y se fue a su casa.* (ver Mt. 9:7)

El paralítico fue sanado por las siguientes razones:

Fe: La fe de sus cuatro buenos amigos.

Amor: Su acto de bondad al llevarlo a Jesús.

Persistencia: No se rindieron cuando la multitud les impidió la entrada. Persistieron en su fe y alcanzaron a Jesús por el techo. (Mt. 9:1-7)

Pasos a seguir para recibir tu sanidad:

* **¿Está enfermo alguno entre ustedes?** *Que llame a los ancianos* de la iglesia, y que oren por él, ungiéndole con aceite en el nombre del Señor.

* **Confiésense sus ofensas** unos a otros, y oren unos por otros de manera que sean sanados. La **ferviente oración del justo,** obrando eficazmente, puede mucho. La *oración de fe* dará salud al enfermo, y el Señor lo levantará. Y si ha cometido pecados le *serán perdonados.* (St. 5:14-16)

* **Resiste al espíritu de enfermedad:** La Escritura dice que *toda buena dadiva y todo don perfecto proviene de lo alto y desciende del Padre de las luces, y la enfermedad no es un don bueno y perfecto.* Las enfermedades y dolencias no suelen venir de Dios, sino de Satanás. (Ex. 15:26) Por lo tanto, cada vez que estés enfermo, debes reprender al espíritu de enfermedad en el poderoso nombre de Jesús. (St. 1:7, 4:7; Hch. 3:1-10)

* **No abuses de las leyes naturales de la salud:** Cuida bien de tu salud, porque tu cuerpo es el templo del Espíritu Santo. Si abusas de las leyes naturales de la salud, puedes enfermarte. Por ejemplo: por no tomar las comidas a tiempo, no tomar multi-vitaminas y multi-minerales, falta de ejercicio, etc. Necesitas 90 nutrientes esenciales diariamente. **Las estadísticas nutricionales** dicen

que su dieta diaria debe consistir en 40-60% de Carbohidratos; 20-40% de Proteínas; 10-20% de Grasas. La cantidad total de calorías recomendada para la ingesta diaria es de 2.000 para las mujeres y 2.500 para los hombres.

Jesús no se hará responsable de nuestra estupidez. ~ *Citado por un gran siervo de Dios.*

16.5. Jesús todavía sana a los ciegos

Los creyentes reciben sanidad sólo por medio de su pacto con Cristo: Jesús puede sanar a los incrédulos por Su misericordia, pero sana a los creyentes por Su pacto con ellos, porque son hijos espirituales de Abraham, el padre de la fe. Por lo tanto, Jesús espera *fe y obediencia* de nosotros, los creyentes, para que podamos recibir las bendiciones de Su pacto, incluyendo la sanidad.

MANDAMIENTOS DE DIOS PARA QUE LOS OBEDEZCAMOS	RECOMPENSA POR LA OBEDIENCIA
Sanidad de los dos ciegos: 1. Cree que Yo puedo hacer el milagro. ~ Jesús (Mt. 9:28) 2. Conforme a tu fe te sea hecho. (Mt. 9:29)	Jesús tocó los ojos de los ciegos y les dijo: "Conforme a la fe de ustedes les sea hecho". Y los ojos de ellos *fueron abiertos*. (ver Mt. 9:29-30)

- Los dos ciegos siguieron a Jesús gritando: "Ten piedad de nosotros, Hijo de David".

- Los ciegos buscaron la misericordia del Señor, pero Jesús todavía esperaba que mostraran al menos una fe parecida a la de un grano de mostaza, para recibir de Él su sanidad.

MANDAMIENTO DE DIOS PARA QUE LO OBEDEZCAMOS	CONSECUENCIAS DE LA DESOBEDIENCIA/ ESCRITURA QUE CONFIRMA
El mandato de Jesús a los dos ciegos: 3. Miren que nade lo sepa. (ver Mt. 9:30)	1. Ustedes son los que se justifican a ustedes mismos delante de los hombres. Pero Dios conoce el corazón de ustedes. 2. Porque lo que entre los hombres es sublime, delante de Dios *es abominación.* (ver Lc. 16:15)

- Jesús nunca quiso recibir fama de la gente. Sólo valoraba que Su Padre daba testimonio de Él. (ver Jn. 8:17-18)

- Darle publicidad a los milagros de sanidad de Jesús habría impedido que el Señor cumpliera la voluntad del Padre Dios para Su vida, porque las multitudes se habrían agolpado a Su alrededor para recibir su sanidad.

16.6. ¿Por qué debemos confiar en Jesús para recibir nuestra sanidad?

1. **El sacrificio de Jesús en la cruz**: Por **Sus llagas** fuimos nosotros sanados. (ver Is. 53:5)

2. **La misericordia y compasión de Jesús**: Mientras estuvo en la tierra, Jesús tuvo compasión y sanó a la gran multitud de gente que venía a Él. (Mt. 14:14)

3. **La naturaleza inmutable de Jesús**: Jesús hará lo mismo por nosotros hoy. Porque Él es el mismo ayer, y hoy, y por los siglos. (ver Heb. 13:8)

4. **La voluntad de Jesús**: La voluntad de Jesús es que seamos sanados y vivamos en buena salud. (Mt. 8:1-4; St. 1:17)

5. **La Palabra de Jesús**: Porque Dios envió Su Palabra y sanó sus enfermedades. (Sal. 107:20)

6. **El Espíritu del Señor**: La unción del Espíritu Santo rompe el yugo de la esclavitud a la enfermedad; El Señor es ese Espíritu. (Is. 10:27; 2 Co. 3:17)

7. **El nombre de Jesús**: Jesús dijo: "Haré todo lo que pidan en Mi nombre". Podemos echar fuera el espíritu de enfermedad en el nombre de Jesús y ser sanados. (Jn. 14:13-14; Hch. 3:1-10; Lc. 13:12)

16.7. Los métodos que el Señor usó para sanar

Nuestro Señor Jesús es muy creativo. Él usó diferentes métodos para sanar a los ciegos en tres distintas ocasiones.

Primer método de sanar: Por fe: Jesús les dijo a los dos ciegos que se acercaron a Él para ser sanados: "Conforme a la fe de ustedes les sea hecho". Él les tocó los ojos y al instante los ojos de los ciegos fueron abiertos. (ver Mt. 9:27-31)

Segundo Método: Por fe y obediencia: En otro caso, Jesús escupió en el suelo, hizo barro con la saliva y ungió con el barro los ojos del ciego de nacimiento. Jesús le dijo: *"Ve y lávate* en el estanque de Siloé." El hombre fue, se lavó y regresó viendo.

En este caso, el ciego tuvo que creer en la Palabra de Jesús y **actuar en obediencia** para recibir su sanidad. (Jn. 9:1-12)

Tercer Método: Sanidad, paso a paso, por Su gracia: En Marcos 8:22-26, cuando la gente le pidió a Jesús que tocara y sanara al ciego, Él hizo esto:

i. Jesús **tomó** al ciego de la mano y **lo sacó** de la ciudad.

ii. **Le mojo los ojos** con **saliva.**

iii. Le **impuso las manos.**

iv. **Le preguntó:** "¿Ves algo?" El hombre dijo: "Veo a los hombres **como árboles** que andan".

v. De nuevo, Jesús **puso Sus manos** sobre los ojos del ciego.

vi. Y el ciego **miró intensamente.**

vii. Y fue **restaurada su vista**, y veía todo de lejos claramente.

Jesús no sanó a todos instantáneamente. En este caso, fue una sanidad gradual.

Escucha y obedece al Espíritu Santo:

Debes esperar en el Señor en oración para **encontrar el método específico** que Él escoja para tu sanidad. Obedece Sus instrucciones para recibir tu sanidad.

Por ejemplo:

(i) Si el Señor te pide que "descanses" un rato, hazlo.

(ii) Si Jesús te pide que tomes medicinas, obedécelo. No hay nada de malo en tomar medicinas.

(iii) Si el Señor te pide que te hagas una cirugía, escúchale y utiliza la tecnología médica disponible, pues la sabiduría de los médicos viene del Señor.

(iv) Si el Señor te pide que confíes en Su Palabra, en *Sus promesas de sanidad*, entonces mantente firme en la fe, sin dudarlo nunca. Quédate quieto y verás la salvación del Señor. Nuestro Señor nunca te pondrá a prueba más allá de tu nivel de fe.

(v) Sigue confesando las Escrituras de sanidad hasta que seas sanado. **Por ejemplo: Por Sus llagas he sido sanado**; el Señor me sostiene en mi lecho de dolor; cuando caiga enfermo me restaurara; alaba, alma mía, al Señor, que sana todas mis dolencias, etc. (1 Pe. 2:24; Sal. 41:1-3; 103:3; Mt. 12:15)

(vi) Recuerda, es el Señor quien es el Sanador, nuestro Jehová Rapha, y Él debe recibir toda la Gloria.

No elijas tu propio método de sanidad.

17. ¿Está ordenado por Dios tu matrimonio?

MANDAMIENTO DE DIOS PARA QUE LO OBEDEZCAMOS	RECOMPENSAS A LA OBEDIENCIA
Únete a tu cónyuge: 1. Deja a tu padre y a tu madre y únete a tu esposa. (ver Mt. 19:5)	1. Y serán los dos (marido y mujer) *una sola carne. Así que,* ya no son más dos, sino una sola carne. (Mt. 19:5-6) 2. Por tanto, lo que Dios ha unido, *no lo separe el hombre.* (Mt. 19:6)

- *No descuides a tus padres, pero asegúrate de que sus necesidades básicas estén atendidas.*

¿Quién ordenó el matrimonio?
El matrimonio fue instituido y diseñado por Dios mismo. (Gn. 2:18-25)

Propósito del matrimonio: El propósito ordenado por Dios para el matrimonio es el compañerismo y la intimidad. (Gn. 2:18)

MANDAMIENTO DE DIOS PARA QUE LO OBEDEZCAMOS	CONSECUENCIAS DE LA DESOBEDIENCIA/ ESCRITURAS QUE CONFIRMAN
El cónyuge no creyente puede traer la ira de Dios sobre ti: 2. No se unan en yugo desigual con los no creyentes. (2 Co. 6:14-16) 3. No te cases con idólatras (infieles). (Dt. 7:3) 4. No darás tus hijas a sus hijos (a los idólatras) ni tomarás sus hijas para tus hijos. (ver Dt. 7:3 NVI)	1. ¿Qué acuerdo puede haber entre *un templo de Dios y los ídolos?* Porque nosotros somos templo del Dios viviente. (2 Co. 6:16) 2. Porque ellos (los no creyentes) los desviarán de en pos de mí, y servirán a otros dioses, dice el Señor. 3. Y la ira del Señor arderá contra ti (creyente) y pronto te destruirá. Por ejemplo: el rey Salomón. (Dt. 7:4; 1 Re. 11:1-10; Ex. 34:16)

Si ya estás casado con un/una no creyente:

Si algún hermano tiene una esposa que no es creyente y ella está dispuesta a vivir con él, no debe divorciarse de ella. Y si una mujer tiene un marido que no es creyente y él está dispuesto a vivir con ella, ella no debe divorciarse de él.

Pero si el incrédulo se va, que así sea. El creyente no está obligado en tales circunstancias; Dios nos ha llamado a vivir en paz. (1 Co. 7:12-13,15)

Consejos a los solteros: para encontrar el/ la compañero/a de tu alma

La pareja elegida por Dios: Es mejor orar y encontrar una pareja elegida por Dios, porque el matrimonio cambia el rumbo de tu vida. Pero debes estar dispuesto a aceptar a quien Dios elija para ti, sin importar su situación económica, sus cualificaciones, sus antecedentes familiares, etc.

Dios te revelará el/la compañero/a de tu alma: Cuando le oras sinceramente a Dios para encontrar a tu compañero/a, Dios puede hablarte audiblemente, a través de Su Palabra, a través de visiones y sueños, a través de los siervos de Dios, etc., y mostrarte quien Él ha escogido específicamente para ti.

Ten fe que Dios sólo te dará lo mejor para ti: Cuando aceptas la elección de Dios con alegría, entonces Él traerá a la luz lo mejor de tu vida, porque Dios conoce el final desde el principio. Por ejemplo: el siervo de Abraham oró para encontrar una novia adecuada para el hijo de su amo, Isaac, y Dios respondió favorablemente a su oración. Isaac aceptó alegremente la elección de Dios, Rebeca, como su esposa, y cumplió la voluntad de Dios *al dar existencia a la nación de Israel,* a través de su generación. *Jesús, nuestro Salvador, nació en su linaje.* Isaac fue *bendecido sin medida* por su obediencia. (Gen. 24:12-14)

* A la edad de 26 años, oré fervientemente durante 6 meses para encontrar un compañero para mi vida. Dios me mostró al 100%, a través de Su Palabra, con quién debía casarme. Me casé con el hombre que Dios escogió, bajo el cual Dios me preparó para mi llamado.

Cuando aceptamos alegremente la elección de Dios, Dios puede moldearnos para cumplir Su propósito para nuestras vidas. -Autora

Un cristiano sólo debe casarse con otro creyente en Cristo y nunca con un impío. No estés en una relación por enamoramiento. Te desviará de cumplir la voluntad de Dios para tu vida. (2 Co. 6:14-16; Ef. 1:3-12)

- *"Convivir juntos"* fuera del matrimonio no es bíblico y es adulterio a los ojos de Dios. Las relaciones sexuales antes del matrimonio también están prohibidas por Dios. La perversión y el matrimonio entre personas del mismo sexo son una abominación ante Dios. (Mt. 5:28-30; 1 Co. 6:9-10)

- Hebreos 13:4 dice: "El matrimonio debe ser **honrado** por todos, y el **lecho matrimonial conservado sin mancilla**". Así que guarda tu virginidad a toda costa hasta que te cases, como Jacob y Raquel. (Gn. 29:18-28)

- **Guarda tu segunda virginidad:** Si ya has perdido tu virginidad, solo arrepiéntete y vuelve a dedicarle tu vida a Jesús. Jesús perdonará todos tus pecados pasados y te verá como si nunca hubieras pecado. Ahora guarda tu segunda virginidad hasta tu matrimonio; porque el **matrimonio es un pacto de sangre** delante de Dios. (Dt. 22:13-19)

El compromiso del esposo en el matrimonio

1. **Ama como Cristo amó:** Los esposos deben amar a sus esposas así como Cristo amó a la iglesia y murió por la Iglesia. (ver Ef. 5:25)

2. **Ama como a tu propio cuerpo:** Los esposos deben amar a sus esposas como a su propio cuerpo y no ser ásperos con ellas. (ver Ef. 5:28; Col. 3:19)

3. **El que ama a su mujer se ama a sí mismo:** Porque nadie aborreció jamás a su propia carne, sino que la sustenta y la cuida, como el Señor sustenta a la Iglesia. (ver Ef. 5:28-29).

4. **Trata a tu esposa con respeto y honor:** Los esposos deben tratar a sus esposas con respeto y honor y como coherederas de los dones de Dios para que sus oraciones no sean estorbadas. (1 Pedro 3:7)

5. **Trátala como igual:** Puesto que Eva fue tomada de la costilla de Adán, de su costado y no de su cabeza ni de sus pies, la esposa debe ser tratada como igual a su marido y no por encima de él ni por debajo de sus pies.

6. **Aprecia** el carácter noble y la bondad de tu esposa. (Prov. 31:10-31)

7. **Alaba a la mujer que teme al Señor**, porque el encanto es engañoso y la belleza vana. (Prov. 31:30)

El compromiso de la esposa en el matrimonio

1. **Sé una ayuda:** La esposa debe ser una ayuda para su marido. (ver Gn. 2:18)

2. **Sométete en amor:** La mujer debe amar a su marido y someterse a él en todo, como al Señor; como la Iglesia se somete a Cristo. (ver Ef. 5:22-24)

3. **Buena actitud:** La esposa puede ganarse al marido no salvo para el Señor, por su buena conducta sin hablar. (1 Pe. 3:1).

4. **Sé amable:** ¿Quién puede encontrar una esposa de **carácter noble**? Ella **vale mucho más** que los rubíes. Una esposa debe ser una mujer de carácter noble.

5. **Sé temerosa de Dios:** Una esposa debe tener temor de Dios para ser digna de la alabanza de su marido. (ver Prov. 31:10-31)

18. Jesucristo todavía hace milagros

Los principios de los siguientes milagros son aplicables a nuestras vidas incluso hoy en día.

18.1. La obediencia trae el favor de Dios

MANDAMIENTOS DE DIOS PARA QUE LOS OBEDEZCAMOS	RECOMPENSAS POR LA OBEDIENCIA
1. No teman, hombres de poca fe. (Mt. 8:26) *El mandato de Jesús a Sus discípulos:* 2. Pasen a la otra orilla. (Mt. 8:18)	*Calmando la tormenta:* 1. Los discípulos obedecieron inmediatamente la orden del Señor y prepararon la barca. Jesús subió a la barca con Sus discípulos, y les dijo: 'Pasemos a la otra orilla'. Y se echaron a la mar. 2. De repente, se levantó una gran tempestad en el mar, de modo que las olas cubrían la barca. Pero Jesús dormía. 3. Y acercándose Sus discípulos lo despertaron diciendo: '¡Señor, sálvanos, que perecemos!' 4. Entonces Jesús se levantó y **reprendió a los vientos y al mar**, y se produjo **una gran calma.** (Mt. 8:18, 23-27).

Obedeció, pero aún enfrentó tormentas: Aunque caminamos en el sendero de la obediencia, a veces, el Señor aún puede permitir problemas en nuestras vidas, para enseñarnos a confiar completamente en Él y para que Él pueda mostrarnos Su asombroso Poder.

Jesús está en la barca contigo: ¿Tienes problemas a pesar de serle obediente al Señor? Entonces, la ayuda de Jesús está al alcance de la mano. *Cuando Jesús está contigo en la barca de la vida, no tienes que temer ninguna tormenta* que pase por tu camino. Porque Él tiene la autoridad para reprender los fuertes vientos que soplan en tu vida.

Reprende las calamidades naturales: Cristo reprendió a los vientos y al mar y hubo una gran calma. Nosotros también debemos reprender las calamidades naturales como las tormentas eléctricas, los huracanes, los tsunamis, etc., porque sólo los dones buenos y perfectos provienen de Dios y el resto suele provenir del diablo. (St. 1:17; Hag. 2:17)

18.2. El poder creativo de Cristo

MANDAMIENTOS DE DIOS	RECOMPENSAS POR LA OBEDIENCIA
El mandato específico de Jesús a Sus discípulos: 1. Denle de comer a las multitudes. (Mt. 14:13-16) 2. Tráiganme los cinco panes y los dos pecados. (Mt. 14,17-18) *El mandato específico de Jesús a las multitudes:* 3. Siéntense sobre la hierba. (ver Mt. 14:19)	Jesús tomó los cinco panes y los dos pescados y, alzando los ojos al cielo, los bendijo y los partió, y dio los panes a los discípulos; y los discípulos le dieron a la multitud. Y **comieron todos y se saciaron**. Eran como cinco mil hombres, además de las mujeres y los niños. (Mt. 14:19-21)

Jesús alimenta a los cinco mil: El poder creador de Cristo se demostró cuando multiplicó cinco simples panes de cebada y dos pescados, para alimentar a 5.000 hombres, además de mujeres y niños.

Jesús, el Pan de Vida: Este milagro describe a Jesús como el "Pan de Vida" tanto para el cuerpo como para el alma. Porque Jesús dijo: "Yo soy el Pan de Vida: el que a Mí viene, nunca tendrá hambre; el que en Mí cree, no tendrá sed jamás." (Jn. 6:35)

La fe y la obediencia produjeron el milagro: Cuando los discípulos obedecieron la orden de Jesús y distribuyeron el pan y los pescados a las multitudes, la comida se multiplicó. Cuando hacemos nuestra parte, Jesús hará la suya.

Lecciones que aprender:

* Mostrar compasión hacia los necesitados, como lo hizo Jesús.

* Debemos dar **gracias a Dios en cada comida**, como lo hizo Cristo antes de multiplicar los panes.

* Al involucrar a los discípulos en este milagro, el Señor nos enseña que **debemos hacer nuestra parte y Él hará la suya.**

- Cuando le entregamos voluntariamente a Jesús lo poco (dinero/talentos) que tenemos, Él lo multiplicará y lo hará mucho. (Mt. 14:13-21)

18.3. Resucitando a los muertos como lo hizo Jesús

MANDAMIENTOS DE DIOS	RECOMPENSA POR LA OBEDIENCIA/ ESCRITURAS QUE CONFIRMAN
El mandato de Jesús para Jairo: 1. **No temas; solo cree.** (Mc. 5:36) *Mandato de Jesús a la gente y a la joven muerta:* 2. "Apártense, porque la muchacha no ha muerto, sino que duerme". (Mt. 9:24-25) 3. "Niña, a ti te digo, levántate." (Mc. 5:41)	Jesús llegó a casa de Jairo y vio a la gente llorando porque la niña había muerto. Entonces Jesús tomó a la niña de la mano y le dijo: "Niña, levántate". **Inmediatamente la muchacha se levantó y caminó,** y la gente quedó atónita y asombrada. (ver Mt. 9:23-25; Mc. 5:41-42)

¡Pausa y reflexiona!

- **Jesús venció a la muerte:** Jesús tiene la autoridad máxima y el poder sobre la muerte. Porque **Él es la resurrección y la vida.** (Jn. 11:25)

- Jesús espera que usemos la misma autoridad que tiene Su nombre para resucitar a los muertos. (ver Mt. 10:8)

- **Oración breve pero poderosa:** Jesús no tuvo que hacer una oración larga ni ayunar durante días, ni siquiera para resucitar a los muertos. Ya que Jesús tenía una comunión íntima con Dios Padre por Su intensa vida de oración, lo único que tuvo que decir en público fue: "Niña, levántate", sólo unas pocas palabras para resucitar a la niña muerta.

- Jesús espera que Sus discípulos sigan Su ejemplo, porque un **hijo obediente** conoce sus derechos.

18.4. Toma un paso por fe

MANDAMIENTOS DE DIOS	ESCRITURAS QUE CONFIRMAN
Mandatos específicos de Jesús para Sus discípulos: 1. Entren en la barca y vayan delante de Mí a la otra orilla. (Mt. 14:22) 2. ¡Tengan ánimo! **No teman.** (ver Mt. 14:27)	*Jesús camina sobre el mar:* La barca estaba en mar abierto, azotada por las olas, porque el viento era contrario. A la madrugada, **Jesús fue a los discípulos, caminando sobre el mar.** (ver Mt. 14:24-25)

Poder sobre la naturaleza: Este fascinante milagro manifiesta el asombroso poder de Dios sobre la naturaleza.

Superando el miedo: Cuando Jesús caminó sobre el mar, los discípulos pensaron que era un fantasma y tuvieron miedo, pero Jesús les dijo inmediatamente: "¡Tengan ánimo! No teman".

Nosotros también le tememos a muchas cosas en la vida, pero si mantenemos nuestra mirada en Jesús, podemos vencer al miedo; porque Dios no nos ha dado espíritu de cobardía, sino de poder, de amor y de dominio propio. (2 Tim. 1:7)

MANDAMIENTOS DE DIOS	ESCRITURAS QUE CONFIRMAN
Pedro camina sobre el agua: 3. "Ven", le dijo Jesús a Pedro. (Mt. 14:29)	Pedro dijo: "Señor, si eres Tú, manda que yo vaya a Ti sobre las aguas". Jesús le dijo: "Ven". Pedro descendió de la barca y caminó sobre las aguas, y fue a Jesús. (ver Mt. 14:28-29)

Puntos que considerar:

- **"Ven":** Esta es la orden específica de Jesús a Pedro, que saliera de la barca en medio del mar y caminara sobre el agua, por fe, como lo hizo Jesús.

- **Jesús caminó sobre el mar:** Recuerda que, nuestro Señor Jesús es *Omnipotente* (Todopoderoso), *Omnisciente* (todo lo sabe) y *Omnipresente* (está en todas partes), y nada es demasiado difícil para Jesús. (Sal. 139)

- **Obedece por fe:** Cuando nosotros también obedezcamos los mandatos de Jesús por fe, nada nos será imposible, aunque sea "caminar sobre las aguas", como lo hizo Pedro.

MANDAMIENTO DE DIOS PARA QUE LO OBEDEZCAMOS	RECOMPENSA POR LA OBEDIENCIA/ ESCRITURAS QUE CONFIRMAN
4. ¡Oh hombre de poca fe! ¿Por qué dudaste? (ver Mt. 14:31)	Pedro al ver el viento fuerte tuvo miedo y comenzó a hundirse. Entonces gritó diciendo: **"¡Señor, sálvame!"** De inmediato Jesús le extendió la mano, y lo sostuvo. Cuando ellos subieron a la barca, se calmó el viento. (ver Mt. 14:30-32)

Fijemos nuestra mirada en Jesús y no en el problema: Sólo cuando Pedro apartó los ojos de Jesús y se enfocó en las olas embravecidas, es que empezó a hundirse en el mar.

Jesús nos rescata: El Señor respondió inmediatamente a la breve súplica de ayuda de Pedro. Del mismo modo, cuando nos enfrentamos a problemas en la vida, no debemos enfocarnos en los problemas, sino fijar nuestros ojos sólo en el Señor. Así como Jesús rescató a Pedro, Él también nos librará de nuestros problemas.

19. ¡Jesucristo viene pronto!

Y este **evangelio del reino será predicado en todo el mundo** para testimonio a todas las naciones, y **luego vendrá el fin.** (Mt. 24:14)

19.1. ¿Estás preparado para encontrarte con Cristo?

MANDAMIENTOS DE DIOS PARA QUE LOS OBEDEZCAMOS	CONSECUENCIAS DE LA DESOBEDIENCIA
"¡He aquí que vengo pronto!" 1. Miren de que nadie les engañe. (ver Mt. 24:4) 2. Oirán de guerras y de rumores de guerras. Miren que no los turben. (ver Mt. 24:6)	1. "Porque muchos vendrán en mi nombre diciendo: "Yo soy el Cristo", y engañarán a muchos". ~ Jesús (Mt. 24:5) 2. Porque es necesario que esto acontezca; pero todavía no es el fin. (Mt. 2:6)

Estemos pendientes de las señales de los últimos días, como Jesús advirtió:

1. **Mesías falsos y engaño:** Muchos vendrán en mi nombre, diciendo: "Yo soy el Cristo", y engañarán a muchos. (Mt. 24:5)

2. **Guerras:** Oirán de guerras y rumores de guerras; porque es necesario que esto acontezca; pero todavía no es el fin. Porque se levantará nación contra nación y reino contra reino. Por ejemplo: la Primera y Segunda Guerra Mundial.

3. **Hambrunas:** Habrán hambrunas. La ONU calcula que 795 millones de personas en el mundo sufrían desnutrición crónica entre 2014-16.

4. **Plagas:** Habrán plagas (por ejemplo: sida, ébola, zika, dengue, gripe aviar, bacterias carnívoras, etc.).

5. **Terremotos:** Habrán terremotos en varios lugares. El Servicio Geológico de los EE.UU. estima que se producen unos **50 terremotos** al día en el mundo, es decir, aproximadamente 20.000 terremotos al año.

6. **Dolores:** Todo esto es el principio de dolores.

7. **Aflicciones:** Los entregarán a tribulación.

8. **Asesinatos**: Los matarán.

9. **Persecución a causa de Cristo:** Serás aborrecido por todas las naciones por causa de Mi Nombre.

10. **Traición:** Muchos tropezarán, y se traicionarán unos a otros y se aborrecerán unos a otros.

11. **Falsos profetas:** Muchos falsos profetas se levantarán y engañarán a muchos.

12. **Maldad:** La maldad se multiplicará en los últimos días. Por ejemplo: el adulterio, los asesinatos, los robos, disturbios raciales, etc.

13. **Falta de amor:** El amor de muchos se enfriará.

14. **Se predicará del evangelio:** El evangelio del reino será predicado en todo el mundo como testimonio a todas las naciones, y luego vendrá el fin.

15. **Perseverancia:** El que persevere hasta el fin, este será salvo. Los que serán salvos son aquellos que permanecerán firmes en su *fe* durante toda la miseria del fin de los tiempos. (Mt. 24:4-14)

Prepárate: Los teólogos dicen que todas las profecías concernientes a la segunda venida de Cristo *ya se han cumplido*. Muchos verdaderos profetas de Dios creen en *el rapto a mitad de la tribulación o después de la tribulación*, es decir, la iglesia pasará por la prueba de su fe por el anticristo, como los primeros cristianos fueron perseguidos por los romanos

No recibas la marca ni el nombre de la bestia, ni el número de su nombre: 666

- **Profecía bíblica de hace 2.000 años:** "Y ella (la bestia) hace que a todos, a pequeños y a grandes, a ricos y a pobres, a libres y a esclavos, se les ponga una marca en **la mano derecha o en la frente,** y que nadie pueda comprar ni vender, sino que tenga la marca, es decir, el nombre de la bestia, o el número de su nombre". (Ap. 13:16-17)

- **Cumplimiento de la profecía bíblica:** Aproximadamente 2.000 años después, la tecnología del microchip está disponible ahora mismo para que esta profecía se cumpla en nuestra generación. ¡Estamos advertidos!

Tormento eterno para los que reciban el marca de la bestia

Si alguien adora a la bestia y a su imagen, y recibe su marca en la frente o en la mano:

- Él mismo **también beberá del vino del furor de Dios** que ha sido vertido puro en la copa de su ira. (Ap. 14:9-10)

- Será **atormentado con fuego y azufre** delante de los santos ángeles y delante del Cordero de Dios, Jesucristo.

- El **humo de su tormento sube para siempre jamás. Y no tienen descanso ni de día ni de noche** los que adoran a la bestia y a su imagen, ni cualquiera que recibe la marca de su nombre." (Ap. 14:10-11)

Cuidado con la gente en los últimos días:	Los creyentes en los
Habrá tiempos difíciles en los últimos días. La gente será:	**últimos días** deben tener el "fruto del Espíritu Santo", es decir:
1. Amantes de sí mismos	1. Amor
2. **Amantes del dinero**	2. Gozo
3. Vanagloriosos	3. Paz
4. Soberbios	4. Paciencia
5. Blasfemos	5. Bondad
6. Desobedientes a los padres	6. Benignidad
7. Desagradecidos	7. Fe
8. **Impíos**	8. Mansedumbre
9. Sin afecto natural	9. Dominio propio (ver Gal. 5:22-23)
10. **Implacables**	
11. Calumniadores	
12. Intemperantes	
13. Crueles	
14. Aborrecedores de lo bueno	
15. Traidores	
16. Impetuosos	
17. Envanecidos	
18. **Amantes de los placeres** más que de Dios	
19. Teniendo apariencia de piedad, pero negando su poder	
20. Oponiéndose a la verdad, hombres de mentes corrompidas.	
No tengas nada que ver con ellos. (ver 2 Tim 3:1-5, 8)	

19.2. Huye a las montañas: cuando veas al Anticristo en el lugar santo

Porque entonces **habrá gran tribulación**, como no ha habido desde el principio del mundo hasta ahora, ni la habrá jamás. Si aquellos días no fueren acortados, no se salvaría nadie; pero por causa de los escogidos, aquellos días serán acortados. (Mt. 24:21-22)

MANDAMIENTOS DE DIOS PARA QUE LOS OBEDEZCAMOS	CONSECUENCIAS DE LA DESOBEDIENCIA/ ESCRITURAS QUE CONFIRMAN
1. Que el lector entienda: Cuando vean establecida en el lugar santo la abominación desoladora, (es decir, al anticristo de pie); entonces los que estén en Judea *huyan* **a las montes**. (ver Mt. 24:15-16; Dan. 9:27)	*Señales que ocurrirán durante la gran tribulación:* 1. Aparecerán falsos cristos y falsos profetas, y harán grandes señales y maravillas, para engañar **aun a los escogidos.** (Mt. 24:23-24)
2. El que esté en la azotea no descienda para sacar algo de su casa. (Mt. 24:16, 17)	2. *Jesucristo vendrá como el relámpago.* Si alguien les dice: "Miren, está en el desierto", no salgan; o "Miren, está en las habitaciones interiores", no lo crean. (Mt. 24:26-27)
3. El que esté en el campo no vuelva atrás a tomar su manto. (Mt. 24:16, 18)	Porque así como el relámpago sale del oriente y se muestra hasta el occidente, así será la venida del Hijo del Hombre. (Mt. 24:27)
4. Oren, pues, que su huida no sea en invierno ni en sábado. (Mt. 24:20)	
5. No se dejen engañar por las grandes señales y maravillas hechas por los falsos cristos y falsos profetas. (ver Mt. 24:24)	
6. No salgan a buscar a Cristo.	
7. No le crean si alguien les dice: "¡Miren, aquí está el Cristo!" o "¡Está acá!". (ver Mt. 24:23, 26)	

19.3. Eventos del fin de los tiempos que sucederán cuando Cristo regrese:

1. Después enviara a Sus ángeles y reunirá a Sus escogidos. (Mc. 13:27)

2. El juicio de Dios sobre los impíos. (Ap. 19:11-21)

3. **El reinado de 1.000 años de Cristo en la tierra.** (Ap. 20:4-6)

4. El juicio de Dios sobre el anticristo y el falso profeta. (Ap. 19:20; 20:1-3)

5. **Juicio de Dios sobre Satanás**, que será arrojado al abismo durante mil años.

6. Al final, Satanás será arrojado al **lago de fuego** y azufre, para ser atormentado día y noche por los siglos de los siglos. (Ap. 20:3, 10)

7. **El juicio del gran trono blanco de Dios:** Si el *nombre de alguien no se encuentra escrito* en el **libro de la vida**, será arrojado al lago de fuego. (Ap. 20:11-15)

19.4. Señales de la venida de Cristo después de la tribulación

1. La luna no dará su luz.

2. Las estrellas caerán del cielo.

3. Los cuerpos celestes serán sacudidos.

4. Entonces aparecerá en el cielo la señal del Hijo del Hombre.

5. Todas las tribus de la tierra se lamentarán.

6. Todos ellos verán al Hijo del Hombre, el Señor Jesucristo viniendo en las nubes del cielo con poder y gran gloria.

7. Cristo enviará a Sus ángeles con un gran sonido de trompeta.

8. Los ángeles reunirán a *Sus escogidos* de los cuatro rincones de la tierra.

9. **Parábola de la higuera:** En la analogía de Jesús con la higuera, cuando la higuera echa sus hojas, se refiere a acontecimientos que ocurren antes y durante la tribulación. Algunos teólogos dicen que la generación que ve la higuera brotar sus hojas (es decir, la restauración de Israel como nación, el 14 de mayo de 1948) no pasará en absoluto hasta que se cumplan todas estas cosas. La segunda venida de Jesús puede ocurrir antes de lo que esperas. ¡Prepárate! (Mt. 24:29-35)

19.5. No se sabe el día y la hora del regreso de Cristo

MANDAMIENTOS DE DIOS PARA QUE LOS OBEDEZCAMOS	RECOMPENSAS A LA OBEDIENCIA/ CONSECUENCIAS DE LA DESOBEDIENCIA
Parábola del siervo fiel: 1. Velen, pues. (ver Mt. 24:42)	Porque no saben en qué día viene su Señor. (ver Mt. 24:42) *La inesperada venida de Cristo:* Nadie sabe el día ni la hora de la venida de Cristo, ni siquiera los ángeles del cielo, sino sólo el Padre. (ver Mt. 24:36)
2. Debes ser como el siervo fiel y prudente a quien su señor (Jesús) lo puso sobre los criados de su casa, para que les diera alimentos a su debido tiempo. (Mt. 24:45-46)	1. Porque *bienaventurado será* aquel siervo a quien, cuando su señor (Jesús) venga, lo encuentre haciéndolo así. (Mt. 24:46) 2. De cierto les digo que su señor lo pondrá sobre todos sus bienes. ~ Jesús (Mt. 24:47)
3. No sean como aquel siervo malo que dice en su corazón: 'Mi señor tarda', y comienza a golpear a sus consiervos, y si come y bebe con los borrachos. (Mt. 24:48)	1. Porque el señor (Jesús) de aquel siervo malo vendrá en el día que no espera y la hora que no sabe, y lo castigará duramente y le asignará *lugar con los hipócritas.* (Mt. 24:50-51) 2. Allí habrá *llanto y el crujir de dientes* (el infierno). (Mt. 24:51)

Puntos que considerar:

- *Tú serás el que será arrebatado:* Estarán dos en el campo; el uno será tomado, y el otro será dejado. Dos mujeres estarán moliendo en un molino; la una será tomada, y la otra dejada. (Mt. 24:40-41)

- *Debemos estar preparados para encontrarnos con Cristo, como si fuera a venir hoy, pero debemos seguir haciendo lo que hacemos bien, como si el Señor fuera a venir dentro de cien años.* El regreso de Cristo por la Iglesia es factible cualquier momento, puesto que todas las profecías relativas a Su venida ya se han cumplido.

- Jesús vendrá a la hora que no lo esperas. Estemos preparados a todo momento. Si el siervo malo vive como quiere, comiendo y bebiendo, golpeando a sus semejantes, diciendo en su corazón: *Mi Señor tarda en venir*, entonces el Señor vendrá de repente y lo castigará de inmediato. (Mt. 24:44, 48-51)

20. Jesucristo, la Estrella de la Mañana, te guiará

MANDAMIENTO DE DIOS	RECOMPENSA POR LA OBEDIENCIA/ ESCRITURA QUE CONFIRMA
Mandato específico a los Magos: No vuelvan a Herodes. (ver Mt. 2:12)	Pero, advertidos por revelación en sueños que no volvieran a Herodes, (los magos) regresaron a su país por otro camino. (Mt. 2:12)

La dirección de Dios siempre es completa

- *Nuestros propios caminos pueden extraviarnos:* Los magos de Oriente que seguían la estrella, cometieron el error más grande de su vida, **al preguntar en Jerusalén** que dónde había nacido Jesús, el Hijo de Dios, el Rey de los judíos. Suponiendo que Jesús había nacido en el palacio del rey Herodes, los magos **apartaron sus ojos de la estrella** que los guiaba sobrenaturalmente, desde Oriente hasta Jerusalén, y fueron guiados por consejos humanos.

- *Sigue la dirección de Dios hasta el final:* Cuando los magos se enteraron por medio de Herodes de que el Salvador nacería en Belén, salieron del palacio del rey Herodes. Vieron que la misma **estrella** que los guiaba sobrenaturalmente **seguía allí**, esperando para conducirlos a la casa donde estaba el niño Jesús. Finalmente, fue la estrella la que los condujo a la casa donde estaba el niño Jesús y los magos se postraron y lo adoraron.

- *Consecuencias de seguir nuestros propios caminos:* El propio razonamiento de los sabios acabó provocando que Herodes matara a todos los niños varones que había en Belén, de dos años para abajo, con la intención de matar al niño Jesús, el Rey de los judíos. Para proteger a Jesús de ser asesinado, María y José tuvieron que huir a Egipto con Jesús, bajo instrucciones divinas.

- *Nunca es demasiado tarde para regresar a los caminos de Dios:* Incluso cuando seguimos nuestros propios caminos y estropeamos nuestras vidas razonando con nuestras mentes, el Señor sigue esperando para devolvernos al camino correcto, si estamos dispuestos a volvernos a Sus caminos. (Mt. 2:1-18)

"Nunca los dejaré ni los desampararé".
"Yo estoy con ustedes todos los días, hasta el fin del mundo",
dice Jesucristo. (Heb. 13:5; Mt. 28:20)

21. La vida y la muerte está en tus palabras

La lengua es un fuego; es un mundo de iniquidad. Por lo tanto, debemos orar como el salmista: "Pon, oh Señor, guardia a mi boca; guarda la puerta de mis labios". (ver St. 3:6; Sal. 141:3)

MANDAMIENTOS DE DIOS PARA QUE LOS OBEDEZCAMOS	RECOMPENSAS A LA OBEDIENCIA/ CONSECUENCIAS DE LA DESOBEDIENCIA
Habla cosas buenas: 1. Habla cosas buenas. 2. Sé cómo el hombre bueno que saca cosas buenas del buen tesoro de su corazón. (ver Mt. 12:34-35)	Porque de la abundancia del corazón habla la boca. (Mt. 12:34)
No digas palabras malas: 3. No seas como el hombre malo que saca cosas malas del mal tesoro de su corazón. (ver Mt. 12:35)	Porque la muerte y la vida están en **poder de la lengua.** (Prov. 18:21)

Puntos que considerar:

- Si eres malo, no puedes hablar cosas buenas. Jesús llama a tales personas, generación de víboras. (Mt. 12:34)

- Si nuestros corazones están llenos del amor de Dios, entonces podremos hablarles a los demás sólo palabras amables y alentadoras. (Rom. 5:5)

- Sólo hay dos opciones dadas en las Escrituras. Las palabras que hablamos traerán muerte o vida. Así que cuida tus palabras. (Prov. 18:21)

- *Las palabras imprudentes atraviesan como una espada*, pero la lengua de los sabios es medicina. (Prov. 12:18)

- Si alguno *no ofende en palabra*, este es *hombre cabal*. (St. 3:2)

- Cuando no tenemos el amor de Dios en nuestro corazón, sólo entonces pronunciamos palabras hirientes, y de crítica y condenación para reprochar a los demás. A veces, sin saberlo, lastimamos su espíritu, dejándolos en mucha tristeza y depresión.

MANDAMIENTOS DE DIOS PARA QUE LOS OBEDEZCAMOS	RECOMPENSAS A LA OBEDIENCIA/ CONSECUENCIAS DE LA DESOBEDIENCIA
No hables palabras ociosas: 4. No hables palabras ociosas. (ver Mt. 12:36)	1. Pero les digo que en el día del juicio los hombres darán cuenta de toda palabra ociosa que hablen. (Mt. 12:36) 2. Porque por tus palabras serás *justificado,* y por tus palabras serás *condenado.* (Mt. 12:37)
Las palabras pueden contaminarte: 5. Escucha y comprende; , no seas contaminado por las palabras que salen de tu boca. (ver Mt. 15:11)	1. Lo que entra en la boca (es decir, la comida) no contamina al hombre, pues entra en el estómago y se elimina. 2. Pero lo que sale de la boca, viene del corazón, y eso *contamina al hombre.* (Mt. 15:18) 3. Porque del corazón salen los malos pensamientos, los homicidios, los adulterios, las inmoralidades sexuales, los robos, los falsos testimonios y las blasfemias. (ver Mt. 15:10-11, 17-19)
Ninguna palabra corrupta: 6. Que tu "sí" sea "sí" y tu "no" sea "no". (ver Mt. 5:37).	Porque lo que va más allá de esto *proviene de Satanás,* el maligno. (Mt. 5:37) Porque el *Señor detesta los labios mentirosos.* Pero le *agradan* los que dicen la verdad. (Prov. 12:22 RVC)

¡Pausa y reflexiona!

- *En las muchas palabras no falta pecado,* pero el que refrena sus labios es prudente. Todo hombre sea pronto para oír, lento para hablar y lento para la ira. (Prov. 10:19; St. 1:19)

- "Profanarse" significa contaminarse con la maldad de tu corazón. Un corazón impuro contamina los pensamientos, las palabras y las acciones. El corazón del justo piensa para responder, pero la boca de los impíos *expresa maldades.* Cuando permitimos que Cristo more en nosotros, Él transformará nuestros corazones a Su propia imagen. (Prov.15:28)

- El salmista confesó: "Con mis labios proclamaré *tu Palabra,* porque todos tus mandamientos son justos". (Sal. 119:172 RVC)

22. Poseamos el reino de Dios

El Reino de Dios es como el tesoro invaluable y la perla preciosa, *que hay que desear por sobre todas las cosas.*

22.1. Busca el reino de Dios como a un tesoro inestimable

MANDAMIENTOS DE DIOS PARA QUE LOS OBEDEZCAMOS	RECOMPENSAS POR LA OBEDIENCIA/ ESCRITURAS QUE CONFIRMAN
Parábola del tesoro escondido: 1. Sé como el hombre que encontró el tesoro escondido en un campo y vendió todo lo que tenía y compró ese campo. (ver Mt. 13:44)	1. Porque el reino de *los cielos es semejante a un tesoro* escondido en un campo. 2. Cuando un hombre lo descubre, luego lo esconde. Y con regocijo va, vende todo lo que tiene y compra aquel campo. (Mt. 13:44)
Parábola de la perla preciosa: 2. Sé como el comerciante que buscaba perlas finas. Y habiendo encontrado una perla de gran valor, fue y vendió todo lo que tenía, y la compró. (ver Mt. 13:45)	1. Porque el reino de los cielos es semejante a un comerciante que buscaba perlas finas. 2. Cuando encontró una perla de gran valor, fue y vendió todo lo que tenía, y la compró. (Mt. 13:45-46)

Estas dos parábolas demuestran la siguiente verdad:

- El reino de los cielos es como el tesoro escondido en un campo. Por lo tanto, debemos buscar el reino de los cielos como *buscaríamos el tesoro escondido.* (Mt. 13:44)

- El reino de Dios debe poseerse *renunciando a todo* lo que nos impide formar parte de él.

- Renunciar a todo o vender todo lo que tienes significa que debes transferir todo tu corazón de otros intereses al único interés supremo, es decir, a Cristo.

- Poseamos el reino de Dios como los hombres que vendieron todo lo que tenían para comprar la perla preciosa y el campo que tenía el tesoro escondido.

179

22.2. Creyentes en el reino de Dios

Filipenses 3:20 dice que *nuestra ciudadanía está en los cielos*. No puede ser comprada ni heredada como la ciudanía terrenal, sino que se obtiene sólo al aceptar a Jesucristo como nuestro Señor y Salvador.

Somos extranjeros en este mundo. Estamos en el mundo, pero no somos del mundo. Representamos a Jesús, nuestro Rey, en la tierra. Así que nosotros, por medio de nuestro comportamiento, actitud, valores, moral y conceptos de vida, debemos traer la cultura del cielo a la tierra.

Código del reino: En un país democrático, nosotros, el pueblo, elegimos al Presidente para que nos gobierne. Pero en el reino de Dios, el Rey, Jesucristo, es la máxima autoridad, y Él decreta la ley.

Como ciudadanos del reino de Dios, es obligatorio que nosotros obedezcamos la ley del Rey, la Palabra de Dios.

La Biblia es llamada la "ley de Dios". Ninguna de las Palabras de Dios está para discusión, sino para obediencia. Este es el código del reino.

Los ángeles pelean nuestras batallas: Así como los soldados militares pelean por su nación, los ángeles son los guerreros en el reino de Dios que pelean nuestras batallas mientras que nosotros, los ciudadanos, sólo tenemos que pedirle al Rey, por medio de la oración.

Dios escucha nuestras oraciones y despacha a Sus ángeles para ministrar y para luchar contra las fuerzas demoníacas a nuestro favor. Esto se llama derribar fortalezas. ~ *Un gran siervo de Dios*

- *Las huestes celestiales te ayudarán:* ¡No temas! En estos últimos días, las huestes celestiales estarán trabajando por nosotros, como en el libro de los Hechos. Ellos nos ayudarán a cumplir la voluntad de Dios para nuestras vidas. Los ángeles también pueden ayudarte en tu vida diaria. (Jer. 33:3; Joel 2:28; Hch. 12:5-10)

- *Jesús cuenta con nosotros:* Nosotros, los creyentes, somos el *sacerdocio real*. Por lo tanto, debemos tomar la autoridad y *atar las fortalezas de Satanás*, en el nombre de Jesús.

  Con la ayuda de las huestes celestiales, debemos *limpiar nuestras ciudades* para el *reinado milenario* (1000 años) de Cristo en la tierra. (1 Pe. 2:9; Ef. 6:12; Ap. 12:7-9; Ap. 20:4-6)

22.3. *El reino de Dios es como una red de arrastre*

El reino eterno de Dios: El Dios de los cielos establecerá un reino que nunca será destruido; y el reino no será dejado a otra gente. Despedazará y consumirá a todos los demás reinos, y permanecerá para siempre. (ver Dan. 2:34-45)

MANDAMIENTOS DE DIOS PARA QUE LOS OBEDEZCAMOS	RECOMPENSAS POR LA OBEDIENCIA/ CONSECUENCIAS DE LA DESOBEDIENCIA
Parábola de la red: 1. Seamos como los peces buenos atrapados en la red y recogidos en cestas. (Mt. 13:48) 2. No sean como los peces malos que son echados fuera de la red. (Mt. 13:48)	Porque el reino de los cielos es semejante a una red que fue echada al mar, y juntó toda clase de peces. Cuando estuvo llena, la sacaron a la playa. Y sentados ***recogieron lo bueno*** en cestas y echaron fuera lo malo. Así será el fin del mundo: Saldrán los ***ángeles*** y ***apartarán a los malos*** de entre los justos, y los echarán en el ***horno de fuego***. Allí habrá llanto y crujir de dientes. (Mt. 13:47-51)

¡Pausa y reflexiona!

- En esta parábola, un verdadero creyente en Cristo es el símbolo del pez bueno en la red.

- Un creyente en Cristo es aquel que vive en la verdadera fe y justicia de Dios, obedeciendo Sus mandamientos. Lamentablemente, no todos los que profesan ser cristianos son verdaderos creyentes.

22.4. No menosprecies los modestos comienzos

MANDAMIENTOS DE DIOS PARA QUE LOS OBEDEZCAMOS	RECOMPENSAS A LA OBEDIENCIA
Parábolas del grano de mostaza y de la levadura: 1. Seamos como un grano de mostaza, la más pequeña de todas las semillas, que un hombre tomó y plantó en su campo, que crece y se hace árbol. (Mt. 13:31-32) 2. Seamos como la levadura que hace crecer toda la masa. (ver Mt. 13:33 NVI)	1. El **reino** de los cielos es como una **semilla de mostaza** que un hombre sembró en su campo. Aunque es la más pequeña de todas las semillas, cuando crece, es la más grande de las plantas en el huerto. Se convierte en árbol, de modo que vienen **las aves y anidan** en sus ramas. (Mt. 13:31-32 NVI) 2. El reino de los cielos es como la levadura que una mujer tomó y mezcló en tres medidas de harina, hasta que hizo crecer toda la masa. (Mt. 13:33 NVI)

Puntos que considerar:

- La semilla de mostaza y la levadura pueden parecer pequeñas e insignificantes, pero pueden producir grandes resultados. (ver Mt. 13:31-35)

- **Creyentes en el reino de Dios:** Los creyentes pueden tener un comienzo modesto y humilde, como la semilla de mostaza y la levadura, pero a la larga, pueden impactar al mundo en una escala mayor, como lo hicieron los doce discípulos de Cristo.

- La Escritura dice que nosotros, los creyentes, podemos hacer cosas mayores aun que Jesús mismo, si nos rendimos a Su Espíritu. (Jn. 14:12)

23. Que todas las naciones alaben al Señor

Dios habita entre las alabanzas de Su pueblo. (ver Sal. 22:3)
El Señor dice: "El que ofrece sacrificio de acción de gracias me glorificará". (Sal. 50:23)

MANDAMIENTOS DE DIOS PARA QUE LOS OBEDEZCAMOS	RECOMPENSA POR LA OBEDIENCIA/ ESCRITURAS QUE CONFIRMAN
1. Alaben al Señor, naciones todas. 2. Pueblos todos, alábenle. (ver Sal. 117:1)	Porque ha engrandecido sobre nosotros su *misericordia*, y *verdad* del Señor es para siempre. (ver Sal. 117:2)
3. Alaben al Señor como niños y como los que maman. (ver Mt. 21:16 NVI)	De la boca de los pequeños y de los que todavía maman has establecido la alabanza frente a tus adversarios *para hacer callar al enemigo (Satanás)* y al *vengativo*. (Sal. 8:2)

- Cuando Jesús hizo muchas maravillas en el templo de Dios, los niños y las multitudes gritaban diciendo: "¡Hosanna al Hijo de David! *¡Bendito el que viene en el nombre del Señor!* ¡Hosanna en las alturas!", y alababan al Señor Jesús. (Mt. 21:15; Mc. 11:9-10)

- *Formas de alabar a Dios:* Podemos alabar a nuestro Dios con instrumentos musicales, canciones, himnos, en espíritu y en verdad, etc.

23.1. Alaba y sirve solo al Señor

MANDAMIENTOS DE DIOS PARA QUE LOS OBEDEZCAMOS	ESCRITURAS QUE CONFIRMAN
1. Al Señor tu Dios adoraras y a Él sólo servirás. (ver Mt. 4:10) 2. No me adoren en vano. - Dios Todopoderoso. (Mt. 15:7-9)	El Señor dice: "Este pueblo *me honra de labios, pero su corazón está lejos de mí.* Y en vano me rinden culto, enseñando como doctrina los mandamientos de hombres". (Mt. 15:8-9)

- No adoren a Dios en vano, como hacían los fariseos. Sino adoren al Señor como Sus discípulos *lo adoraron, como al "Hijo de Dios"*, cuando lo vieron caminando sobre el mar. (Mt. 15:1,7-8; 14:33)

- ¿Le das toda tu adoración al Señor o se la das a otros ídolos, como la televisión, el dinero, tu esposa, tus hijos, tu carrera, los deportes y las estrellas de cine? Piénsalo. ¡Es tiempo de arrepentirte y cambiar!

23.2. La alabanza y la adoración nos llevan a la presencia de Dios

- Dios le mostró a Moisés el tabernáculo celestial y le pidió que construyera el templo de Dios en la tierra según el modelo que le había mostrado, con tres atrios: el atrio exterior, el atrio interior y el atrio más interior, es decir, el lugar santísimo.

- **Entra al atrio exterior:** Al dar gracias a Dios, entras por las puertas de Su templo. Siempre que comienzas a orar, comienzas en la *carne*, en el atrio exterior, donde el diablo puede intentar desviarte de la oración.

- **Pasando al atrio interior:** Aquí enfocas tu *mente* en el Señor, y mientras le ofreces alabanzas de todo corazón, pasas del atrio exterior al atrio interior de Su templo.

- **Entra en el lugar santísimo:** Al adorarle con todo tu corazón, pasas del atrio interior, al lugar santísimo, donde el Señor Jesús mismo impondrá Sus manos sobre ti y te llenará de Su Espíritu Santo.

- *Lo que no pudiste hacer en un año por ti mismo, en la presencia del Espíritu Santo lo lograrás en minutos.* Aquí tu espíritu interactúa directamente con el Espíritu de Dios.

- A medida que ***practiques seguir este patrón diariamente***, el Espíritu de Dios limpiará tu corazón y te capacitará para Su servicio. El Espíritu Santo te cambia de adentro para afuera, a la imagen de Cristo. (Ex. 26; 27:9-19)

* *Desde 1992, empecé a dedicar de 3 a 4 horas diarias a orar en el Espíritu y a escuchar la Palabra de Dios. Estas prácticas diarias me llevan rápidamente del atrio exterior al atrio interior.*

*Cuando el Señor me despierta a las 3 de la mañana, como ya estoy en el lugar santísimo, **Su impresionante presencia, Su precioso Espíritu Santo, como una bola de fuego limpia el templo de mi espíritu cada día.** Es un proceso continuo, y Jesús todavía me limpia y me da poder para Su ministerio y dice que hacer cada día, temprano en la madrugada.*

La llenura del Espíritu Santo de Dios me ayuda a morir a mi misma y a depender del Señor más que de mis propias habilidades.

La misma unción que yo experimento todos los días está disponible para ti también, si pones en práctica estos pasos. ~Autora

22.3. Jesús es digno de tu adoración

Solo Jesús es digno de toda nuestra adoración porque Él es el Dios Santísimo. En el cielo millones de ángeles y los santos de Dios, junto con los veinticuatro ancianos y los cuatro seres vivientes, se postran ante el trono de nuestro Dios y adoran a Aquel que vive por los siglos de los siglos.

No descansan ni de día ni de noche diciendo: *"¡Santo, Santo, Santo, es el Señor Dios Todopoderoso*, que era y es y que ha de venir!" (ver Ap. 4:4 -11; 7:9-11)

Dios nunca compartirá Su gloria con nadie: Satanás deseaba el trono de Dios y la adoración que sólo a Dios se le debe, y por lo tanto fue expulsado del cielo. (ver Mt. 4:9; Is. 14:12-17)

¿Cómo adoras al Señor?

"Dios es Espíritu; y es necesario que los que le adoran, lo *adoren en espíritu y en verdad"*. (Jn. 4:24)

"Adorar en espíritu" significa que el Espíritu Santo en nosotros intercede *por* nosotros y *a través* de nosotros, con gemidos indecibles, porque no sabemos cómo debiéramos orar. (ver Rom. 8:26)

"Adorar en verdad" significa que adoramos a Dios en nuestra propia lengua materna con el entendimiento de nuestro intelecto; Jesucristo es "la verdad". (Jn. 14:6)

24. El día de reposo, el día santificado

MANDAMIENTOS DE DIOS PARA QUE LOS OBEDEZCAMOS	RECOMPENSA POR LA OBEDIENCIA/ ESCRITURA QUE CONFIRMA
1. Haz el bien en el día de reposo. (ver Mt. 12:12 RVC)	Porque el Hijo del Hombre (Jesús) es Señor del día de reposo. (Mt. 12:8 RVC)
2. No dejemos de congregarnos. (ver Heb. 10:25)	
3. Te acordarás del día de reposo, y lo santificarás. (Ex. 20:8 RVC)	

Mantén santo el día de reposo: Dios Todopoderoso santificó el séptimo día para que fuera el día de reposo, adoración y bendiciones.

Cada creyente debe observar el día de reposo como un día de adoración y como una *señal al mundo de que le pertenecemos a Cristo,* y que Él es nuestro Señor y Salvador. (Gn. 2:3)

Puesto que Dios ha apartado el día de reposo como día santo, no debemos dedicar tiempo a las cosas mundanas como ver películas, deportes, televisión, etc., sino apartar ese día de la semana para el Señor, orando y leyendo la Palabra de Dios.

MANDAMIENTOS DE DIOS	ESCRITURAS QUE CONFIRMAN
El mandato de Jesús al hombre de la mano atrofiada: 4. Extiende tu mano. (Mt. 12:13)	1. El hombre con la mano atrofiada obedeció inmediatamente, y su mano quedo *tan sana* como la otra.
	2. Los fariseos estaban furiosos con Jesús porque hizo este milagro en el día de reposo. (Mt. 12:13-14)

Los fariseos de la época de Jesús malinterpretaron las leyes del día de reposo, y se volvieron tan legalistas en cuanto a la observancia del día de reposo que ni siquiera demostraban bondad hacia alguien que estaba necesitado en ese día.

Pero Jesús reprendió a los fariseos diciendo: "Es *lícito hacer el bien en el día de reposo*". Y les dio una lección al sanar al hombre en día de reposo.

25. El consejo de Dios, paso a paso

MANDAMIENTOS DE DIOS	ESCRITURAS QUE CONFIRMAN
Mandatos específicos para José: 1. No temas recibir a María por esposa. (ver Mt. 1:20 NVI)	Porque ella ha concebido por el poder del Espíritu Santo. (Mt. 1:20 NVI)
2. Le pondrás por nombre **JESÚS**. (Mt. 1:21 NVI)	Porque *Jesús salvará a Su pueblo de sus pecados.* (Mt. 1:21 NVI)
3. Levántate, toma al niño y a su madre, y huye a Egipto. Quédate allí hasta que yo te avise. (Mt. 2:13 NVI)	Porque Herodes va a buscar al niño para matarlo. (ver Mt. 2:13 NVI)
4. Levántate, toma al niño y a su madre, y vete a la tierra de Israel. (Mt. 2:20 NVI)	Pues ya murieron los que amenazaban con quitarle la vida al niño. (Mt. 2:20 NVI)
5. Se retiró al distrito de Galilea. (ver Mt. 2:22 NVI)	Pero al oír que Arquelao reinaba en Judea en lugar de su padre Herodes, tuvo miedo de ir allá. Advertido por Dios en sueños, se retiró al distrito de Galilea. (Mt. 2:22-23 NVI)

Puntos que considerar:

• *No trates de descifrar los caminos de Dios, sólo obedece:* A veces Dios te revelará las razones por las que debes obedecerle; otras veces, puede que *no te revele las razones*, pero aun así tienes que obedecerle, porque Él lo dice. Por ejemplo: Dios le pidió a Abraham que sacrificara a su hijo Isaac sin darle ninguna razón. Si desobedeces a Dios tratando de descifrar Sus caminos, puedes terminar teniendo las consecuencias. (Gn. 22:2)

• *Puede que Dios no te revele todos los detalles de Su plan al principio.* Pero a medida que le obedezcas, Él te aconsejará paso a paso como aconsejó a María, a José, a Abraham, etc.

• Por su obediencia "paso a paso" a todos los mandamientos de Dios, *José cumplió la voluntad de Dios para su vida.* Grande será su recompensa en el cielo para la eternidad. ¿Y tú?

26. Maestros de la Palabra de Dios

El Señor Jesús estaba disgustado con los líderes religiosos de Su tiempo y los reprendió por ser santurrones, hipócritas, orgullosos, avaros, egoístas, etc.

Los siguientes mandamientos que Jesús esperaba que los líderes religiosos obedecieran todavía son aplicables a los maestros actuales de la Palabra de Dios.

26.1. El poder de Jesús para perdonar los pecados

Un ángel del Señor se apareció en sueños a José y le dijo: "José, hijo de David, no temas recibir a María, tu mujer, *porque lo que en ella ha sido concebido procede del Espíritu Santo.* Y dará a luz un Hijo, y le pondrás por nombre Jesús, porque **Él salvará a su pueblo de sus pecados.**" (Mt. 1:20-21)

MANDAMIENTO DE DIOS PARA QUE LO OBEDEZCAMOS	ESCRITURAS QUE CONFIRMAN
No les den lugar a malos pensamientos en sus corazones. (ver Mt. 9:4 NVI)	1. Unos hombres le trajeron un paralítico tendido en una cama a Jesús. Jesús, viendo su fe, dijo al paralítico: "Ten ánimo, hijo; **tus pecados te son perdonados**".
	2. He aquí, algunos de los escribas dijeron entre sí: "¡Este blasfema!". Y conociendo Jesús sus pensamientos, les dijo: "¿Por qué piensan mal en sus corazones?". (ver Mt. 9:1-3)
	3. Entonces Jesús le dijo al paralítico: "!Levántate; toma tu camilla y vete a tu casa!" Y se levantó y se fue a su casa (ver Mt. 9:7)

- El Señor Jesús declaró esto a los maestros de la ley que cuestionaban Su autoridad para perdonar pecados.

- Jesús demostró a los incrédulos maestros de la ley que Él tiene poder en la tierra para perdonar pecados, al perdonar primero los pecados del paralítico y luego sanarlo.

26.2. "Misericordia quiero y no sacrificio"

MANDAMIENTO DE DIOS PARA QUE LO OBEDEZCAMOS	ESCRITURAS QUE CONFIRMAN
Sé misericordioso y no legalista: "Vayan, pues, y aprendan qué significa: Misericordia quiero y no sacrificio". – Jesús (Mt. 9:13; Os. 6:6)	Porque yo no he venido a llamar justos, sino a pecadores a arrepentimiento". (ver Mt. 9:13 RVA)

- El Señor le dijo esto a los fariseos que pensaban que eran perfectos.

- Los fariseos creían que con sus ofrendas podían agradar a Dios.

- Jesús les enseñó a los fariseos que Él prefería **mostrar bondad y llevar a un pecador a la salvación,** que a ser legalista y alejarse de los pecadores, juzgándolos. Por ejemplo: Jesús escogió a Mateo, un recaudador de impuestos, como a uno de Sus discípulos, cuando a otros les desagradaba y lo miraban como a un pecador. (Mt. 9:9)

26.3. Honra a Dios, no con tus labios, sino con tu corazón

MANDAMIENTO DE DIOS PARA QUE LO OBEDEZCAMOS	ESCRITURAS QUE CONFIRMAN
Dios mira tu corazón: No sean hipócritas. (ver Mt. 15:7)	Jesús llamó a los fariseos "hipócritas" y citó la profecía de Isaías, diciendo: "Este pueblo *me honra de labios, pero su corazón está lejos de mí.* En vano me rinden culto, enseñando como *doctrina los mandamientos de hombres*". (ver Mt. 15:7-9; Is. 29:13)

- El sacrificio de los impíos es una abominación al Señor, pero la oración de los rectos le agrada. (Prov. 15:8

- Al Señor le agrada la adoración que procede de un corazón puro. Dios aborrece el culto de los hipócritas, **porque predican lo que a la gente quiere oír:** los mandamientos de los hombres como si fueran mandamientos de Dios.

26.4. La tradición no debe corromper el evangelio

MANDAMIENTOS DE DIOS PARA QUE LOS OBEDEZCAMOS	CONSECUENCIAS DE LA DESOBEDIENCIA/ ESCRITURAS QUE CONFIRMAN
1. No quebrantes el mandamiento de Dios por causa de tu tradición. (Mt. 15: 3) 2. "Honra a tu padre y a tu madre y: El que maldiga a su padre o a su madre muera irremisiblemente". (Mt. 15:4)	1. Jesús les dijo a los escribas y fariseos: "Pero ustedes dicen que cualquiera que diga a su padre o a su madre: Aquello con que hubieras sido beneficiado es mi ofrenda a Dios, no debe honrar a su padre". (Mt. 15:5-6) 2. "Así **han invalidado la Palabra de Dios** por causa de su tradición. **¡Hipócritas!**" (Mt. 15:6-7)

- Los fariseos cambiaban el mandamiento de Dios según su conveniencia. Jesús los reprendió diciendo: "Este pueblo *me honra de labios*, pero *su corazón está lejos de mí*. Y en vano me rinden culto, enseñando como doctrina los *mandamientos de hombres*". (Mt. 15:8-9)

- Los discípulos de Juan preguntaron una vez a Jesús: "¿Por qué nosotros y los fariseos ayunamos frecuentemente pero tus discípulos no ayunan?" Jesús les dijo: "Tampoco echan *vino nuevo en odres viejos*, porque los odres se rompen, el vino se derrama y los odres se echan a perder". El vino nuevo es zumo de uva fresca sin fermentar. Es el símbolo del mensaje de salvación de Jesucristo. Este **evangelio de gracia (vino nuevo) no debe ser corrompido por las enseñanzas de los fariseos (odres viejos).**

- Jesús trataba de enseñarle a Sus discípulos cómo los fariseos imponían a sus seguidores el pesado yugo del ayuno innecesario. Pero al mismo tiempo, Jesús esperaba que los creyentes ayunaran y oraran para su crecimiento espiritual, especialmente después de Su ascensión al cielo. (Mt. 9:15)

- También debemos recordar que **el evangelio de la gracia no anula la Palabra de Dios ni la ley moral** del AT, es decir, los mandamientos de Dios.

- Jesús dice: "Lleven mi yugo sobre ustedes, y aprendan de mí, que soy manso y humilde de corazón, y **hallarán descanso para sus almas**. Porque mi yugo es fácil, y ligera mi carga". (Mt. 11:29-30)

- Por lo tanto, maestros de la Palabra de Dios, ¡estén advertidos! No le impongan a la gente un pesado yugo de reglas innecesarias **ni anulen los mandamientos de Dios** por causa de su tradición.

La brujería es abominación al Señor

Debemos tener cuidado de no anular o malinterpretar la Palabra de Dios basándonos en la tradición, la superstición, la opinión popular o las normas culturales actuales, como hicieron los fariseos. Por ejemplo: que los cristianos hagan brujería unos contra otros y observan días propicios basándose en el sol, la luna, las estrellas, etc., está prohibido por nuestro Santísimo Dios.

La Escritura dice, que *no sea hallado entre ustedes:*

- quien haga pasar por fuego a su hijo o a su hija,
- ni quien sea mago,
- ni exorcista,
- ni adivino,
- un hechicero,
- *ni encantador,*
- *ni quien pregunte a los espíritus,*
- *un espiritista,*
- ni quien consulte a los muertos.

Porque todos los que hacen estas cosas son abominación al Señor.

Los gentiles escuchan a quienes conjuran a los espíritus y a los encantadores, pero a ti no te lo ha permitido el Señor tu Dios. (ver Dt. 18:10-14)

- Es responsabilidad de los maestros de la Palabra de *Dios es de instruir a la gente para que no practique la brujería ni acuda a los videntes en busca de consejo,* sino que acuda a Dios en momentos de necesidad, para que no transgredamos el mandamiento de Dios. (Mt. 15:3, 6-9)

- Nadie debe atreverse a hacer brujería, es decir, enviar espíritus demoníacos, especialmente contra un compañero creyente en Cristo, para destruir su vida. Seguramente, el juicio de Dios vendrá sobre él.

- Cuando las fuerzas del mal vengan contra ti, *resístelas, en el nombre de Jesús.*

  i. "No hay encantamiento *contra Jacob, ni adivinación contra Israel*". (Núm. 23:23)

  ii. *"No prosperará ninguna herramienta que sea fabricada* contra ti". (Is. 54:17)

Advertencia para aquellos que consultan con psíquicos y médiums

1. **Estadísticas en los EEUU:** Número aproximado de psíquicos activos en los EEUU: 17.500 en 2010; 19.500 en 2015. ¡Advertencia! Número aproximado de personas en los EEUU que siguieron consultando con un psíquico/ médiums durante más de un año: 47.000 (2000-2012) y 87.000 en 2013. El número aumentó a 99.000 en 2014 y a 145.000 en 2015. ¡¡¡Es algo muy triste!!!

2. **Los psíquicos no se comunican con Dios:** Lamentablemente, muchas personas inocentes se convierten en víctimas, en su ignorancia suponiendo que los psíquicos y médiums se comunican directamente con Dios y Sus ángeles y les dan respuestas a sus problemas en la vida.

3. **Satanás se comunica con los psíquicos:** Por el contrario, los propios psíquicos y médiums son engañados por Satanás y sus ángeles caídos. Satanás se les aparece como ángel de luz, se comunica con ellos y los engaña, en última instancia, para su propia destrucción.

4. **Posesión demoníaca:** Las personas que consultan con los psíquicos y médiums pueden ser fácilmente poseídas por Satanás y sus espíritus demoníacos.

26.5. Cuidado con la doctrina de los maestros de la ley

MANDAMIENTO DE DIOS PARA QUE LO OBEDEZCAMOS	ESCRITURAS QUE CONFIRMAN
Miren, guárdense de la levadura de los fariseos y de los saduceos. (Mt. 16:6)	Entonces entendieron que Jesús no les habló de guardarse de la levadura del pan, sino más bien de *la doctrina de los fariseos y de los saduceos.* (ver Mt. 16:12)

¡Pausa y reflexiona!

- La levadura simboliza el mal y la corrupción. Se refiere a la doctrina de los fariseos y de los saduceos.

- Jesús llama "levadura" a las enseñanzas de los fariseos y de los saduceos, porque incluso una doctrina errónea que parece insignificante puede influir en un gran grupo de personas para que crean en una doctrina equivocada, al igual que una pequeña cantidad de levadura fermenta y afecta a toda la masa. (Mt. 16:6-12)

- Por lo tanto, cuando escuches un mensaje de cualquier predicador, *siempre debes comprobar si está de acuerdo con la Palabra de Dios.*

- Sólo el *Espíritu Santo de Dios en ti puede ayudarte* a entender la Palabra de Dios como Él quiere. (2 Tim. 3:16-17; Jn. 14:26; 16:13)

26.6. No hagas las obras de los fariseos

MANDAMIENTO DE DIOS PARA QUE LO OBEDEZCAMOS	ESCRITURAS QUE CONFIRMAN
Que Cristo sea el ejemplo que tú sigas: Observa y haz todo lo que los maestros de la ley te digan que observes, pero no hagas según sus obras. (ver Mt. 23:3)	Jesús habló a las multitudes y a sus discípulos acerca de las **obras de los fariseos**, diciendo: 1. Los fariseos no practican lo que predican. 2. **Ponen cargas pesadas** sobre los hombros de los hombres, pero ellos mismos no mueven un dedo para moverlas. 3. Todas sus obras las hacen **para que los hombres los vean.** 4. *Aman los asientos más importantes* en la sinagoga. 5. Aman el lugar de honor en los banquetes. 6. Les encanta que los saluden con respeto en los mercados. (Mt. 23:1-7)

Puntos que considerar:

- *Las palabras del Señor son palabras puras; como plata probada en horno de tierra, purificada siete veces.* (Sal. 12:6)

- La Santa Palabra de Dios, aunque predicada por un vaso inmundo, por maestros como los fariseos, es purificada siete veces como se purifica la plata en un horno, antes de llegar al corazón de los oyentes y producir frutos en sus vidas.

- **Dios se compadece de la gente inocente** *e ignorante y hace milagros por ellos* por Su misericordia, y no a causa del predicador. Ten cuidado y dale toda la gloria sólo a Dios y no a ningún predicador.

- **Estén advertidos:** Jesús nos advierte que no hagamos las obras de los predicadores que son como los fariseos. No modeles tu vida de acuerdo a su estilo de vida, porque puedes recaer e incluso perder tu salvación.

26.7. Discierne las señales de la venida de Jesús

MANDAMIENTO DE DIOS PARA QUE LO OBEDEZCAMOS	ESCRITURAS QUE CONFIRMAN
Viviendo en los últimos tiempos: Discierne las señales de los tiempos. (ver Mt. 16:3)	"Bien que saben distinguir el aspecto del cielo, pero no pueden distinguir las señales de los tiempos". (ver Mt. 16:3 RVC)

¡Pausa y reflexiona!

- En los últimos días la gente vivirá vidas egoístas, como en los días de Noé: **comiendo, bebiendo, drogándose, festejando** toda la noche, teniendo un **estilo de vida sexualmente inmoral**, etc.

- Porque *como en los días de Noé*, antes del diluvio, estaban comiendo y bebiendo, casándose y dándose en casamiento, hasta el día en que Noé entró en el arca; y no sabían lo que sucedería hasta que vino el diluvio y se los llevó a todos.

- Así será en la venida del Hijo del hombre.

- ***Por tanto, estén preparados también ustedes***, a la hora que no piensen, vendrá el Señor. (Mt. 24:36-44)

* *Por favor consulta el Capítulo 19 acerca del tema: "¡Jesucristo viene pronto!" en este libro, para las señales de los últimos días.*

Dios te hará responsable por las almas perdidas, porque el fin está cerca

El Señor dice: "Hasta en tus faldas se ha encontrado la sangre de las personas pobres e inocentes. No los hallaste forzando la entrada. Sin embargo, en todo esto tú dices: 'Soy inocente, ciertamente él ha apartado su ira de mí'".

"Porque dijiste: *'No he pecado', he aquí yo entrare en juicio contra ti"*.

Por lo tanto, no vivas en lujo y en tu zona de comodidad, perdido en tu propio mundo, sin preocuparte por las cosas de Dios, cuando las almas a tu alrededor se están pereciendo y yendo al infierno, sin conocer a su Mesías, Jesucristo.

Utiliza bien tu tiempo. El tiempo perdido no se puede recuperar. ***El tiempo sigue pasando***. Mantente alerta, vigila y ora. *¡Jesús volverá antes de lo que esperas!*

26.8. No se conviertan en una generación adúltera

MANDAMIENTO DE DIOS PARA QUE LO OBEDEZCAMOS	CONSECUENCIAS DE LA DESOBEDIENCIA/ ESCRITURAS QUE CONFIRMAN
No sean una generación malvada y adúltera que pide una señal. (ver Mt. 16:1-4)	i. Los fariseos y los saduceos se acercaron a Jesús y, para ponerlo a prueba, pidieron que mostrara una señal del cielo.
	ii. Él contestó: ¡Esta generación malvada y adúltera pide una señal milagrosa! Pero no se le será dará más señal que la *de Jonás*". (ver Mt. 16:1-4 NVI)

- Jesús llamó a los maestros de la ley *"generación malvada y adúltera"*. Es triste ver que algunos siervos de Dios, como los fariseos, que deberían ser modelos para los demás, *han perdido el temor reverencial a Dios* y viven en adulterio. Si continúan viviendo en pecado, ignorando las convicciones del Espíritu Santo, entonces el Señor puede juzgar a algunos de ellos en esta tierra mientras otros esperan el juicio hasta el día final. (1 Tim. 5:24; 1 Co. 5:5; 11:32; Heb. 6:4-6)

26.9. Dios se opone a los orgullosos

MANDAMIENTOS DE DIOS PARA QUE LOS OBEDEZCAMOS	RECOMPENSA POR LA OBEDIENCIA/ CONSECUENCIA DE LA DESOBEDIENCIA
1. No te exaltes a ti mismo. (Mt. 23:12)	Porque serán *humillados*. (Mt. 23:12)
2. Sé humilde. (Mt. 23:12)	Porque serás *enaltecido*. (Mt. 23:12)

Consecuencias de la soberbia:

- Dios se opone a los orgullosos, pero da gracia a los humildes. (1 Pe. 5:5)

- Cuando *viene la soberbia, viene también la deshonra;* pero con los humildes, está la sabiduría. (Prov. 11:2)

- Antes de la quiebra está el orgullo, y *antes de la caída la altivez de espíritu*. (Prov. 16:18)

- Mejor es humillar el espíritu con los humildes, que repartir botín con los soberbios. (Prov. 16:19)

- Porque si alguien estima que es algo, no siendo nada, *a sí mismo se engaña*. (Gal. 6:3)

26.10. Honrar a los hombres es abominación ante Dios

MANDAMIENTOS DE DIOS PARA QUE LOS OBEDEZCAMOS	CONSECUENCIAS DE LA DESOBEDIENCIA
1. No hagas todas tus obras para *ser visto por los hombres.* (Mt. 23:5) 2. No ames los primeros asientos en los banquetes ni las primeras sillas en la sinagoga (templo de Dios). (Mt. 23:6) 3. No ames las salutaciones en las plazas. (Mt. 23:7)	Jesús les dijo a los fariseos: "Ustedes son los que se justifican a ustedes mismos delante de los hombres. Pero Dios conoce el corazón de ustedes; porque *lo que entre los hombres es sublime, delante de Dios es abominación".* (Lc. 16:15)

¡Pausa y reflexiona!

• A Jesucristo, nuestro Maestro, no le importaban las alabanzas de los hombres. Nunca hizo milagros para atraer multitudes hacia Él.

• *A menudo, Jesús mandaba callar a los demonios* y ni siquiera permitía que éstos le revelaran quién Él era, porque sabían que era el "Hijo de Dios". (Mc. 1:32-39)

• *¿Y nosotros?*

Muchos de nosotros podemos sentirnos felices y orgullosos de ser reconocidos por los demonios como verdaderos siervos de Dios.

Los que solo quieren complacer a los hombres no recibirán recompensas en el cielo, porque ellos reciben recompensas y honor de la gente en la tierra. Así que, apresúrate a darle gloria a Dios.

26.11. Jesús: el único "Rabí"

Jesús declaró: *"Mi doctrina no es mía sino de aquel que me envió".*

Si alguien quiere hacer su voluntad, conocerá si mi doctrina proviene de Dios o si yo hablo por mi propia cuenta.

El que habla por sí mismo busca su propia gloria; pero el que busca la gloria del que lo envió, este es verdadero y en él no hay injusticia". (Jn. 7:16-18)

MANDAMIENTOS DE DIOS PARA QUE LOS OBEDEZCAMOS	RECOMPENSAS POR LA OBEDIENCIA/ ESCRITURAS QUE CONFIRMAN
1. Que no sean llamados "Rabí". (ver Mt. 23:8)	Porque uno solo es su Maestro, y **todos ustedes son hermanos.** (Mt. 23:8)
2. No llamen a nadie en la tierra "Padre". (ver Mt. 23:9)	Porque su Padre que está en los cielos es uno solo. (Mt. 23:9)
3. No los llamen "guia". (Mt. 23:10)	Porque su guia es un solo, el Cristo. (Mt. 23:10)

Puntos que considerar:

- Jesucristo es el único digno de ser llamado "Rabí" y "Maestro", porque Él es perfecto.

- Nicodemo, fariseo y príncipe de los judíos, se acercó a Jesús y le dijo: "Rabí, sabemos que *has venido de Dios,* porque nadie puede hacer estas señales que tú haces a menos que Dios esté con él". (Jn. 3:2)

26.12. Servir a los demás para ser grande en el cielo

MANDAMIENTOS DE DIOS PARA QUE LOS OBEDEZCAMOS	RECOMPENSA POR LA OBEDIENCIA
1. Sé siervo de los demás. (Mt. 23:11; 20:26) 2. Sírvanse los unos a los otros con amor. (ver Gal. 5:13)	Pero el que es **mayor** entre los ustedes será su siervo. (ver Mt. 23:11)

¡Pausa y reflexiona!

- Tenemos diferentes dones, según la gracia que se nos ha dado. *Si el don de un hombre es servir, que sirva.* (ver Rom. 12:7)

- Cada uno ponga al servicio de los demás el don que ha recibido, como buenos administradores de la multiforme gracia de Dios. Si alguien habla, hable conforme a las palabras de Dios. Si alguien presta servicio, sirva conforme al poder que Dios le da, para que en todas las cosas Dios sea glorificado por medio de Jesucristo. (1 Pe. 4:10-11)

- *Apacienten el rebaño de Dios* que está a su cargo:

    i. cuidándolo no por la fuerza sino de buena voluntad según Dios;

    ii. no por ganancias deshonesta sino de corazón;

    iii. no como teniendo señorío sobre los que están a su cargo *sino como ejemplos para el rebaño.*

    Y al aparecer el Príncipe de los pastores recibirán *la inmarchitable corona de gloria.* (1 Pe. 5:2-4)

26.13. Los reproches de Jesús a los líderes religiosos

MANDAMIENTO DE DIOS PARA QUE LO OBEDEZCAMOS	CONSECUENCIAS DE LA DESOBEDIENCIA
1. No le cierren el reino de los cielos a los hombres. (ver Mt. 23:13)	1. *¡Ay de ustedes*, escribas y fariseos, hipócritas! (Mt. 23:13) 2. Pues **ustedes no entran,** ni dejan entrar a los que están entrando. (Mt. 23:13)

- Jesús condenó a los líderes religiosos de Su época, quienes lo habían rechazado y habían malinterpretado la Palabra de Dios para beneficio propio. Sustituyeron la Palabra por sus propias ideas e interpretaciones.

MANDAMIENTOS DE DIOS PARA QUE LOS OBEDEZCAMOS	CONSECUENCIAS DE LA DESOBEDIENCIA
2. *No devoren las casas de las viudas.* (Mt. 23:14 RVC) 3. No afligirás a ninguna viuda ni ningún huérfano. (Ex. 22:22)	1. *¡Ay de ustedes*, escribas y fariseos, hipócritas! Porque devoran las casas de las viudas, y como pretexto hacen largas oraciones. Por eso *mayor será su condenación.* (Mt. 23:14 RVC) 2. Dios defiende la causa del huérfano y de la viuda. (ver Dt. 10:18; Sal. 68:5)

¡Pausa y reflexiona!

- *La religión pura e incontaminada* delante de Dios y Padre es ésta: cuidar a los *huérfanos y a las viudas* en su aflicción, y guardarse *sin mancha* del mundo. (St. 1: 27)

- Cuando vayas a casa de una viuda afligida para consolarla, no esperes nada a cambio.

26.14. Ay del pastor inútil

La Escritura dice: "¡Ay del pastor inútil, que *abandona el rebaño!*" (Zac. 11:17)

"¡Ay de los pastores que echan a perder y dispersan las ovejas de mi prado!", dice el Señor.

Por tanto, así ha dicho el Señor de Israel a los pastores que apacientan a mi pueblo:

"Ustedes *dispersaron y ahuyentaron mis ovejas,* y *no se ocuparon de ellas.* He aquí que yo me ocupare de ustedes por la maldad de sus obras, dice el Senor". (Jer. 23:1-2)

MANDAMIENTO DE DIOS PARA QUE LO OBEDEZCAMOS	CONSECUENCIAS DE LA DESOBEDIENCIA
No hagas que un prosélito (nuevo creyente) sea dos veces más hijo del infierno que tú. (Mt. 23:15)	1. **¡Ay de ustedes**, escribas y fariseos, **hipócritas!** Porque recorren mar y tierra para ganar un solo prosélito. 2. Y, cuando lo logran, lo hacen un **hijo del infierno dos veces más que ustedes.** (por el estilo de vida de ustedes) (Mt. 23:15)

Puntos que considerar:

• *Un nuevo creyente tiende a buscar la guía de los líderes religiosos* hasta que se haya fortalecido en la Palabra de Dios.

• Por lo tanto, un pastor debe nutrir a los creyentes y guiarlos por el camino correcto según la Palabra de Dios.

• La vida del pastor debe ser un buen ejemplo para ellos, especialmente para los nuevos conversos.

Un líder religioso debe ser:

1. Intachable,

2. **marido de una sola mujer,**

3. sobrio,

4. prudente,

5. decoroso,

6. hospitalario,

7. apto para enseñar (la Palabra de Dios)

8. **no dado al vino,**

9. no violento

10. sino amable,

11. no contencioso,

12. **no amante del dinero.**

13. Que gobierne bien su casa

14. Y tenga a sus hijos en sujeción con toda dignidad.

15. Que no sea un recién convertido para que **no se llene de orgullo** y caiga en la condenación *del diablo.*

16. También debe tener un **buen testimonio** de los de afuera para que no caiga en el reproche y la trampa del diablo.

17. Dignos de respeto,

18. **sin de doblez de lengua,**

19. que mantengan el misterio de la fe con limpia conciencia. (1 Tim. 3:1-9)

¿Puede un cristiano beber alcohol?

I. Adicción al alcohol:

- *Definición de alcohol:* Líquido incoloro e inflamable, producido por la fermentación natural de los azúcares, o por destilación; constituyente embriagador de los licores (cerveza, vino o whisky) que puede embriagar a una persona.

- *Estadísticas en los EE UU:* Un estudio reciente muestra que los Estados Unidos se ha convertido en el mayor consumidor de vino del mundo. Alrededor de 79 millones de estadounidenses, entre los 21 y 38 años bebieron vino en 2015; un promedio de 2 cajas por persona. La adicción al alcohol es un problema grave con el que hay que tratar.

- *Bebidas alcohólicas estándar en los EE.UU:* 12 onzas de cerveza normal que suele tener alrededor de un 5% de alcohol y 5 onzas de vino que suele tener alrededor de un 12% de alcohol.

- *Razones por las que la gente recurre al alcohol:* Para ahogar sus penas, dolores, miedos, ansiedad, preocupaciones, problemas conyugales, etc.

II. Consecuencias bíblicas de beber vino:

- El sabio rey Salomón dijo: "*El vino* hace *burla,* el licor alborota. Y cualquiera que se descarría *no es sabio*". (Prov. 20:1)

- "*Ay de los que* son valientes para *beber vino*, y hombres fuertes para mezclar *licor*". (Is. 5:22)

- "*¿De quién son los lamentos?*

- ¿De quién son los *pesares*?

- ¿De quién son los *pleitos*?

- ¿De quién las quejas?

- ¿De quién son las *heridas* gratuitas?

- ¿De quién los ojos morados?

- Del que no suelta la botella de vino ni deja de probar licores". (Prov. 23:29-35 NVI)

- "¡Ay de los que *se levantan muy de mañana para ir tras la bebida, y siguen hasta la noche, hasta que el vino los enciende!*" (Is. 5:11)

- *La condenación eterna por la embriaguez:* *Ahora bien, las obras de la carne son evidentes.* Estas son: inmoralidad sexual, impureza, desenfreno, idolatría, hechicería, enemistades, pleitos, celos, ira, contiendas, disensiones, partidismos, envidia, *borracheras*, orgias, y cosas semejantes a estas, de las cuales les advierto, como ya lo hice antes, que los que hacen tales cosas no heredarán el reino de Dios. (Gal. 5:19-21)

III. Consecuencias médicas del vino en nuestro cuerpo:

- *Efectos negativos del alcohol a corto plazo:* Distorsión de la visión, la audición, la coordinación, alteración de las percepciones y las emociones, alteración del juicio, mal aliento, náuseas, vómitos y resaca, etc., pueden producirse después de beber durante un periodo de tiempo relativamente corto. Incluso con moderación, el consumo de alcohol causa importantes problemas físicos, mentales y espirituales. No es de extrañarse que la Biblia advierta sistemáticamente contra su consumo.

- *Efectos negativos del alcohol a largo plazo:* Otros problemas, como las enfermedades hepáticas, las cardiopatías, la hipertensión, los accidentes cerebrovasculares, algunas formas de cáncer y la pancreatitis, suelen desarrollarse de forma más gradual y sólo se hacen evidentes tras años de consumo.

IV. ¡Sepárate para Jesús!

- *Un siervo bebedor no está preparado para el regreso de su Señor.* (Mt. 24:48-51)

- El vino arrebata el entendimiento y la inteligencia. (Os. 4:11)

- Si un cristiano es bebedor, *no te asocies con él.* (1 Co. 5:11)

- Jesús quiere darte una vida abundante. (Jn. 10:10)

V. El Espíritu Santo te liberará del alcoholismo:

- La Escritura dice: "Y no se embriaguen con vino, pues en esto hay desenfreno. *Más bien, sean llenos del Espíritu*", porque Él es el verdadero dador de alegría. (Ef. 5:18 ; Rom. 14:17; Jn. 16:24)

- El Espíritu Santo es quien puede ayudarte a superar la adicción del alcoholismo; *porque el Espíritu nos ayuda en nuestras debilidades.* (Rom. 8:26)

26.15. No seas un guía ciego

MANDAMIENTO DE DIOS PARA QUE LO OBEDEZCAMOS	CONSECUENCIAS DE LA DESOBEDIENCIA
No seas un guía ciego. (ver Mt. 23:16)	1. ¡Ay de ustedes, escribas y fariseos, hipócritas!
	2. O dicen: Si uno jura por el altar, no significa nada; pero si jura por la ofrenda que está sobre el altar, queda bajo obligación.
	3. Y el que jura por el santuario, jura por el santuario y *por aquel que habita en él.*
	4. El templo donde habita la presencia de Dios es lo que hace sagrado el regalo o el oro. (Mt. 23:16-21)

¡Pausa y reflexiona!

• Los fariseos eran líderes ciegos de ciegos y si el ciego guía al ciego, ambos caerán en la zanja. (ver Mt. 15:13)

• No seas como los fariseos que estaban ciegos a los caminos de Dios. Estaban tan cegados en su justicia propia que se perdieron al Mesías, Jesucristo, y finalmente perdieron sus almas en el infierno.

• Tuvieron posiciones honorables en la tierra, pero no llegaron al cielo. ¡Qué triste!

26.16. No cueles el mosquito pero te tragues el camello

MANDAMIENTO DE DIOS PARA QUE LO OBEDEZCAMOS	CONSECUENCIAS DE LA DESOBEDIENCIA
No descuides los asuntos más importantes de la ley: la justicia, la misericordia y la fidelidad. (Mt. 23:23)	1. ¡Ay de ustedes, escribas y fariseos, hipócritas! 2. Dan la décima parte de sus especias: la menta, el anís y el comino. Pero han **descuidado** los asuntos más importantes de la Ley, tales como **la justicia, la misericordia y la fidelidad.** 3. Debían haber practicado esto sin descuidar aquello. 4. **¡Guías ciegos!** Cuelan el mosquito, pero se tragan el camello. (Mt. 23:23-24).

Puntos que considerar:

- *Diezmos:* Los fariseos eran obedientes a Dios en pagar los diezmos aun de sus especias. Ya que nuestra justicia debe exceder la de los fariseos, cuánto más debemos *ser fieles en pagar los diezmos a Dios*, para expandir Su reino. (Mal. 3:10)

- Al mismo tiempo, Dios espera que no descuidemos los asuntos más importantes de la Ley, es decir, la justicia, la misericordia y la fidelidad.

26.17. Limpia el interior de tu corazón

MANDAMIENTOS DE DIOS PARA QUE LOS OBEDEZCAMOS	CONSECUENCIAS DE LA DESOBEDIENCIA
1. No se dejen llevar por la avaricia ni la falta de dominio propio. (ver Mt. 23:25)	1. *¡Ay de ustedes,* maestros de la ley y fariseos, *hipócritas!* 2. Limpian el vaso y el plato por fuera, pero por dentro están llenos de robo y falta de dominio propio. 3. *¡Fariseo ciego!,* limpia primero por dentro el vaso y del plato, así quedará limpio también por fuera. (ver Mt. 23:25-26)
2. *Por lo tanto, hagan morir* lo terrenal en sus miembros: inmoralidad sexual, impureza, bajas pasiones, malos deseos y *avaricia, que es idolatría.* (Col. 3:5-6)	A causa de estas cosas viene la ira de Dios sobre los rebeldes. (Col. 3:5-6)

- La conducta externa de los fariseos parecía recta, pero sus corazones estaban llenos de hipocresía, avaricia, orgullo, lujuria y maldad.

26.18. Escapa la condenación del infierno

MANDAMIENTO DE DIOS PARA QUE LO OBEDEZCAMOS	CONSECUENCIAS DE LA DESOBEDIENCIA
No se presenten por fuera ante todos como hombres justos, pero por dentro están llenos de hipocresía y de maldad. (ver Mt. 23:28 RVC)	1. ¡Ay de ustedes, escribas y fariseos, hipócritas! 2. Porque **son como los sepulcros blanqueados**, que por fuera se ven hermosos pero por dentro están llenos de carroña y de total impureza. 3. Jesús condenó a los fariseos, diciendo: **¡Serpientes, generación de víboras!** ¿Cómo escaparán de la condenación del infierno? (ver Mt. 23:27-33)

¡Pausa y reflexiona!

- Los maestros de la Palabra de Dios en el tiempo de Jesús estaban tan cegados en su justicia propia que *malinterpretaban la Palabra de Dios con su propio razonamiento* y no por la unción del Espíritu Santo. (Mt. 15:3-6)

- Ni siquiera pudieron ver a su Mesías, Jesucristo, que estaba en medio de ellos, y finalmente *perdieron sus almas en el infierno*. (Mt. 23:27-33)

La torpeza de entendimiento puede costarte tu salvación

- En los tiempos de Jesús, los corazones del sumo sacerdote y de los jefes de los sacerdotes se habían vuelto tan insensibles y *torpes de entendimiento* que se atrevieron a crucificar al Dios Creador, al mismo Jesucristo. Aunque conocían bien las Escrituras, *ni siquiera investigaron* dónde podría haber nacido Jesús, ni preguntaron a María, la madre de Jesús, sobre Su nacimiento. Todos ellos habrían oído hablar de los milagros, señales y prodigios de Jesús, pero seguían cegados ante su Mesías. (Mt. 26 y 27)

- Aunque el sumo sacerdote le preguntó directamente a Jesús: ¿Así que tú eres el Hijo de Dios? Y Jesús les contestó: *"Ustedes dicen que lo soy"*. Aun así, eso no les abrió los ojos, y crucificaron a Cristo. (Lc. 22:67-71; 23)

- Incluso *Pilato*, el gobernador romano, *un gentil*, *temió* más cuando les oyó decir que este hombre, Jesús, decía ser el Hijo de Dios. A partir de entonces, Pilato intentó salvar a Jesús unas siete veces. (Jn. 18:28; 19:16)

- Cuando los magos de oriente le preguntaron al rey Herodes acerca del nacimiento de Jesús, incluso *Herodes investigó* y se enteró por los escribas de que el Rey de los judíos nacería en la pequeña ciudad de *Belén*, pero el sumo sacerdote y los jefes de los sacerdotes no se enteraron de la verdad acerca de Jesús, su Mesías, antes de crucificarlo. (Mt. 2:1-6)

- Si estás lleno de *orgullo, de ti mismo, de tu ego*, arrogancia, y la carne, entonces *Satanás* puede usar estas características y *cegar completamente tu mente* y engañarte para que creas lo incorrecto como correcto. En tal caso, Dios también te entregará a un *espíritu delirante*.

- Ten cuidado de que tu entendimiento no sea tan torpe y acabes perdiendo la salvación, como hicieron los sumos sacerdotes. Por tanto, ¡permanezcan siempre en Cristo!

27. 'Este es Mi Hijo amado, escúchenlo'

MANDAMIENTO DE DIOS PARA QUE LO OBEDEZCAMOS	ESCRITURAS QUE CONFIRMAN
La transfiguración de Jesús en el monte: 1. "Este es mi Hijo amado, en quien tengo complacencia. A él oigan". ~ Señor Dios Todopoderoso (ver Mt. 17:5)	1. Cuando Jesús se transfiguró delante de sus discípulos, *su rostro resplandeció como el sol, y sus vestiduras se hicieron blancas como la luz.* 2. Y he aquí que se les aparecieron *Moisés y Elías* hablando con Jesús. (Mt. 17:1-3) 3. Mientras Jesús seguía hablando, una nube brillante les hizo sombra. (Mt. 17:5) 4. Y he aquí salió una voz de la nube diciendo: "Este es mi Hijo amado, **en quien tengo complacencia.** A él oigan". (Mt. 17:5)

- Fue una confirmación de Dios Padre de que Jesús es Su único Hijo verdadero, en quien se complace.

- Pedro, Jacobo y Juan tuvieron el privilegio de ver la gloria celestial de Cristo como realmente era: Dios en carne humana.

MANDAMIENTOS DE DIOS	ESCRITURAS QUE CONFIRMAN
Mandatos específicos de Jesús a Sus discípulos: 2. Levántense y no teman. (Mt. 17:7) 3. No mencionen la visión a nadie, hasta que el Hijo del Hombre resucite de entre los muertos. (ver Mt. 17:9)	1. Cuando los discípulos vieron esta visión sobrenatural de Dios, cayeron sobre sus rostros y tuvieron mucho miedo. 2. Pero Jesús se acercó, los tocó y les dijo: "Levántense y no teman". Cuando alzaron los ojos, no vieron a nadie más que a Jesús. (ver Mt. 17:6-8)

Puntos que considerar:

- **Busca agradar a Dios Padre, como lo hizo Jesús:** Nuestro Padre celestial afirmó que Jesús es Su único Hijo verdadero, en quien se complace. De hecho, Dios Padre estaba tan complacido con Su Hijo, Jesús, que cada vez que Jesús oraba, Dios Padre contestaba Sus oraciones. Por ejemplo: antes de que Jesús resucitara a Lázaro de entre los muertos, levantó los ojos y dijo: "Padre, te doy gracias porque me has escuchado y sé que *siempre me escuchas*". Dios también se complacerá con nosotros, como lo hizo con Jesús, cuando escuchemos a Jesús y le obedezcamos. (Jn. 11:41-42)

- **Sé de los privilegiados:** De los doce discípulos, sólo Pedro, Jacobo y Juan recibieron esta revelación especial de Dios y vieron a Jesús transfigurarse ante sus propios ojos. Nosotros también debemos desear y orar para estar entre los privilegiados que reciben tales revelaciones divinas, los tesoros ocultos del reino de Dios.

- **Hambre de visiones celestiales:** El salmista oró: "Abre mis ojos y miraré las maravillas de tu ley".

El Señor nos promete: "Pídeme y te daré a conocer secretos sorprendentes que no conoces acerca de lo que está por venir". Por tanto, ten hambre de las cosas celestiales y espera en el Señor. El Señor es fiel de cumplir Sus promesas. (Sal. 119:18; Is. 45:3; Jer. 33:3)

28.¡Bien, siervo bueno y fiel!

MANDAMIENTO DE DIOS PARA QUE LO OBEDEZCAMOS	RECOMPENSA POR LA OBEDIENCIA/ CONSECUENCIA DE LA DESOBEDIENCIA
La parábola de los talentos: Sé cómo los dos siervos buenos y fieles que multiplicaron sus (cinco y dos) talentos. (ver Mt. 25:16-17)	1. El Señor elogió a los siervos fieles y dijo: "¡Bien, buen siervo y fiel!" 2. Sobre poco has sido fiel, sobre mucho te pondré. 3. Entra en el **gozo de tu señor**". (Es decir, en el cielo) (Mt. 25:21-23)

Hombres de Dios que fueron fieles:

• "Moisés fue fiel en toda la casa de Dios", dijo el Señor.

• Timoteo fue otro siervo fiel en el Señor. (Heb. 3:2; Núm. 12:7; 1 Co. 4:17)

Bendiciones para quienes son fieles:

• El hombre fiel tendrá muchas bendiciones. (Prov. 28:20)

• Los ojos del Señor están sobre los fieles de la tierra. (Sal. 101:6)

• El Señor guarda a los fieles. (Sal. 31:23)

MANDAMIENTO DE DIOS PARA QUE LO OBEDEZCAMOS	RECOMPENSA POR LA OBEDIENCIA/ CONSECUENCIA DE LA DESOBEDIENCIA
El siervo malo y negligente es juzgado: No seas como el siervo malo y perezoso que enterró el dinero (talento) de su señor en la tierra. (ver Mt. 25:18 RVA)	1. Su señor lo llamó 'malo y negligente siervo' y le dijo: "Quitadle pues el talento, y dadlo al que tiene diez talentos. 2. Y al siervo inútil echadle en las **tinieblas de afuera (infierno)**: allí será el lloro y el crujir de dientes. 3. Porque a cualquiera que tuviere, le será dado, y tendrá más; 4. Y al que no tuviere, **aun lo que tiene le será quitado.** (Mt. 25:28-30 RVA)

1. El Señor no perdonó al siervo negligente que devolvió su talento *al Señor sin multiplicarlo.*

2. El siervo malvado tenía **una percepción equivocada** acerca de su señor, de que era un hombre duro que cosechaba donde no había sembrado. Él no tenía una buena relación con su señor, y por lo tanto no entendía sus caminos.

3. Este siervo malvado y perezoso fue arrojado al fuego del infierno por no usar su talento para el Señor; porque **no era salvo** a los ojos del Señor. Si realmente hubiera entendido el sacrificio que el Señor había hecho por él, y si hubiera hecho de Jesús el Salvador, y Señor de su vida, entonces definitivamente habría multiplicado sus talentos.

4. Si no lo usas, lo pierdes.

Multiplica tus talentos para el Señor

Talento: Un talento simboliza nuestras habilidades, recursos, tiempo y oportunidades, para servir a Dios.

Sé fiel en lo poco: La Escritura dice que el que es fiel en lo poco, también lo es en lo mucho. El Señor usualmente nos prueba y observa cuidadosamente para ver lo que hacemos con los pocos talentos que tenemos. Si somos fieles en las cosas pequeñas, Él nos confiará responsabilidades mayores. Así que no desprecies los pequeños comienzos. (Lc. 16:10)

Utiliza tus talentos para el Señor: Si tienes mucho tiempo libre piensa, ¿qué puedes hacer para el Señor en tu tiempo libre?

- *¿Sabes cantar o escribir canciones* o dirigir el culto? Entonces, utiliza tus talentos para el Señor. No esperes a que te llegue una gran oportunidad para hacerte un nombre. Busca sólo la gloria de Dios, para que Dios pueda elevarte a su debido tiempo. (1 Pe. 5:6)

- *¿Tienes espíritu de oración* e intercesión? Entonces, únete a otro creyente y ora por tu ciudad o nación. También puedes levantar intercesores o iniciar células de oración, para *interceder por la salvación de las almas perdidas.* Si te dedicas a la construcción, utiliza tu talento para construir iglesias para el Señor en todo tu país, especialmente en aldeas remotas.

- El Espíritu Santo conoce nuestro potencial y, por tanto, nos imparte diferentes dones. Dios nos da dones y talentos para que los utilicemos a favor de los demás. La unción del Espíritu Santo en nosotros debe fluir constantemente hacia los demás y no estancarse. Donde hay voluntad, habrá un camino. Dios hará un camino para usar tus talentos para Su reino, si estás disponible para Su servicio.

29. ¿Por qué viven juntos en la tierra los buenos y los malos?

MANDAMIENTO DE DIOS PARA QUE LO OBEDEZCAMOS	RECOMPENSA POR LA OBEDIENCIA/ CONSECUENCIA DE LA DESOBEDIENCIA
La parábola de la buena semilla y la cizaña : 1. Seamos como la buena semilla: los hijos del reino de Dios. (Mt. 13:37-38 NVI) 2. No sean como la cizaña: los hijos del maligno, el diablo. (Mt. 13:38-39 NVI)	1. **El juicio final:** Al fin del mundo, el Hijo del hombre, Jesús, enviará a Sus ángeles y *arrancarán* de su reino a todos los que pecan y hacen pecar (la cizaña). (Mt. 13:40-41 NVI) 2. Y los ángeles los arrojarán (la cizaña) al *horno encendido*, donde habrá llanto y crujir de dientes. (Mt. 13:42 NVI) 3. Entonces los *justos* brillarán en el reino de su Padre *como el sol*. (Mt. 13:43 NVI)

- Esta parábola de la buena semilla y la cizaña enfatiza que Satanás sembrará junto a los que siembran la Palabra de Dios.

- Dios permite que los buenos y los malos vivan juntos en esta tierra hasta el final.

El Señor espera hasta el fin para juzgar a los malvados

- **Los engañadores contra los justos:** La buena semilla representa a los hijos justos de Dios. La cizaña representa a los seguidores de Satanás, a veces disfrazados de creyentes. Es difícil distinguir entre los justos y los que pretenden ser hijos de Dios, que no obedecen los mandamientos de Jesús. Jesús los llama lobos disfrazados de ovejas. Por eso, el Señor espera hasta el final para arrancar a todos los que hacen el mal; porque si los segadores arrancan la cizaña cuando está creciendo, podrían arrancar accidentalmente parte del trigo con la cizaña.

  Los malvados serán castigados y los hijos de Dios serán recompensados en el día del juicio final. Es un gran consuelo para los que vivimos una vida justa ante el Señor.

- **La paciencia de Jesús:** El Señor es paciente para con nosotros, porque no quiere que nadie se pierda sino que todos procedan al arrepentimiento. (ver 2 Pe. 3:9)

30. Los jóvenes: los valientes soldados del Señor

Acuérdate de tu Creador en los días de tu juventud: antes que vengan los días malos, y lleguen los años de los cuales digas: "No tengo en ellos contentamiento". (Ec. 12:1)

Los jóvenes de esta generación no están atados por la tradición o la superstición de antaño. Puesto que están abiertos a la verdad, aceptarán fácilmente las Buenas Nuevas de Jesucristo cuando les sean dadas.

El conocimiento de Cristo, el Salvador del mundo, penetrará en los hogares por medio de la juventud de cada nación. Esta es la promesa del Señor dada a la presente generación.

Dios ha usado tremendamente a muchos jóvenes en el pasado *para cumplir Su voluntad en la tierra*. Por ejemplo: José, David, Daniel, Jeremías, etc. Recuerda que, incluso Jesús era un hombre joven cuando fue utilizado poderosamente por Dios Padre.

30.1. Acuérdate de tu Creador

MANDAMIENTO DE DIOS PARA QUE LO OBEDEZCAMOS	ESCRITURAS QUE CONFIRMAN
Camina con Dios: Acuérdate de tu Creador en los días de tu juventud. (ver Ec.12:1)	*¿Quién es tu Creador?* 1. Jesús es la imagen del Dios invisible, porque en Él fueron creadas todas las cosas que están en los cielos y en la tierra. 2. Todo fue *creado por medio de Él y para Él.* 3. Él antecede a todas las cosas, y *en Él todas las cosas subsisten.* (ver Col. 1:15-17)

- Jesús no sólo es el Creador, sino también el Administrador del Universo, y anhela tener comunión contigo. Él es el Rey de Reyes y el Señor de Señores. Así que, camina con tu Creador, como lo hizo Enoc. (Gen. 5:22; Ap. 19:16)

- Haz que Jesús, tu Creador, sea tu mejor Papá y tu mejor Mamá, y luego haz que Jesús, sea tu mejor Amigo.

30.2. "No olvides Mi ley"

MANDAMIENTO DE DIOS PARA QUE LO OBEDEZCAMOS	RECOMPENSAS A LA OBEDIENCIA/ CONSECUENCIAS DE LA DESOBEDIENCIA
Arráigate en la Palabra de Dios: Hijo mío, no te olvides de mi ley; guarda en tu corazón mis mandamientos. ~ Señor Dios Todopoderoso. (Prov. 3:1 RVC)	**Bendiciones:** 1. Ellos ***prolongarán años de tu vida.*** ~Dios Todopoderoso. 2. *Te traerán abundante paz.* 3. Así contaras con el ***favor*** de Dios, y con una **buena opinión** ante los hombres. (Prov. 3:2, 4 RVC) 4. **El que teme el mandamiento será recompensado.** (Prov. 13:13) **Consecuencias:** El que menosprecia la Palabra se *arruinará.* (Prov. 13:13)

¡Pausa y reflexiona!

- **¿Con qué limpiará el joven su camino?** Con guardar tu palabra. (ver Sal. 119:9)

- El salmista afirma: "Me **deleitaré** en tus **estatutos**; no me olvidaré de tus palabras". (Sal.119:16)

- El rey David declara: "La ley del Señor es perfecta; *reanima el alma.* El testimonio del Señor es firme: da sabiduría al ingenuo. Son más deseables que el oro refinado, y más dulces que la miel que destila el panal". Por eso, Dios llamó a David: "Un hombre conforme a Mi corazón". (Sal. 19:7-12; Hechos 13:22 NVI)

- La Escritura dice: **Bienaventurado** el hombre que no anda en compañía de malvados, ni se detiene a hablar con pecadores, ni se sienta a conversar con blasfemos. Que, por el contrario se deleita en la ley del Señor, y **día y noche medita en ella.** Ese hombre es como un árbol plantado junto a los arroyos, llegado el momento da su fruto, y sus hojas no se marchitan. **¡En todo lo que hace, prospera!** (Sal. 1:1-3 RVC)

- Prosperarás en todas las cosas y tendrás salud, **así como prospera tu alma por la Palabra de Dios.** (3 Jn. 1:2; Rom. 12:1-2; Jos. 1:8)

30.3. Confía en el Señor y serás bendecido

MANDAMIENTOS DE DIOS PARA QUE LOS OBEDEZCAMOS	RECOMPENSA DE LA OBEDIENCIA/ CONSECUENCIA DE LA DESOBEDIENCIA
1. Confía en el Señor con todo tu corazón. (Prov. 3:5)	1. "Tú guardarás en *completa paz* a aquel cuyo pensamiento en ti persevera, porque en ti ha confiado". (Is. 26:3)
2. No te apoyes en tu propia inteligencia. (Prov. 3:5)	2. ¡Bueno es el Señor! Es una fortaleza en días de angustia y *conoce* a los que en Él se refugian. (Nah. 1:7)
	3. *Bendito* el hombre que confía en el Señor, y cuya confianza es el Señor. (Jer. 17:7)
	4. *Maldito el hombre que confía en el hombre, que se apoya en lo humano* y cuyo corazón se aparta del Señor. (Jer. 17:5)

El Señor es:

i. El Dios eterno.

ii. El Creador de los confines de la tierra.

iii. No se cansa ni se fatiga.

iv. Él da fuerza al cansado y

v. Le aumenta el poder al que no tiene vigor.

Incluso los muchachos se fatigan y se cansan; los jóvenes tropiezan y caen;

Pero *los que esperan en el Señor:*

i. *Renovarán* sus fuerzas.

ii. *Levantarán las alas* como águilas.

iii. Correrán y *no se cansarán.*

iv. Caminarán y no se fatigarán. (Is. 40:28-31)

30.4. ¿El camino de Dios o tu camino?

MANDAMIENTO DE DIOS PARA QUE LO OBEDEZCAMOS	RECOMPENSA A LA OBEDIENCIA
Reconoce al Señor en todos tus caminos. (ver Prov. 3:6)	Y el Señor enderezará tus sendas. (Prov. 3:6)

Puntos que considerar:

- *Los caminos de Dios: Perfecto* es el camino de Dios. Todos Sus caminos son *rectitud*. (Sal. 18:30; Dt. 32:4)

- *Nuestros caminos:* Hay un camino que al hombre le parece derecho, pero que al final es camino de *muerte*. (Prov. 14:12)

- *Encomienda al Señor tu camino*; confía en Él, y Él actuará. Hará que tu *justicia resplandezca como el alba; tu justa causa como el sol de mediodía.* (Sal. 37:5-6 NVI)

- *Luz para tu camino:* "Lámpara es a mis pies tu Palabra, y lumbrera a mi camino". (Sal. 119:105)

- *Camina conforme a la Ley de Dios:* Dichosos los que van por caminos *intachables*, los que andan conforme a la Ley del Señor. (Sal. 119:1 NVI)

- Reconócelo en todos tus caminos, y Él *enderezará tus sendas.* (Prov. 3:6; Is. 45:2 NVI)

30.5. Evita ir por el camino de los malvados

MANDAMIENTOS DE DIOS PARA QUE LOS OBEDEZCAMOS	CONSECUENCIAS DE LA DESOBEDIENCIA
1. Hijo mío, si los pecadores quieren engañarte, no vayas con ellos. (Prov. 1:10 NVI) 2. No sigas la senda de los perversos ni vayas por el camino de los malvados. ¡Evita ese camino! *¡No pases por él!* ¡Aléjate de allí, y sigue de largo! (Prov. 4:14-15 NVI) 3. Huye de las malas pasiones de la juventud y esmérate en seguir la justicia, la fe, el amor y la paz. (ver 2 Tim. 2:22 NVI	1. No se dejen engañar: *"Las malas compañías corrompen* las buenas costumbres". (1 Co. 15:33 NVI) 2. La amistad con el mundo es *enemistad con Dios.* (ver St. 4:4)

❖ **Evita a los malos amigos:** Cuando los amigos te incitan a:

Fumar cigarrillos.
Beber alcohol.
Ver películas obscenas.
Cometer actos sexuales inmorales.
Consumir drogas.
Jugar juegos de azar, etc.

Eso indica que son del mundo. Por lo tanto, aléjate de ellos y evita su camino.

❖ **¿Cómo evitar las malas compañías?**

• *Busca al Espíritu Santo, tu Ayudador:* Busca fervientemente el poder del Espíritu Santo que siempre está a tu disposición para vencer al pecado, a Satanás y al mundo. Porque Él te ayuda en tus debilidades. (Rom. 8:26)

Porque, no nos ha dado Dios espíritu de cobardía, *sino de poder*, de amor y de dominio propio. (ver 2 Tim.1:7)

• *Sirve al Señor:* Mantente firme. Que nada te mueva. *Entrégate siempre plenamente a la obra del Señor.*

Sabiendo que su arduo trabajo en el Señor *no es en vano.* (ver 1 Co. 15:58)

30.6. ¿Eres amigo de Dios o amigo del mundo?

- *La mente gobernada por la carne es enemiga de Dios:* No hagas de ningún ser humano tu ídolo, por ejemplo: las estrellas del cine y del deporte. Porque el Señor dice: "Yo soy el Señor, tu Dios. *No tengas otros dioses (ídolos) además de Mí"*. Examínate a ti mismo para ver cuánto tiempo le dedicas al Señor y cuánto tiempo pasas viendo películas y deportes en la televisión. Ora y medita en la Palabra de Dios por lo menos una hora diaria para que no caigas en tentación; porque el espíritu está dispuesto, pero el cuerpo es débil. (Rom. 8:7; Ex. 20:1-3; Mt. 26:41 NVI)

- *Imita a Jesús:* El que dice que permanece en Él debe andar como Jesús. Haz de Jesucristo, tu modelo a seguir. (ver 1 Jn. 2:6)

- *No ames al mundo ni las cosas que están en el mundo.* Porque todo lo que hay en el mundo: los deseos de la carne, los deseos de los ojos y la soberbia de la vida, no proviene del Padre, sino del mundo. No pongas las cosas del mundo por encima de Dios en tu vida, por ejemplo: el dinero, el trabajo, la tierra, las casas, las diversiones, etc.

- *Haz la voluntad de Dios:* El mundo y sus deseos están pasando; pero el que hace la voluntad de Dios permanece para siempre. Por tanto, ora y averigua cuál es la voluntad de Dios para tu vida y hazla, para que se cumpla el propósito de Dios para tu vida. (1 Jn. 2:15-17)

- *Ten amigos temerosos de Dios: El que anda con los sabios se hará sabio*, pero el que se junta con los necios sufrirá daño. Ten buenos amigos creyentes, comunícate con ellos y ora con ellos. (Prov. 13:20)

- *Desarrolla pasatiempos puros:* Puedes mantenerte ocupado con una actividad deportiva, aprender a tocar un instrumento musical, desarrollar pasatiempos creativos, productivos y no pecaminosos, leer biografías inspiradoras de pioneros de la fe tales como: D.L.Moody, George Muller, Rees Howells, John Wesley, etc., que le ayudarán a crecer a tu hombre interior.

Elige ser amigo de Dios y ¡que Dios te bendiga!

30.7. El Señor disciplina a quien ama

MANDAMIENTO DE DIOS PARA QUE LO OBEDEZCAMOS	ESCRITURAS QUE CONFIRMAN
No desprecies la disciplina del Señor, ni te ofendas por sus reprensiones (Prov. 3:11 NVI)	*"Yo reprendo y disciplino a todos los que amo.* Por lo tanto, sé fervoroso y arrepiéntete". ~ Jesús (Ap. 3:19 NVI)

- El salmista dijo: "Antes de sufrir anduve descarriado, *pero ahora obedezco tu palabra.* (Sal. 119:67 NVI)

  Me hizo bien haber sido afligido, porque así pude *aprender tus estatutos".* (Sal. 119:71 NVI)

- Incluso Jesús aprendió a obedecer mediante el sufrimiento. (Heb. 5:8 NVI)

Dios nos disciplina para nuestro bien

1. **Para participar de Su santidad:** Dios nos disciplina para nuestro bien, para que participemos de Su santidad. (Heb. 12:10)

2. **Para justicia y paz:** Ninguna disciplina, en el momento de recibirla, parece agradable, sino más bien dolorosa; sin embargo, después produce una cosecha de justicia y paz para quienes han sido entrenados por ella. (Heb. 12:11 NVI)

3. **El Señor te ama:** *No desprecies* la disciplina del Señor, ni te ofendas por sus reprensiones. Porque el Señor disciplina a los que ama. (Prov. 3:11-12 NVI)

4. **El Señor te recibe:** *No te desanimes* cuando seas reprendido por el Señor; porque el Señor disciplina y castiga a todo el que ama y recibe como hijo.

5. **Dios nos trata como a hijos:** Soporta las dificultades de la disciplina; Dios te trata como un hijo. Porque, ¿qué hijo es aquel a quien su padre no disciplina?

6. *Pero si están sin disciplina* de la cual todos han sido participantes, entonces son *ilegítimos,* y no hijos. (Heb. 12:5-8)

7. **Recibe la disciplina de Dios con una actitud correcta:** Sé humilde y arrepiéntete de tus malos caminos y da la media vuelta para volver a Dios.

8. **Oración:** "Señor, que Tu amor inagotable sea mi consuelo". (ver Sal. 119:67-76)

30.8. Pon a Cristo por encima de tus riquezas

MANDAMIENTOS DE DIOS PARA QUE LOS OBEDEZCAMOS	RECOMPENSAS A LA OBEDIENCIA
El joven rico y la vida eterna: 1. Guarda los mandamientos de Dios. (ver Mt. 19:17) 2. 'No cometerás homicidio', 'no cometerás adulterio', 'no robarás', 'no dirás falso testimonio. (ver Mt. 19:18) 3. 'Honra a tu padre y a tu madre', y 'amarás a tu prójimo como a ti mismo'.(ver Mt. 19:19)	Para entrar en la **vida (eterna).** (ver Mt. 19:16-17)
4. "Si quieres ser perfecto, anda, vende tus bienes y dalo a los pobres; y ven, sígueme". ~ Jesús (Mt. 19:21)	i. Así tendrás **tesoro en el cielo.** (ver Mt. 19:21) ii. Serás **perfecto** a los ojos de Dios. (ver Mt. 19:21)

Puntos que considerar:

• **Joven y rico:** El joven era rico y ocupaba una posición poderosa, pero no estaba satisfecho con todo lo que el mundo podía darle.

• **La pregunta más importante:** El joven rico le preguntó a Jesús: ";Qué cosa buena haré para tener la vida eterna?" A esa temprana edad, le hizo la pregunta más importante de su vida a Jesús, el Mesías.

• **Coloca a Cristo por encima del dinero:** Como el dinero debe haberse convertido en un ídolo para él, se negó a desprenderse de él. Su orgullo y justicia propia pudieron haberlo cegado de la verdad. No fue capaz de poner a Cristo por encima de sus riquezas. Por eso se fue triste.

• **Sin negociaciones con el Señor:** Si el Señor le hubiera permitido al joven gobernante rico quedarse aunque fuera con una pequeña porción de sus riquezas, como por ejemplo, 10-25% para él y darle resto a los pobres, tal vez hubiera considerado seguir a Jesús. Sorprendentemente, Jesús nunca lo volvió a llamar ni negoció con él para que en vez vendiera una parte de sus bienes y se las diera a los pobres.

- "De cierto les digo que **es difícilmente entrará un rico entre en el reino de los cielos**". "Es más fácil a un camello pasar por el ojo de una aguja (una puerta con el arco más pequeño en Jerusalén), que a un rico entrar en el reino de Dios". Es imposible que un rico, o cualquier hombre en ese caso, se salve por sí mismo.

Pero **con Dios todo es posible**, porque es la obra del Espíritu Santo la que atrae a las personas a Cristo. (ver Mt. 19:16-26)

❖ Ahora padres, oren fervorosamente por sus hijos e hijas, para que ellos reciban:

   i.   El Espíritu de temor reverencial del Señor. (Is. 11:2)

   ii. El Espíritu de convicción de pecados y de arrepentimiento. (Jn. 14:15-17; Is. 59:1-2; Lc. 13:1-5)

   iii. El Espíritu de obediencia a los mandamientos de Dios. (Mt. 5:19; Mt. 28:20; Sal. 91)

   iv. El fuego del Espíritu Santo. (Juan 3:13-18)

   v. El Espíritu del Señor que es (los siete siguientes): (Is. 11:1-2)

   vi. Espíritu de sabiduría y de inteligencia. (Is. 11:1-2)

   vii. Espíritu de consejo y de fortaleza. (Is. 11:1-2)

   viii. Espíritu de conocimiento, de revelación y del temor de Dios. (Is. 11:1-2; Ef. 1:16-17; Jer. 33:3)

   ix. Espíritu de humildad. (Mt. 5:5; Lc. 18:14)

   x. Visiones y sueños (Joel 2:28)

   xi. Los nueve frutos del Espíritu Santo. (Gal. 5:22-23)

   xii. Los nueve dones del Espíritu Santo. (1 Co. 12:4-11)

2ª PARTE

LOS CAMINOS DE DIOS SON MÁS ALTOS QUE NUESTROS CAMINOS

**"Porque Mis pensamientos no son sus pensamientos
ni sus caminos son Mis caminos,** dice el Señor".
"Como son más altos los cielos que la tierra, así Mis caminos son más altos que sus caminos, y Mis pensamientos más altos que sus pensamientos". (Is. 55:8-9)

¿Cuáles son los caminos de Dios?

1. El camino de Dios es **perfecto.** (Sal. 18:30)

2. El Señor es **justo** en todos sus caminos (Sal. 145:17)

3. El Señor es la roca; sus obras son perfectas y todos sus caminos son **justos.** (Dt. 32:4)

4. El camino del Señor es **fortaleza** para los justos, pero es la ruina de los que hacen el mal. (Prov. 10:29)

5. Grandes y maravillosas son tus obras, Señor Dios Todopoderoso; **justos y verdaderos** son tus caminos.

   Que los caminos de Dios sean conocidos sobre la tierra. (Sal. 67:2)

¿Cuáles son nuestros caminos?

1. Hay un camino que al hombre le parece recto, pero al final **conduce a la muerte**. (Prov.14:12)

2. El corazón del hombre traza su camino, pero el Señor dirige sus pasos. (Prov.16:9)

3. El camino de los impíos es abominación al Señor. (Prov.15:9)

4. El Señor conoce el camino de los justos, pero el camino de los impíos **perecerá**. (Sal 1:6)

¿Cómo aprendemos los caminos de Dios?

1. Por medio de la Palabra de Dios. (Sal. 18:30; 119:1)

2. Por la vida de Jesucristo; porque Jesús es "la Palabra de Dios", y Jesús declaró: "*Yo Soy el Camino*". (ver Ap. 19:13; Jn. 14:6)

3. Por medio de la oración ferviente; porque el Señor nos enseñará Sus caminos por medio de visiones mientras esperamos en Él en oración. (Hch. 10:9-16)

4. A través de la guía del Espíritu Santo en nuestra vida diaria. (Rom. 8:26-27)

Nuestros caminos basados en los caminos de Dios:

1. Dios nos enseñará Sus caminos para que **andemos por Sus caminos**. (Miq. 4:2)

2. Los pasos del hombre bueno son ordenados por el Señor y *Él se deleita* en su camino. (Sal. 37:23)

3. Cuando los caminos de un hombre le agradan al Señor, Él hace que incluso sus **enemigos vivan en paz con él**. (Prov. 16:7)

Examinemos, pues, nuestros caminos y pongámoslos a prueba, y volvamos al Señor. (Lam. 3:40)

Atributos del Espíritu Santo (1 - 9)

1. Ama al Señor tu Dios

<u>Mandamiento de Dios</u>:

El primer gran mandamiento de Cristo: **Ama al Señor** tu Dios,

      con todo tu **corazón,** 100%

      con toda tu alma, 100%

      con toda tu mente, 100%

      con toda tu fuerza, 100%

(ver Mt. 22:37; Mc. 12:30)

<u>**El camino de Dios:**</u> *¿Amó Jesús a Dios Padre con todo Su corazón, alma, mente y fuerzas?*

El profundo amor de Jesús por Su Padre: Mientras estuvo en la tierra, el profundo amor de Jesús fue expresado por medio de Su obediencia a la voluntad de Su Padre, incluso hasta la muerte.

Porque Jesús dijo: "Mi comida es que yo haga la voluntad del que me envió y que acabe su obra". (ver Fil. 2:8; Jn. 4:34)

<u>**Nuestro camino basado en el camino de Dios:**</u> El Señor dice: *"Si me aman, guardarán mis mandamientos".* Expresamos nuestro amor a Jesús por medio de nuestra obediencia. (Jn. 14:15)

La clave: Nuestra obediencia a Dios está en directa proporción a nuestro amor por Él. Por ejemplo, si tú obedeces el 10% de los mandamientos de Jesús, puede significar que amas a Cristo sólo un 10%. Si obedeces el 90% de los mandamientos de Jesús, puede significar que amas a Cristo un 90%. Aun así, le dejas un 10% de oportunidad a Satanás para que el diablo te apuñale por la espalda. Por lo tanto, es mejor obedecer al Señor un 100%.

Tu relación con Jesús depende de tu amor, devoción y de tu obediencia a Él. La obediencia es la clave fundamental para tu intimidad con Jesús. Por ejemplo: una relación de padre e hijo.

Sólo el cristianismo ofrece este tipo de relación e intimidad con Dios, nuestro Creador, por eso lo llamamos "Abba Padre".

2. Segundo gran mandamiento acerca del amor

Mandamiento de Dios: **Amarás a tu prójimo** como a ti mismo; porque este es el segundo gran mandamiento. (ver Mt. 22:39)

El camino de Dios:

1. ***El amor de Jesús por Su prójimo:*** El Señor se preocupó por la mujer samaritana que llevaba una vida inmoral. Jesús, el Santo, la amó lo suficiente como para revelarse a ella, como su Mesías. (Jn. 4:5-26)

2. Cuando aún éramos pecadores, Jesús nos amó a todos, y murió en nuestro lugar. Nosotros no lo elegimos a Él, Él nos eligió a nosotros. Jesús nos acepta tal como somos. (Rom. 5:8; Jn. 3:14-16; 15:16)

   Nuestro camino basado en el camino de Dios:

   Podemos amar a nuestro prójimo atendiendo a los que tienen hambre, sed o están enfermos, en el momento en que lo necesitan. (ver Mt. 25:31-46)

   Haz a los demás lo que quieres que te hagan a ti. (ver Mt. 7:12)

3. Amen a sus enemigos y sean hijos de Dios

Mandamientos de Dios:

Amen a sus enemigos,

Oren por los que les persiguen,

Haz el bien a los que te odian, y ***ora*** por los que te ultrajan y te persiguen.

De modo que sean hijos de su Padre que está en los cielos; porque Dios es Amor. (ver Mt. 22:37-39; 5:44-45; Dt. 6:5)

El camino de Dios:

El amor de Jesús por Sus enemigos: Mientras colgaba de la cruz en agonía, Jesús, por amor a Sus enemigos, perdonó a los que lo crucificaron brutalmente. No deseaba que la ira de Dios cayera sobre ellos. (Lc. 23:34)

Nuestro camino basado en el camino de Dios:
Es muy difícil amar a nuestros enemigos, bendecirlos y orar por ellos. Pero no es imposible cuando ***buscamos la ayuda del Espíritu Santo*** que mora en nosotros.

El Espíritu Santo derramará Su amor divino por nuestros enemigos en nuestros corazones. (Rom. 5:5)

Atributos del Espíritu Santo

4. Dependencia de Dios

<u>Mandamiento de Dios</u>: **Bienaventurados los pobres en espíritu**, porque de ellos es el reino de los cielos. (ver Mt. 5:3)

* Ser pobre de espíritu es depender de Dios para todo, más que de tus propias capacidades.

El camino de Dios:

Cuando Jesús vivió en esta tierra, Él dependía totalmente de Su Padre celestial para *Sus Palabras, enseñanzas y hechos*; porque Él conocía a Su Padre. (Jn. 7:29)

Jesús declaró:

* "Yo no hablé por mí mismo". (Jn. 12: 49)

* "Lo que yo hablo, lo hablo *tal como el Padre me ha hablado*". (Jn. 12:50)

* "*Mi doctrina no es mía* sino de aquel que me envió". (Jn. 7:16)

* "*Nada hago de mí mismo* sino que estas cosas hablo así como el Padre me enseño". (Jn. 8:28)

* "El Padre que mora en mí hace sus obras". (Jn. 14:10)

Nuestro camino basado en el camino de Dios:

También nosotros debemos depender enteramente de Dios para nuestros pensamientos, palabras y acciones, estando constantemente en comunión con Él.

Pon todo lo que hagas en manos del Señor, y tus planes tendrán éxito. (Prov. 16:3 RVC)

* *"Echa tu carga sólo sobre Mí y no sobre ningún ser humano", me dice a menudo el Señor.*

Cuando ponemos esto en práctica, le demostramos a Dios que dependemos totalmente de Él (al 100%). Es un proceso continuo. Cuanto antes aprendamos, mejor para nosotros. Poco a poco aprendemos a quitar nuestros ojos de los seres humanos y confiar sólo en Jesús. Jesús, nuestro Esposo posesivo espera esto de Su Esposa, la Iglesia. - Autora

5. La humildad

Mandamientos de Dios: **1. Dichosos los humildes**, porque heredarán la tierra. (ver Mt. 5:5 NVI)

2. Humíllense, pues, bajo la poderosa mano de Dios para que él los exalte a su debido tiempo. (1 Pet. 5:6)

El camino de Dios:

1. Jesús siempre caminó en humildad. Después de lavar los pies de Sus discípulos, Jesús les dijo: "Pues si yo, el Señor y el Maestro, lavé sus pies, también ustedes deben lavarse los pies los unos a los otros", enseñándoles así a caminar en humildad. (Jn. 13:14)

2. Jesús también dijo: "Lleven mi yugo sobre ustedes y aprendan de mí, _que soy manso y humilde de corazón_, y hallarán descanso para su alma". (Mt. 11:29)

Nuestro camino basado en el camino de Dios:

Revístanse todos de humildad unos para con otros porque: Dios resiste a los soberbios pero da gracia a los humildes. (1 Pe. 5:5)

Estimen humildemente a los demás como superiores a ustedes mismos. Porque el que se humilla será enaltecido. (ver Fil. 2:3; Mt. 23:12)

Ruega a Dios por el Espíritu de humildad; porque _Dios habita con el_ contrito y humilde de espíritu y lo reanima. (ver Is. 57:15 NVI)

6. La compasión

Mandamiento de Dios: **Bienaventurados los misericordiosos**, porque ellos recibirán misericordia. (ver Mt. 5:7)

El camino de Dios:

1. Cada vez que Jesús veía una gran multitud, se compadecía de ellos. Sanaba sus enfermedades, dejando a un lado Sus propias necesidades personales. (ver Mt. 9:36; 14:14)

2. Jesús, por compasión, _tocó al leproso_ y lo sanó, cuando los leprosos no eran aceptados en la sociedad. (Mt. 8:1-3)

Nuestro camino basado en el camino de Dios:

Siempre debemos ser amables y compasivos con los que sufren.

El Señor no espera que ayudemos a todos los pobres y necesitados del mundo, pero *cuando pone a un necesitado en nuestro camino, espera que lo ayudemos*.

7. La santidad

Mandamiento de Dios: Bienaventurados **los limpios de corazón**, porque ellos verán a Dios. (ver Mt. 5:8)

El camino de Dios:

1. Jesús vino en la carne y habitó entre nosotros como un ser humano ordinario. *Él fue tentado en todo* igual que nosotros pero *sin pecado*. (ver Heb. 4:15)

2. Jesús, con osadía, le preguntó a Sus acusadores, quienes querían encontrarlo culpable, diciendo: *"¿Quién de ustedes me halla culpable de pecado?"* Y nadie pudo acusar a Jesús. (Jn. 8:46)

3. Incluso el gobernador romano, Pilato, quien juzgó a Jesús, dijo: "¡Yo soy inocente de la sangre de este! ¡Será asunto de ustedes!" (Mt. 27:24)

Nuestro camino basado en el camino de Dios:

El Dios a quien adoramos es el Dios Santísimo que no tolera el pecado. "Antes bien, así como aquel que los ha llamado es santo, *también sean santos en todo aspecto de su manera de vivir* porque escrito está: *Sean santos porque yo soy santo*". (1 Pe. 1:15-16)

Oración: Hazme tan puro para que yo pueda verte, Señor.

8. La paz

Mandamiento de Dios: **Bendecidos los que hacen la paz**, porque ellos serán llamados hijos de Dios. (ver Mt. 5:9)

El camino de Dios:

1. La Escritura dice que Jesucristo es *"el Príncipe de Paz"*. *El Señor aborrece* al impío *que ama la violencia*. (Is. 9:6; Sal. 11:5)

2. Jesús impidió que Sus discípulos lucharan contra los que venían a arrestarlo en Getsemaní. Cuando Pedro trató de atacar a uno de los hombres con la espada, Jesús le ordenó que volviera a poner la espada en su lugar, diciéndole: *"Vuelve tu espada a su lugar, porque todos los que toman espada, a espada perecerán"*, y permitió ser arrestado pacíficamente. (Mt. 26:52)

Nuestro camino basado en el camino de Dios:

Debemos estar en paz con Dios por medio de la cruz y estar en paz unos con otros. (ver Rom. 5:1; Rom. 12:18)

El Señor espera que nos *reconciliemos* con nuestros hermanos y hermanas, *si tienen algo contra nosotros*, antes de ofrecerle nuestra ofrenda. (Mt. 5:23-24)

9. El perdón

Mandamientos de Dios:

1. Perdonen a los hombres sus ofensas. Si no perdonan a los hombres, tampoco su Padre les perdonará sus ofensas. (ver Mt. 6:14-15)

2. Perdonándose unos a otros como Dios también los perdonó a ustedes en Cristo. (ver Ef. 4:32)

3. Perdona a tu hermano que peca contra ti **siete veces al día,** y siete veces al día vuelve a ti diciendo: Me arrepiento, perdónale. (Lc. 17:4)

El camino de Dios:

1. Jesús perdonó a la mujer sorprendida en el acto de adulterio cuando todos a su alrededor querían apedrearla hasta la muerte, según la ley judía. (Jn. 8:2-11)

2. Incluso mientras colgaba de la cruz en agonía, Jesús estaba dispuesto a perdonar a los que le azotaban, le escupían, se burlaban de Él y finalmente le crucificaban. Jesús dijo: *"Padre, perdónalos, porque no saben lo que hacen"*. (Lc. 23:34)

Nuestro camino basado en el camino de Dios:

Cuando Dios ha perdonado gratuitamente todos nuestros pecados pasados, ahora, siendo hijos de Dios, no debería ser difícil para nosotros perdonar a quienes nos hacen daño. *El perdón es el mejor regalo que podemos darnos unos a otros.*

10. Tu grandeza es medida por tu servicio

Mandamientos de Dios:

1. Sirve a los demás. Cualquiera que anhele ser grande entre ustedes, será su servidor.

2. Sean siervos de los demás; y el que anhele ser el *primero* entre ustedes, será su siervo. (Mt. 20:25-27)

El camino de Dios:

En el reino de Dios, *la grandeza no se mide por nuestra autoridad sobre los demás, sino por nuestro servicio a los demás.*

Jesús, habiendo venido del cielo, siempre sirvió a la gente con humildad cuando estuvo en la tierra. Jesús dijo: ***"El Hijo del Hombre no vino para ser servido, sino para servir*** y para dar su vida en rescate por muchos". (Mt. 20:28)

Nuestro camino basado en el camino de Dios:

En este mundo, los que tienen poder y autoridad son considerados grandes. Pero está escrito: ***"El siervo no es mayor que su Señor"***. Nosotros, los siervos de Cristo, debemos seguir el ejemplo de nuestro Maestro y encontrar oportunidades para servir a los demás en lugar de ser servidos. (Jn. 13:16)

11. El Dios bondadoso a quien servimos

Mandamiento de Dios: No recibas en vano la gracia de Dios. (2 Cor. 6:1)

El camino de Dios:

1. Dios fue tan **misericordioso con la humanidad** que cuando Adán, el primer hombre, desobedeció el mandato de Dios, nos proveyó con el último Adán, Jesucristo, Su hijo unigénito, el obediente del Señor para redimirnos de nuestros pecados. (ver 1 Co. 15:45)

2. **El Señor es compasivo y clemente**, lento para la ira y grande en misericordia. No condenará para siempre ni para siempre guardará el enojo. No ha hecho con nosotros conforme a nuestras iniquidades ni nos ha pagado conforme a nuestros pecados. (Sal. 103:8-10)

3. Dios derramó Su **gracia sobre Caín, el primer asesino**, cuando éste imploró Su misericordia. El Señor puso una señal sobre Caín para que no lo matara cualquiera que lo hallara. (ver Gn. 4:14-15)

4. La gracia de Dios fue abundante **sobre el rey David** cuando se arrepintió sinceramente de su pecado de adulterio con Betsabé. Dios perdonó a David y **eligió a Salomón, el hijo de David y Betsabé** como el siguiente rey de Israel, y Jesucristo vino de ese linaje. (ver Sal. 51; Mt. 1:6-17)

5. Jesús perdonó al **ladrón en la cruz** cuando clamó: "Jesús, acuérdate de mí cuando vengas en tu reino". Inmediatamente, Jesús extendió Su gracia sobre él prometiéndole un lugar en el paraíso. (Lc. 23:42-43)

6. **Juicio, si tomamos la gracia de Dios en vano:** Nunca tomes la gracia de Dios en vano. Dios no puede ser burlado. Si seguimos ignorando la convicción del Espíritu Santo y seguimos pecando, entonces es seguro que Su juicio caerá sobre nosotros. Por ejemplo: Dios le dio 120 años de gracia a la humanidad durante el tiempo de Noé, antes de destruir la tierra con inundaciones. (Gal. 6:7; Gn. 6-9)

Nuestro camino basado en el camino de Dios:

Somos salvos por la gracia de Dios. Dios derramó Su abundante gracia sobre nosotros dándonos el don gratuito de la salvación, que no merecemos para nada, cuando millones a nuestro alrededor están pereciendo sin conocer a su Mesías, Jesucristo. Por lo tanto, ora por la salvación de las almas que no son salvas en tu familia, calles y ciudades. (Tit. 2:11)

Ora para que Su gracia caiga sobre ti: "Tendré misericordia del que tendré misericordia y me compadeceré del que me compadeceré", dice el Señor Dios Todopoderoso. Ora, pues, para que Dios derrame Su gracia sobre ti y sobre tus hijos. (Ex. 33:19)

12. "Vengan a Mí, y Yo los haré descansar

(Todos los que están fatigados)

Mandamientos de Dios:

1. "Vengan a mí, todos los que están fatigados y cargados, y yo los haré descansar". ~ Jesús

2. "Lleven mi yugo sobre ustedes y **aprendan de mí**, que soy manso y humilde de corazón, y hallarán descanso para su alma. Porque **mi yugo es fácil**, y ligera mi carga". ~ Jesús (Mt. 11:28-30)

El camino de Dios:

1. Jesús le concedió paz y "*descanso*" al paralítico, *al perdonar sus pecados.* (Mt. 9:2-6)

2. Jesús le dio "*descanso*" a la mujer que sufría de hemorragia de sangre desde hacía 12 años, *sanando su enfermedad.* (Mt. 9:20-22)

3. El Señor le dio "*descanso*" a la mujer cananea, *expulsando al demonio* de su hija. (Mt.15: 22-28)

4. Jesús le *devolvió* la alegría a Lázaro y a su familia *al resucitarlo de entre los muertos.* (Jn. 11:17-44)

5. Jesús les concedió "*descanso*" a los atribulados discípulos, *calmando la tempestad*; porque nada es imposible para Jesús. (Mt. 8:23-27)

Nuestro camino basado en el camino de Dios:

¿No te dará Jesús "*descanso*" cuando vengas al Señor? En efecto, Él es capaz de librarte de todos tus problemas.

Jesús dará descanso a nuestros corazones atribulados cuando esperamos en Él; porque Él dice: "La paz les dejo, mi paz les doy. No como el mundo la da yo se la doy a ustedes". (ver Jn. 14:27)

Jesús sana a los quebrantados de corazón y venda todas sus heridas. (Sal. 147:3; Is. 61:1)

13. Jehová Jireh: tu Proveedor

Mandamiento de Dios: **No se preocupen** por su vida, que **comerán o beberán; ni** por su cuerpo, como se **te vestirán**. *¿No tiene la vida más valor que la comida y el cuerpo más que la ropa?* (Mt. 6:25 NVI)

El camino de Dios:

Mientras estuvo en la tierra, Jesús solía comer alimentos sencillos como pescado y pan, vestía una túnica sencilla y no tenía un lugar fijo donde recostar la cabeza. (Mt. 8:20)

Jesús no se preocupó ni hizo milagros para satisfacer Sus necesidades básicas, sino que siempre confió en que Dios Padre proveería por Él, y se contentaba con lo que Su Padre le daba.

Nuestro camino basado en el camino de Dios:

Jesús dijo: No se afanen por nada; porque *el Padre de ustedes sabe* que tienen necesidad de todas estas cosas. ***Echen sobre Él toda su ansiedad***, porque *Él tiene cuidado* de ustedes. (Mt. 6:31-32; 1 Pe. 5:7)

1. Su Padre celestial alimenta incluso a las aves del cielo. ¿No son ustedes de mucho más valor que ellas? ¿Quién de ustedes podrá, por más que se afane, añadir a su estatura un milímetro? (ver Mt. 6:26-27)

2. Como hijos de Dios, tenemos derecho a que nuestro Padre celestial, que tanto nos ama, satisfaga nuestras necesidades básicas. Confía en Él. (1 Tim. 5:8)

3. Cuando nos deleitamos en el Señor, ***Él concederá los anhelos de nuestro corazón.*** (Sal. 37:4)

4. ¡Anímate! *Jesús restituirá* los años que las langostas (el diablo y sus huestes) han devorado y malgastado. (Joel 2:25)

5. La Escritura dice: "Porque conocen la gracia de nuestro Señor Jesucristo que, siendo rico, por amor a ustedes se hizo pobre ***para que ustedes con su pobreza fueran enriquecidos***". (2 Co. 8:9; 3 Jn. 1:2)

6. El que ***confía*** (100%) en el Señor será ***prosperado*** (en todas las áreas de su vida). (Prov. 28:25)

7. *Las riquezas* del pecador las ***hereda el hombre justo*** (para invertir en el reino de Dios). (Prov. 13:22)

14. ¿Servirás a Dios o al mundo?

Mandamientos de Dios:

1. **Al Señor tu Dios adorarás, y a Él sólo servirás.**

2. No adorarás al Señor en vano.

3. No sirvas a dos señores: a Dios y a las riquezas. Porque nadie puede servir a dos señores. (Mt. 4:10; 6:24;15:9)

4. No acumulen para ustedes tesoros en la tierra, más bien, acumulen tesoros en el cielo; porque donde esté tu tesoro, allí también estará tu corazón. (Mt. 6:19-21)

El camino de Dios:

"Yo honro a Mi Padre", dijo Jesús. Todo lo que Jesús hizo en Su vida, fue para traer gloria a Su Padre. Toda la vida de Jesús fue una adoración a Su Padre a través de Su obediencia y buenas obras. (ver Jn. 11:4; Jn. 8:49)

Jesús venció al mundo, al pecado y a Satanás: El Señor declaró: "Viene el príncipe de este mundo, y él *no tiene ningún dominio sobre Mí*". Jesús, como ser humano perfecto, venció al mundo, al pecado y a Satanás por medio de mucha oración y por el poder del Espíritu Santo. (Jn. 14:30; Jn. 3:34; Mt. 4:1-11 NVI)

Nuestro camino basado en el camino de Dios:

1. El que practica el pecado es del diablo. (1 Jn. 3:8)

2. La amistad con el mundo es enemistad con Dios. (Stg. 4:4)

3. Si eres esclavo del pecado o del mundo, entonces eres esclavo del diablo, sirviendo al reino de Satanás y no al reino de Dios. (Jn. 8:34; 1 Jn. 3:8)

4. Anden en el Espíritu, y así jamás satisfarán los malos deseos de la carne. (Gal. 5:16)

5. ¿Es Jesús tu primera prioridad o tienes otros ídolos, tales como: la TV, la música, los deportes, el teléfono celular, los medios sociales, la internet, el dinero, una carrera, un cónyuge, tus hijos, etc.? Dios nunca compartirá Su gloria con nadie ni con nada. Por lo tanto, ama al Señor por encima de todo y sírvele de todo corazón, porque los que aman a Dios y obedecen Sus mandamientos serán **bendecidos por 1000 generaciones**. (Ex. 20:3-6)

6. Cuando sirvas al Señor tu Dios, **Él bendecirá tu pan** y tu agua. Y **quitará la enfermedad** de en medio de ti. Nadie sufrirá aborto (parto muerto) ni será estéril en tu tierra. El Señor cumplirá el número de tus días (larga vida). (Ex. 23:25-26)

15. No luches por obtener ni poder ni posición

<u>*Mandamiento de Dios:*</u> "Cualquiera que anhele ser grande entre ustedes, será su servidor". ~ Jesús (Mt. 20:26)

- No te enojes con tus hermanos.

Cuando los discípulos se enojaron con Jacobo y Juan por desear puestos prominentes en el cielo, Jesús intervino y les dijo que los gobernantes de **los gentiles luchan** por obtener poder y posición. **Pero no será así entre Sus discípulos.** (Mt. 20:20-28)

<u>El camino de Dios</u>: *¿Acaso buscó Jesús posiciones importantes en la tierra?*

- Jesús declaró que no vino al mundo para ser servido, sino para servir. (Mt. 12:28)

- Jesús, siendo el Rey de reyes, dejó el glorioso cielo y vino a la tierra.

- Jesús eligió nacer en un *establo* en lugar de en un palacio, pues Él es el único que, siendo Dios, podía elegir dónde nacer. También fue criado en el seno de *una familia de un carpintero corriente.* (Lc. 2:7, 24; Mt. 13:55)

- Jesús cabalgó humildemente sobre un asno y no sobre un caballo, como hicieron los soldados romanos, cuando los judíos quisieron hacer de Jesús su rey. (Jn. 12:13-15)

- Después de presenciar los poderosos milagros de Jesús, los judíos quisieron convertirlo en el rey de Israel. Pero Jesús no deseaba un reino para sí mismo en esta tierra, sólo quería *establecer el reino de Dios en los corazones de las personas.* (Jn. 6:15; 12:13)

<u>Nuestro camino basado en el camino de Dios:</u>

1. Nuestro estilo de vida, carácter y comportamiento debe ser totalmente diferente al de un incrédulo, un gentil. (2 Co. 5:17)

2. No debemos envidiar ni competir con nuestros hermanos y hermanas en el Señor.

   Un verdadero creyente debe ayudar a su hermano a cumplir su llamado.

3. Como creyentes, no debemos desear altos cargos para ejercer poder sobre los demás.

16. Toma autoridad sobre Satanás:

Libera a los cautivos

Mandamiento de Dios: **Aten primero al hombre fuerte, es decir, a Satanás**, y después pueden **saquear su casa**. O si no, ¿cómo puede alguien entrar en la casa de un hombre fuerte y saquear sus bienes? (Mt. 12:29)

El camino de Dios:

1. Jesús a menudo echaba fuera demonios por el Espíritu de Dios mientras estaba en la tierra. Jesús fue el primero en echar fuera demonios de la gente. (Mt. 12:28)

2. Jesús echó fuera una legión de demonios del hombre que vivía en las tumbas de los gadarenos. ¡Cuidado! Un hombre puede ser poseído por una legión, es decir, 6.000 demonios, si cede a 1-2 demonios al principio. (Mc. 5:3, 8)

3. Jesús reprendió a Satanás, que habló a través de Pedro para impedir que Jesús, según la voluntad de Dios, fuera a la cruz. (Mt. 16:23)

Nuestro camino basado en el camino de Dios:

"He aquí, les **doy autoridad** de pisar serpientes, escorpiones y **sobre todo el poder del enemigo**; y nada les dañará", dice el Señor. (Lc. 10:19)

Por lo tanto, debemos tomar autoridad sobre todo el poder del enemigo, atar al hombre fuerte, Satanás, y reclamar todo lo que el diablo nos ha robado, especialmente a nuestros seres queridos que aún no han sido salvos para Cristo. Porque mayor es el que está en nosotros que el que está en el mundo. (Lc. 10:19; Mt. 12:29; 1 Jn. 4:4)

Tu autoridad sobre Satanás está en directa proporción a tu nivel de obediencia a Dios. Tú **100% de obediencia** a los mandamientos de Dios aumenta la unción y tu autoridad sobre Satanás. Y entonces, el Dios de paz **aplastará a Satanás debajo de tus pies.** (Rom. 16:19-20)

Recuerda, Satanás, nuestro enemigo, viene a robar, matar y destruir nuestras almas. Pero, como creyentes, podemos **vencer a Satanás, por la sangre del Cordero** y por la **palabra de nuestro testimonio.** (Jn. 10:10; Ap. 12:11)

* Para más detalles sobre cómo vencer a Satanás, consulte el capítulo 10 de este libro.

17. Toma autoridad sobre Satanás:

Liberación de enfermedades y de deudas

<u>Mandamiento de Dios</u>: **Primero atarás al hombre fuerte, es decir, a Satanás**, y luego saquearás su casa. O si no, ¿cómo pueden entrar en la casa de un hombre fuerte y **saquear sus bienes**? (Mt. 12:29)

El camino de Dios:

1. Jesús liberó a la mujer que estuvo atada por Satanás durante 18 años. La liberó expulsando de ella el *espíritu de enfermedad*.

2. Jesús sanó a un hombre ciego y mudo echando fuera de él al demonio.

3. Jesús reprendió y expulsó al demonio del muchacho lunático y lo sanó. (Lc. 13:12; Mt. 12:22; Mt. 17:15-18)

Nuestro camino basado en el camino de Dios:

1. "Pero quiero que sean sabios para el bien e inocentes para el mal. Y el **Dios de paz aplastará en breve a Satanás debajo de los pies de ustedes**", dice el apóstol Pablo a los hijos obedientes de Dios. (Rom. 16:19-20)

2. Si estás atado por una enfermedad, primero echa fuera el espíritu de enfermedad y luego declara las Escrituras de sanidad para mantener tu sanidad.

3. Del mismo modo, para una victoria financiera, ata al demonio de pobreza y confiesa las Escrituras acerca de la prosperidad. Esto aumentara tu fe para reclamar tu milagro.

4. No dudes de las promesas de Dios sobre tu sanidad o bendición económica. Alaba a Dios con regocijo aunque la situación parezca grave, y agradece al Señor continuamente hasta que recibas tu milagro. Tal como Pablo y Silas alabaron a Dios en la prisión y vieron muchos milagros. (Hch. 16:16-34)

• **Jehová de los Ejércitos pelea tus batallas:** ¡Ánimo! Dios envía dos ángeles guardianes a cada creyente en Cristo. Si tienes un llamado más alto, entonces el Señor puede enviar muchos más ángeles poderosos para protegerte y pelear tus batallas espirituales contra Satanás. (Salmo 91:11-12; Mt. 26:53; Daniel 10:4-13)

* *Por la gracia de Dios, el Señor me ha dotado para ver a mis ángeles de la guardia. Por ejemplo: mientras medito en las Escrituras, si recibo una revelación de la Palabra o cuando aplico la Palabra a una situación específica de mi vida, a menudo veo a mis ángeles revoloteando a mi alrededor, como si me confirmaran que "lo he entendido". Pídele al Señor que te conceda el privilegio de ver a tus ángeles de la guardia. (Jer. 33:3) ~Autora*

18. Toma autoridad sobre Satanás:

Para prevenir desastres naturales

Mandamientos de Dios:

1. **Primero atarás al hombre fuerte, es decir, a Satanás**, y luego **saquearás su casa**. O bien, ¿cómo puedes entrar en la casa de un hombre fuerte y saquear sus bienes? (Mt. 12:29)

2. Todo lo que aten en la tierra habrá sido atado en el cielo. (Mt. 18:18)

3. Y todo lo que desaten en la habrá sido desatado en el cielo. (Mt. 18:18)

El camino de Dios:

1. El León de Judá, nuestro Señor Jesucristo, ha aplastado la cabeza de Satanás bajo Sus pies. Jesús despojó los principados y las autoridades, y los exhibió como espectáculo público habiendo triunfando sobre ellos (Satanás y sus huestes) en la cruz. (Col. 2:15)

2. Cuando los discípulos de Jesús enfrentaron a una gran tempestad, *Jesús reprendió a los vientos y a las olas,* y todo quedó completamente tranquilo, manifestando así Su poder sobre la naturaleza. (Mt. 8:23-27 NVI)

Nuestro camino basado en el camino de Dios:

Toda buena dadiva y todo don perfecto proviene del Padre de las luces. (St. 1:17)

Los desastres naturales, tales como los terremotos, las erupciones volcánicas, los tsunamis, las inundaciones, las sequías, etc., suelen proceder del diablo y **no del juicio de Dios**. Debemos usar la autoridad que Dios nos ha dado y reprender al diablo, como hizo Jesús, para **anular los planes de Satanás** *sobre la naturaleza*; porque Satanás es príncipe de la potestad del aire. (Hag. 2:17; Ef. 2:2; 1 Re. 17:1)

19. Venciendo a la tentación con "la Palabra"

Mandamientos de Dios:

1. No sólo de pan vivirá el hombre, sino de toda palabra que sale de la boca de Dios. (Mt. 4:4)

2. No pondrás a la prueba al Señor tu Dios. (Mt. 4:7)

• Jesús le citó estas Escrituras a Satanás, cuando éste, valiéndose de la Palabra de Dios, trató de desviar a Jesús del camino de la perfecta obediencia a la voluntad de Su Padre.

El camino de Dios:

1. Jesús ayunó y oró durante 40 días y 40 noches en el desierto. Cuando el diablo vino a tentarlo, Jesús estaba físicamente débil, sin comida ni agua durante 40 días, pero estaba muy vivo en el Espíritu, porque estaba lleno de la Palabra de Dios y del poder del Espíritu Santo. (Ap. 19:13; Jn. 1:1-2; Jn. 3:34)

2. Como Jesús conocía bien las Escrituras y también entendía los caminos de Su Padre Dios, Jesús no cayó en la trampa del diablo.

3. Cada vez que Satanás tentaba a Jesús con la Palabra de Dios, Él le citaba otra Escritura al diablo, y vencía las tentaciones: _del placer, del orgullo y del poder._ (Mt. 4:1-11)

Nuestro camino basado en el camino de Dios:

Si conocemos bien las Escrituras, entenderemos también los caminos de Dios y no seremos engañados por el diablo cuando nos trate de engañar, incluso usando las Escrituras. (Sal. 119)

Nosotros también debemos citarle las Escrituras apropiadas al diablo, para vencer las varias tentaciones, en las áreas de: el placer, el orgullo y el poder, en las cuales la mayoría de los creyentes y siervos de Dios caen fácilmente. Además, busca siempre la ayuda del Espíritu Santo para vencer tus tentaciones. (Ap. 12:11)

20. Velen y oren para no caer en tentación

Mandatos de Jesús a Sus discípulos cuando en Getsemaní:

1. "Quédense aquí y velen conmigo". El Hijo del Hombre iba a ser entregado en manos de pecadores. (Mt. 26:38)

2. "Velen y oren, para que no entren en tentación. El espíritu, a la verdad, está dispuesto; pero la carne es débil". (Mt. 26:41)

El camino de Dios:

Como ser humano perfecto, Jesús clamó: "Padre mío, de ser posible, pase de mí esta copa. Pero, no sea como yo quiero, sino como tú". (ver Mt. 26:39)

En el huerto de Getsemaní, Jesús, anticipando Su crucifixión, *oró con tanta intensidad* de modo que su sudor era como grandes gotas de sangre que caían hasta la tierra. Esa poderosa oración le permitió soportar los sufrimientos de la cruz hasta el final, por nuestra redención. (Lc. 22:44)

Nuestro camino basado en el camino de Dios:

1. Como Pedro ignoró las repetidas advertencias de Cristo de orar, no pudo superar la tentación y negó tres veces al Señor, e incluso maldijo y juró que no conocía a Jesús. (Mt. 26:74)

2. Mantente alerta en la oración para que cuando las pruebas se presenten en tu camino, estés equipado con el poder de Dios para vencer a tu enemigo, el diablo.

21. No desprecies a los pequeños

Mandamiento de Dios:

Miren, no tengan en poco a ninguno de estos pequeños, porque sus ángeles en los cielos siempre ven el rostro de mi Padre que está en los cielos. ~ Jesús (Mt. 18:10)

• Un pequeño representa a un niño o a un creyente inocente como un niño.

El camino de Dios:

1. Jesús no despreció a los pescadores analfabetos ni a los desafortunados como los leprosos y los ciegos. (Mt. 4:18-22; 8:2-3)

2. Jesús no despreció a los que llevaban una vida inmoral, como María Magdalena. Jesús la perdonó libremente, pero le dijo que no pecara más. (Lc. 7:36-39; Jn. 8:1-11)

3. Jesús trataba a todos por igual; reprendía tanto a los pecadores como a los fariseos, los maestros de la Palabra de Dios, cuando ambos pecaban contra Dios. (Mt. 23)

4. Jesús aceptó a la gente común como Andrés y Juan, tanto como a los ricos como Zaqueo y Mateo. (Jn. 1:35-40; Lc. 9:1-9)

5. Jesús no hace acepción de personas y no muestra favoritismos. (Hch. 10:34; Rom. 2:11)

Nuestro camino basado en el camino de Dios:

No debes despreciar a ningún creyente o niño que haya sido creado a imagen de Dios, basándote en sus calificaciones o estatus social.

Son tan valiosos para el Señor que los ha comprado con su propia sangre preciosa. (1 Pe. 1:18-19)

Cuando creemos en Cristo:

• Nos convertimos en "*hijos del Dios Todopoderoso*", en el cual clamamos: "¡Abba Padre!" (Jn. 1:12; Rom. 8:15)

• Nosotros no lo elegimos a Él, sino más bien, Él nos eligió a nosotros y nos hizo *ciudadanos del cielo*. (Jn. 15:16; Fil. 3:20)

• Somos *embajadores en nombre de Cristo* y *colaboradores* suyos. (2 Co. 5:20; 6:1)

- Estamos *sentados en los lugares celestiales* juntamente *con Cristo Jesús*. (Ef. 2:6)

- Jesús ya *no nos llamó más siervos,* pero nos ha llamado *"amigos".* (Jn. 15:15)

- Cuando recibimos a Cristo, somos hechos *"una nueva criatura"* y nuestros cuerpos se convierten en el *"templo del Espíritu Santo".* (2 Co. 5:17; 1 Co. 6:19-20)

22. *"Recibe a un niño en Mi nombre"*

Mandamientos de Dios:

1. Recibe a un niño en Mi Nombre. Y cualquiera que en Mi nombre recibe a un niño, a Mí Me recibe, dice el Señor. (ver Mt. 18:5)

2. "Y a cualquiera que haga tropezar a uno de estos pequeños que creen en mí, mejor le fuera que le atara al cuello una gran piedra de molino y que se le hundiera en lo profundo del mar". ~ Jesús (Mt. 18:6)

El camino de Dios:

1. Jesús amaba a los niños y pasaba Su precioso tiempo con ellos. Le encantaba abrazarlos y bendecirlos.

2. Jesús dijo a Sus discípulos: "Dejen a los niños y no les impidan venir a mí, porque de los tales es el reino de los cielos". (Mt. 19:14)

Nuestro camino basado en el camino de Dios:

1. Debemos pasar tiempo con nuestros hijos para escuchar sus problemas e intentar resolverlos, ya que los hijos son una recompensa del Señor. (ver Sal. 127:3)

2. Padres, no provoquen a ira a sus hijos, para que no se desanimen; al contrario, críenlos en la disciplina y la instrucción del Señor. (Ef. 6:4; Col. 3:21)

3. Corrige a tu hijo y te dará reposo; él dará satisfacciones a tu alma. (Prov. 29:17)

23. Que alumbre tu luz delante de los hombres

Mandamientos de Dios:

1. Ustedes son la luz del mundo. (Mt. 5:14)

2. Tampoco se enciende una lámpara para ponerla debajo de un cajón, sino sobre el candelero; y alumbra a todos los que están en la casa. (Mt. 5:15)

3. Así alumbre la luz de ustedes delante de los hombres, de modo que vean sus buenas obras y glorifiquen a su Padre que está en los cielos. (Mt. 5:16)

El camino de Dios:

Jesús proclamó: "Yo soy la luz del mundo. El que me sigue nunca andará en tinieblas sino que tendrá la luz de la vida". (Jn. 8:12)

Jesús, siendo joven, *se dedicó a hacer el bien durante toda Su vida.* La vida de Jesús fue tan fructífera que en 3½ años de ministerio impactó al mundo entero y aún hoy, 2.000 años después, sigue cambiando vidas.

Nuestro camino basado en el camino de Dios:

1. Debemos irradiar la luz de Jesucristo al mundo por medio de nuestras buenas obras y buena conducta.

2. Hagamos que nuestra luz resplandezca, vestidos conforme a la imagen de Cristo y viviendo como Cristo en este mundo oscuro y corrompido. (ver Col. 3:10; Rom. 8:29)

3. No considerando cada cual solamente los intereses propios sino considerando cada uno también los intereses de los demás. (Fil. 2:4)

4. No nos cansemos, pues, de hacer el bien porque a su tiempo cosecharemos, si no desmayamos. Por lo tanto, mientras tengamos oportunidad, hagamos el bien a todos, y en especial a los de la familia de la fe. (Gal. 6:9-10)

24. Sé lento para enojarte y rápido para reconciliarte

Mandamientos de Dios:

1. No te enojes con tu hermano; quien se enoje quedará sujeto a juicio.

2. No insultes a tu hermano llamándole: "¡Idiota!", pues quedarás sujeto al fuego del infierno. (ver Mt. 5:22)

3. Primero reconcíliate con tu hermano que tiene algo contra ti. (ver Mt. 5:23-24)

El camino de Dios:

1. A los ojos de Dios, la ira sin causa equivale al asesinato. (ver Mt. 5:22; 1 Jn. 3:15)

2. Aunque Judas traicionó a Jesús con un beso, el Señor no se enojó con Judas, sino que lo llamó "amigo". (ver Mt. 26:50)

3. El Señor permite que los malvados vivan junto con los justos hasta el día del juicio, como se explica en la parábola del trigo y la cizaña; porque Él es un Dios paciente. (ver Mt. 13:24-30)

4. Jesús es lento para enojarse y es tan paciente con la humanidad que Él no castiga a los pecadores ni los envía juicio sobre los malvados inmediatamente, por su maldad, pero Él le da a cada pecador muchas oportunidades para arrepentirse y volverse a Cristo. Por lo tanto, no recibas en vano la gracia del Señor. Dios no puede ser burlado. (ver 2 Pe. 3:9; 2 Cor. 6:1; Gal. 6:7)

Nuestro camino basado en el camino de Dios:

Sé lento para la ira y lento para hablar; porque la ira del hombre no produce la vida justa que Dios desea. No peques en tu ira. (ver St. 1:19, 20; Ef. 4:26)

Reconcíliate pronto con la persona que te guarda rencor. (ver Mt. 5:23-24)

Es posible vencer la ira mediante la unción del Espíritu Santo. Si esperas en el Señor, **el Espíritu Santo de Dios eliminará la ira** de lo más profundo de tu corazón y te llenará de Su amor divino. (ver Gal. 5:22-25; Rom. 5:5)

25. ¿Qué mantendrá a tu alma alejada de problemas?

Mandamientos de Dios:

1. No hables palabras ociosas, porque en el día del juicio **darán cuenta** de toda palabra ociosa que hablen. (ver Mt. 12:36)

2. Habla solamente cosas buenas; porque de la abundancia del corazón habla la boca. (ver Mt. 12:34)

3. Cuando ustedes digan "sí", que sea realmente "sí"; y cuando digan "no", que sea "no". Cualquier otra cosa que digan más allá de esto proviene es del maligno. (Mt. 5:37 NVI)

El camino de Dios:

Cuando Jesús fue acusado por los principales sacerdotes y por los ancianos, no respondió nada. **Nunca dijo una palabra** en Su defensa. (Mt. 27:12-14)

Jesús no cometió ningún pecado, y **no se encontró engaño en Su boca**. Cuando lo insultaban, no tomaba represalias; cuando sufría, no amenazaba. (ver Is. 53:9)

En cambio, Jesús se encomendó al Padre que juzga con justicia. (ver 1 Pe. 2:22-23)

Nuestro camino basado en el camino de Dios:

1. El que guarda su boca y su lengua guarda su alma de angustias. (Prov. 21:23)

2. Porque por tus palabras serás **justificado** y por tus palabras serás **condenado**. (Mt. 12:37)

3. El sabio refrena sus palabras. Cuando calla, hasta el insensato es tenido por sabio. (ver Prov. 17:27-28)

4. La lengua que brinda alivio es un árbol de vida; la lengua perversa deprime el espíritu. Piensa, pues, antes de hablar. (ver Prov. 15:4)

26. No demores en cumplir tu juramento

Mandamientos de Dios:

1. 1. No faltes a tu juramento, sino cumple con tus promesas al Señor. (ver Mt. 5:33 NIV)

2. No jures en ninguna manera; ni por el cielo, porque es el trono de Dios; ni por la tierra, porque es el estrado de Sus pies; ni por Jerusalén porque es la ciudad del Gran Rey.

3. No jurarás por tu cabeza, porque no puedes hacer que un cabello sea ni blanco ni negro. (Mt. 5:34-36)

El camino de Dios:

Dios no se complace en los necios que no cumplen sus promesas. No digas ante los ángeles que la promesa que hiciste fue un error. No dejes que tu boca te haga pecar.

Dios se enojará por tus palabras y destruirá la obra de tus manos. (Ec. 5:2-7)

Nuestro camino basado en el camino de Dios:

1. Cuando hagas un voto a Dios no tardes en cumplirlo.

2. No te apresures a decir nada delante de Dios. Que tus palabras sean pocas cuando estés en Su presencia.

3. Es mejor no hacer promesas que hacerlas y no cumplirlas. (ver Ec. 5:2-7)

27. Mira la viga en tu propio ojo

<u>*Mandamientos de Dios:*</u>

1. No juzguen, para que no sean juzgados. Porque con el juicio con que juzguen serán juzgados, y con la medida con que medan, se les medirá. (Mt. 7:1-2)

2. ¡Hipócrita! saca primero la viga de tu propio ojo, y entonces verás bien para sacar la paja del ojo de tu hermano. (ver Mt. 7:1-5)

El camino de Dios:

Jesús no juzgó ni condenó a la mujer samaritana que llevaba una vida inmoral. Con gentileza la hizo confesar sus pecados y luego se reveló a ella como su Salvador. (Jn. 4:1-26)

El Señor no juzgó a Zaqueo, el jefe de los recaudadores de impuestos que era despreciado por toda la gente, sino que fue y se quedó en su casa y lo condujo al arrepentimiento y a la salvación. (ver Lc. 19:1-10)

Jesús, junto con Sus discípulos, comió con muchos recaudadores de impuestos y pecadores, cuando fue invitado a cenar en casa de Mateo. Cuando los fariseos interrogaron al Señor acerca de esto, Jesús les respondió: "***Los sanos no tienen necesidad de médico, sino*** los que están enfermos. Porque yo no he venido a llamar a justos, ***sino a pecadores***". Jesús no juzgó a los recaudadores de impuestos ni a los pecadores, sino que trató de llevarlos al arrepentimiento y a la salvación. (ver Mt. 9:9-13)

Nuestro camino basado en el camino de Dios:

1. Jesús desaprueba el hábito de criticar a los demás mientras se ignoran las propias faltas. Primero debemos examinarnos a nosotros mismos antes de intentar juzgar e influenciar a nuestros hermanos y hermanas en el Señor. (ver Mt. 7:1-5)

2. Cuando tenemos ***orgullo, celos o cuando pensamos demasiado en nosotros mismos*** y menospreciamos a los demás, empezamos a juzgar a la gente.

3. Si tenemos mal genio, somos impacientes, muy sensibles o incluso con baja autoestima, estaremos juzgando a los demás.

4. Cuando estamos seguros de quiénes somos en Cristo, entonces nunca nos compararemos con los demás ni los juzgaremos.

28. Oraciones breves pueden producir milagros

Mandamientos de Dios:

1. Ustedes cuando oren, no seas como los hipócritas, que aman ser vistos por los hombres. (ver Mt. 6:5)

2. Cuando ores:

   Entra en tu habitación;

   Cierra la puerta;

   Ora a tu Padre.

   No usen vanas repeticiones, como los gentiles.

   Porque tu Padre que ve en secreto, te **recompensará** en público.

   Los gentiles piensan que serán escuchados por su palabrería. (ver Mt. 6:6-7)

El camino de Dios:

1. Jesús siempre estaba lleno del Espíritu Santo debido a Su constante comunión con Su Padre. Por lo tanto, Jesús frecuentemente hacía oraciones muy cortas en público, pero eran tan poderosas que producían milagros.

2. Por ejemplo, Jesús dijo: "Talita cumi" (que traducido es: "**Niña, a ti te digo, levántate**", e inmediatamente se levantó de entre los muertos. (Mc. 5:41)

3. Jesús dijo: "**¡Calla! ¡Enmudece!**", y la tempestad se calmó de inmediato. (Mc. 4:39)

Nuestro camino basado en el camino de Dios:

1. El Señor anhela comunión contigo más de lo que tú la anhelas con Él. A medida que pases más tiempo con Jesús a solas en oración, recibirás más de Su Espíritu Santo.

2. Si oras lo suficiente en secreto, todo lo que tienes que hacer es decir un par de palabras en público en el nombre de Jesús, para producir milagros.

3. Porque la unción del Espíritu Santo destruye el yugo de esclavitud y libera a los cautivos. (ver Is. 10:27)

4. ¡Advertencia! Si no tienes cuidado, también puedes *perder la unción* del Espíritu Santo que está en ti cuando:

- Hablas cosas vanas y cuentas *chismes* acerca de la gente, o cuando te entregas a placeres mundanos, como *ver películas, series de televisión*, etc. (St. 4:4; Rom. 8:7-8)

- *Pecas voluntariamente* y te rebelas contra Dios, por ejemplo: el rey Saúl y Sansón. (1 Sam. 13-15; Jue. 14-16)

29. Dependencia total en el Espíritu Santo

Mandamientos de Dios:

1. No blasfemes contra el Espíritu Santo. Porque todo pecado y blasfemia será perdonado a los hombres. Pero la blasfemia contra el Espíritu Santo no será perdonada a los hombres ni en este mundo ni en el venidero. (ver Mt. 12:31-32)

2. Pide el Espíritu Santo. (ver Lc. 11:13)

3. Sé bautizado con el Espíritu Santo y fuego. (ver Mt. 3:11; Hch. 1:4-5)

El camino de Dios: Jesús y el Espíritu Santo:

1. Jesús fue *concebido* milagrosamente por el Espíritu Santo y nació de una virgen. (Mt. 1:18-23; Lc. 1:35)

2. Jesús fue *bautizado* en el río Jordán y mientras oraba, el cielo se abrió y el Espíritu Santo descendió sobre Él como una paloma. (Lc. 3:21-22)

3. Jesús, lleno del *Espíritu sin medida*, pudo vencer todas las tentaciones de Satanás en el desierto. (Jn. 3:34; Lc. 4:1-13)

4. Jesús, ungido con el Poder del Espíritu Santo, anduvo *haciendo el bien y sanando* a todos los oprimidos por el diablo. (Hch. 10:38)

5. Jesús echó fuera demonios por el Espíritu de Dios en varias ocasiones. (Mt. 12:28)

6. Jesús fue *resucitado* de la tumba como el Hijo de Dios por el Poder del Espíritu Santo. (ver Rom. 8:11)

Nuestro camino basado en el camino de Dios:

Si nuestro Maestro y Salvador, Jesús, como ser humano, tuvo que depender del Espíritu Santo a todo momento en Su vida, ¿cuánto más necesitamos nosotros depender del Espíritu Santo para vivir una vida victoriosa? (Rom. 8:14)

Jesús dijo: "Y yo rogare al Padre y les dará otro *Consolador* para que *esté con ustedes para siempre*. Este es el Espíritu de la verdad". (Jn. 14:16-20; 16:7-9, 13)

La misma grandeza del poder del Espíritu Santo que resucitó a Jesús de entre los muertos, también está disponible para nosotros que creemos en Cristo. Sólo tenemos que tener hambre y sed del Espíritu Santo. (Ef. 1:19-20)

Ya que el Señor ha prometido: *"Derramaré mi Espíritu sobre todo mortal"*, cualquiera que tenga sed, debe esperar en el Señor diariamente para ser lleno del Espíritu Santo. (ver Joel 2:28; Jn. 7:37)

¿Tienes sed hoy de recibir de la *fuente* de agua viva o los *ríos* de agua viva? (Jn. 4:14; 7:37)

30. Obediencia hasta la muerte

Mandamientos de Dios:

1. Obedece los mandamientos de Dios y enséñaselos a otros, porque serás considerado **grande** en el reino de los cielos. (ver Mt. 5:19)

2. No quebrantes ni el más pequeño de los mandamientos de Dios y así se lo enseñes a los hombres. De lo contrario, serás considerado **el más pequeño** en el reino de los cielos. (ver Mt. 5:19)

3. Bienaventurados los que oyen la Palabra de Dios y la guardan; porque la obediencia es el **camino a la alegría**. (ver Lc. 11:28; Sal. 19:8)

4. Aquellos que obedecen y hacen la voluntad de Dios tendrán **vida eterna**. (Mt. 7:21-23)

5. **Conoceremos a Cristo** si obedecemos Sus Mandamientos. Y el amor de Dios será perfeccionado en nosotros. (ver 1 Jn. 2:3-6)

El camino de Dios:

1. Aunque Jesús era el Hijo de Dios, aprendió obediencia por lo que padeció.

2. Jesús se humilló a sí mismo y se hizo obediente hasta la muerte, y muerte de cruz. (Heb. 5:8; Fil. 2:8)

3. Jesús fue sometido a juicio durante toda la noche, traicionado y abandonado por sus propios discípulos, escarnecido, escupido en la cara, azotado y humillado por los gentiles. Finalmente fue colgado desnudo en la cruz, abandonado por Su Padre, aun así, Él había decidido obedecer y cumplir la voluntad de Su Padre para ser el Redentor de muchos.

4. La meta de Jesús fue establecida por Su Padre, y ninguna cantidad de dolor, tortura o humillación podría disuadir a Jesús de cumplir la voluntad de Su Padre para Su vida. (Is. 53)

Nuestro camino basado en el camino de Dios:

1. ¿Y tú? ¿Será tu obediencia hasta la muerte, para cumplir la voluntad de Dios para tu vida?

2. Jesús dijo: ***"Si (realmente) me amas, guardarás (obedecerás) Mis mandamientos"***. (Jn. 14:15 AMP)

3. El salmista dijo: "Me hizo bien haber sido afligido, porque así pude aprender tus estatutos". A veces Dios nos lleva por un camino difícil para enseñarnos obediencia. Incluso Jesús aprendió obediencia por lo que padeció. (Sal. 119:71; Heb. 5:8 NVI)

4. El obedecer es mejor que los sacrificios, a los ojos de Dios. (1 Sam. 15:22)

31. La sanidad según tu fe

Mandamientos de Dios:

1. "Ve, y como creíste te sea hacho". ~ Jesús (Mt. 8:13)

   - El siervo del centurión romano fue sanado esa misma hora, como Jesús le dijo al centurión romano. (Mt. 8:5-13)

2. "Ten ánimo, hija, tu fe te ha salvado". ~ Jesús (Mt. 9:22; Mc. 5:22-43)

   - La mujer que sufrió de hemorragia durante 12 años conectó su fe con el poder ilimitado de Jesús y recibió su sanidad del Señor. La mujer quedó sana desde ese mismo momento. (ver Mt. 9:20-22)

El camino de Dios:

1. Jesús siempre esperó "fe" de la gente que venía a Él por sanidad. Cuando ponían su fe en el poder ilimitado de Jesús, recibían su sanidad. (Mt. 8:13; 9:22)

2. Dos ciegos acudieron a Jesús clamando por Su misericordia para que los sanara. Aunque imploraban la misericordia del Señor, Jesús, esperando ver su fe, les preguntó: **_"¿Creen que puedo hacer esto?"_** Cuando respondieron: "Sí, Señor", sólo entonces Jesús les tocó los ojos y les devolvió la vista, diciendo: "Conforme a la fe de ustedes les sea hecho", e inmediatamente les fueron abiertos los ojos. (Mt. 9:28-30)

Nuestro camino basado en el camino de Dios:

i. La fe viene por el oír, y el oír por la Palabra de Dios. (ver Rom. 10:17)

ii. Nuestro Padre está sentado en el trono como el Rey de reyes. Nosotros, siendo Sus queridos hijos, debemos saber cómo entrar en el cuarto de Su trono y tomar cualquier cosa que necesitemos de Sus manos, por fe.

iii. No es necesario rogarle; porque **_un niño obediente conoce sus derechos_**. Si lloramos, Dios también llorará con nosotros; Su rostro se moverá, pero puede que Sus manos no se muevan. Sólo por nuestra fe podemos recibir los milagros; porque *sin fe es imposible agradar a Dios*. (Heb. 11:6)

iv. Nuestro Señor nunca nos pondrá a prueba más allá de nuestro nivel de fe. Incluso *nuestra fe, aunque sea tan pequeña como una semilla de mostaza*, puede producir milagros. Es el Espíritu Santo de Dios quien nos da diferentes medidas de fe a cada uno de nosotros. (1 Co. 12:9-11)

v. No sólo debemos expresar fe en que el Señor es capaz para hacer un milagro, sino también actuar en base a ella, como hizo el centurión. (ver Mt. 8:8-13)

vi. Si *crees, recibirás todo lo que pidas en oración, en el nombre de Jesús*. (Mt. 21:22; Jn. 14:13)

32. No busques tu propia voluntad sino la de Dios

Mandamientos de Dios:

1. No me digan: 'Señor, Señor', sino hagan la voluntad de Mi Padre que está en los cielos, para entrar en el reino de los cielos. ~ Jesús (ver Mt.7:21)

2. Jesús dijo: "Muchos me dirán en aquel día: ¡Señor! ¡Señor!

   i. ¿No profetizamos en tu nombre?

   ii. ¿En tu nombre no echamos fuera demonios?

   iii. ¿Y en tu nombre no hicimos muchas obras poderosas?

Entonces yo les declararé: '*Nunca les he conocido. ¡Apártense de mí*, obradores de maldad!'

Después de haber hecho las cosas anteriores, si todavía *no has hecho la voluntad del Padre*, *no entrarás en el cielo*, dice el Señor Jesús. (Mt. 7:22-23)

El camino de Dios:

1. Jesús les dijo: "Mi comida es que yo haga la voluntad del que me envió, y que acabe su obra".

2. "Porque no busco la voluntad mía sino la voluntad del que me envió". (ver Jn. 4:34; 5:30)

3. Fue la voluntad del Padre que Jesús sufriera como sacrificio por nosotros. Aunque Jesús estaba muy triste, hasta la muerte, oró: "Padre mío, de ser posible, pase de mí esta copa. Pero, no sea como yo quiero, sino como tú".

4. Jesús rindió totalmente Su voluntad a Su Padre y murió en la cruz en nuestro lugar. (Is. 53:5-12; Mt. 26:38-39)

Nuestro camino basado en el camino de Dios:

Así como Jesús siempre hizo aquellas cosas que agradaban a Su Padre, tú también debes averiguar primero cuál es la perfecta voluntad de Dios para tu vida. (ver Jn. 8:29; Ef. 5:17)

Pídele a Dios que te llene del conocimiento de Su voluntad y entonces comprométete a cumplirla. (Col. 1:9)

La "perfecta voluntad" de Dios revelada en Su Palabra:

1. La voluntad de su Padre es que ninguna alma se pierda. (ver Mt. 18:14; 1 Tim. 2:4)

2. La voluntad del Padre es que no nos embriaguemos con vino, sino que seamos llenos de Su Espíritu. (ver Ef. 5:18)

3. La voluntad de Dios es que cada uno de nosotros sepa controlar su propio cuerpo en santificación y honor. (ver 1 Ts. 4:3-7)

33. Mi Iglesia: una casa de oración

Mandamientos de Dios:

1. "Mi casa será llamada casa de oración para todas las naciones". ~ Jesús (Mt. 21:13; Mc. 11:17

2. "¡No hagan más de la casa de mi Padre casa de mercado!" ~ Jesús (Jn. 2:16)

El camino de Dios: Jesús y la oración:

El Señor Jesús es nuestro modelo en oración. Él siempre eligió estar en la casa de Dios. A menudo se retiraba a lugares solitarios y *oraba*. (Mc. 1:35)

1. El Señor pasó *toda la noche en oración* antes de elegir a sus doce discípulos. (Lc. 6:12-16)

2. Jesús, mientras era bautizado, *oró* y recibió el poder del Espíritu Santo para ejercer un ministerio eficaz. (Lc. 3:21-22)

3. Jesús, siendo un hombre de oración, y sabiendo que Su casa debía ser una *"casa de oración"*, limpió el templo echando fuera a todos los que vendían y

compraban en el templo. Por celo por la casa de Dios, derribó las mesas de los cambistas y los asientos de los que vendían palomas. (ver Jn. 2:17)

<u>**Nuestro camino basado en el camino de Dios**</u>:

En estos últimos días, no hay "temor de Dios" en muchas iglesias, sino sólo una forma de piedad externa. Cristo espera que Su casa, "la Iglesia", sea un lugar de oración sin cesar. (1 Ts. 5:17)

No profanemos la casa de Dios convirtiéndola en un medio para la promoción social, el entretenimiento para beneficio económico.

Nosotros, los creyentes, también somos el **templo del Espíritu Santo**, es decir, la casa de Dios. Así que debemos mantener nuestros corazones y nuestras mentes puras y consagradas, y resistir al pecado a cualquier precio. (1 Co. 6:19; Heb. 12:4)

Sé un discípulo de Cristo y recibe bendiciones al cien por uno

34. Sigue a Cristo y conviértete en Su discípulo

<u>*Mandamiento de Dios:*</u>

"*Vengan en pos de mí*, y los haré pescadores de hombres". ~ Jesús (Mt. 4:19; 9:9)

<u>**El camino de Dios**</u>:

Jesús llamó a Sus discípulos primero a seguirlo, antes de hacerlos pescadores de hombres. (ver Mt. 4:19; 9:9)

<u>**Nuestro camino basado en el camino de Dios**</u>:

1. Jesús espera que lo sigamos primero para convertirnos en Sus discípulos. Debemos hacer de Jesús nuestra primera prioridad en la vida.

2. Debemos poner a Jesús por encima de todo, y aprender de Él para ser eficientes ganadores de almas.

3. Seremos recompensados en el cielo, principalmente, por estas dos cosas:

*   *Cuanto más nos parezcamos a Cristo*, a Su imagen, más resplandecientes serán nuestros cuerpos resucitados en gloria. (Fil. 3:21)

*   *Cuantas más almas ganes para Cristo*, más recompensas recibirás en el cielo. (Dan. 12:3; Prov. 11:30)

❖ Para ser un pescador eficaz de hombres, todo siervo de Dios debe *orar fervientemente por lo siguiente*:

i. El don de fe. (1 Co. 12:9)

ii. *La cosecha de almas.* (Sal. 2:8)

iii. Señales y prodigios en el ministerio. (Mc. 16:17-18)

iv. Visiones y sueños de Dios. (Joel 2:28; Jer. 33:3)

v. Ver a Jesús, oír Su voz cada día y conocer Su voluntad. (Hch. 22:14; Jn. 10:16)

vi. Los nueve dones del Espíritu Santo. (1 Co. 12:1-11)

vii. *Los nueve frutos del Espíritu Santo.* (Gal. 5:22)

viii. Unción para echar fuera demonios. (Lc. 10:19; Mc. 16:17)

ix. Denuedo para testificar de Cristo. (Hch. 4:29)

x. *El fuego del Espíritu Santo.* (Lc. 3:16)

xi. Sabiduría y el favor de Dios. (St. 1:5; Lc. 2:52; Sal. 5:12)

xii. Gran gozo de servir a Dios. (Fil. 4:4)

35. Jesús llama a Sus discípulos a ser pescadores de hombres

<u>Mandamiento de Dios:</u>

"Vengan en pos de mí, y los haré pescadores de hombres". ~ Jesús (Mt. 4:19; 9:9)

El camino de Dios:

1. Jesús hizo de Sus discípulos "pescadores de Hombres" siendo un modelo para ellos: en oración, por medio de Su obediencia a la voluntad de Su Padre, y por Su estilo de vida sencillo y Sus buenas obras. (Mc. 1:35; Jn. 4:34)

2. Dondequiera que Jesús iba y predicaba atraía multitudes hacia Él. Jesús era un tremendo ganador de almas. Por ejemplo: Jesús llevo a la mujer samaritana, una mujer que vivía una vida inmoral, a su Mesías, Jesús mismo, y por medio de esa mujer, toda la ciudad de Samaria recibió a Cristo, como su salvador. (Jn. 6:2; 4:39-42)

3. Incluso, estando colgado de la cruz, en Sus últimos momentos antes de morir, Jesús salvó al ladrón en la cruz y le prometió un lugar en el Paraíso. (Lc. 23:43)

Nuestro camino basado en el camino de Dios:

1. Debemos *vivir como Cristo vivió* y ser un ejemplo a seguir para los demás. Un discípulo puede preparar a otro discípulo sólo hasta su propio nivel espiritual. (ver 1 Jn.2:6; Lc.6:40)

2. Por lo tanto, debemos ser pescadores de hombres primero, y luego capacitar a otros creyentes para ser pescadores de hombres; para que ellos también puedan ganar multitud de almas perdidas para Cristo. (2 Tim. 2:1-2)

3. La Escritura dice que el que *gana almas es sabio* y *brillará como las estrellas* en el cielo por los siglos de los siglos. (Prov. 11:30; Dan. 12:3)

36. Jesús llama a Sus discípulos a vivir una vida con propósito

Mandamiento de Dios:

"*Vengan en pos de mí*, y los haré pescadores de hombres". ~ Jesús (Mt. 4:19; 9:9)

El camino de Dios:

Jesús llamó a los discípulos para que dejaran sus trabajos terrenales y sus lazos familiares, no para mantenerlos ociosos, sino para darles *un nuevo trabajo:* de ser pescadores de hombres. (Mt. 4:19)

Nuestro camino basado en el camino de Dios:

1. Estamos tan atrapados con nuestros trabajos mundanos y quehaceres diarios que no tenemos tiempo para pensar en el propósito que Dios nos ha dado para nuestras vidas.

2. Dios nos salvó y llamó con un santo llamamiento, no conforme a nuestras obras sino conforme a su propio propósito y gracia. (2 Tim. 1:9)

3. Al seguir a Cristo, recibimos la mente de Cristo para alcanzar a los perdidos, que es el propósito mismo de nuestras vidas. (2 Pe. 3:9; 1 Tim. 2:4)

4. Pero ustedes son linaje escogido, *real sacerdocio*, nación santa, pueblo adquirido, para que anuncien las virtudes de aquel que los ha llamado de las tinieblas a su luz admirable. Así que, *mantente en la brecha en oración por las almas perdidas.* (1 Pe. 2:9)

37. Jesús llama a Sus discípulos a tener una visión

El camino de Dios:

1. Cuando Jesús comenzó Su ministerio, escogió a 12 discípulos, después de pasar una noche entera en oración. Jesús les delegó Su visión a estos 12 discípulos.

2. Entre los discípulos de Jesús había: pescadores sin educación, un recaudador de impuestos y hermanos de las mismas familias, etc., pero la única razón por la que Dios Padre los eligió fue por su devoto amor a Jesús y porque todos ellos morirían por Él. *Jesús no escogió a ninguno de Sus hermanos biológicos para ser Sus discípulos*, cuando estaba vivo en la tierra. (Lc. 6:12-13)

3. Aunque los discípulos de Jesús provenían de entornos diferentes, a todos se les dio *una misma visión: convertirse en pescadores de hombres*, es decir, alcanzar a los perdidos, que es la perfecta voluntad de Dios. (2 Pe. 3:9; 1 Tim. 2:4)

Nuestro camino basado en el camino de Dios:

Si eres escogido por Dios para ser un líder con una visión específica para el ministerio, también debes, después de mucha oración, *crear un equipo de discípulos*.

Comparte tu visión con el equipo y trabajen juntos en unidad y amor, para la expansión de Su reino.

38. El precio del discipulado: El camino estrecho, la senda de nuestro Salvador

Mandamientos de Dios:

1. "Sígueme y deja que los muertos entierren a sus muertos". ~ Jesús (Mt. 8:21-22)

2. *No lleven oro ni plata,* ni cobre (dinero) en el cinturón. (Mt. 10:9 NVI)

3. Tampoco lleven bolsas para el camino ni dos vestidos ni zapatos ni bastón (cuchillo o pistola). (Mt. 10:10)

El camino de Dios:

1. El camino de nuestro Salvador fue un camino de sufrimiento. Durante sus tres años y medio de ministerio en la tierra *Jesús caminó largas distancias de ciudad en ciudad* predicando el evangelio del reino de Dios. (Mc. 1:14)

2. La prioridad de Jesús era cumplir la voluntad de Su Padre en la tierra. (Jn. 4:34)

3. Jesús le dijo a uno de los escribas que quería ser Su discípulo: "Las zorras tienen cuevas, y las aves del cielo tienen nidos, pero el Hijo del Hombre no tiene dónde recostar la cabeza". (Mt. 8:20)

4. Jesús no buscó consuelo durante su vida. El momento culminante de Su sufrimiento fue que murió en la cruz para librarnos de este mundo malvado y del pecado. (Gal. 1:4)

Nuestro camino basado en el camino de Dios:

1. **Somos elegidos de Dios, pero extranjeros** en este mundo, pues nuestra ciudadanía es del cielo. Por lo tanto, debemos servir apasionadamente al Señor, cumpliendo Su voluntad, sin buscar comodidades en la vida; porque nuestras recompensas están guardadas en el cielo. (ver 1 Pe. 1:1; 2:11-12 NVI)

2. Sé partícipe de los sufrimientos como un buen soldado de Cristo. Sé fiel, incluso hasta la muerte, y Jesús te dará la **corona de la vida**. (ver 2 Tim. 2:3; Ap. 2:9-10)

3. Cuando Dios te llame a Su ministerio, Él suplirá todas tus necesidades. Confía en Dios en todo momento. Porque el obrero es digno de su alimento. (ver Mt. 10:9-10)

4. Recuerda, ninguno de los discípulos de Jesús vivía en una gran mansión o un palacio. Nunca tuvieron una cuenta bancaria, es decir, nunca ahorraron dinero para su futuro. Dios era su fuente.

5. **Nuestro carácter y actitud hacia el dinero** son más importantes para Jesús que nuestro ministerio. Prosperidad en la Biblia es "no tener escasez". La piedad con contentamiento es gran ganancia. (1 Tim. 6:6; Sal. 23:1; 34:10)

39. El precio del discipulado: Negarse a sí mismo para ser digno de Cristo

Mandamiento de Dios:

1. "El que ama a padre o a madre más que a mí no es digno de mí, y el que ama a hijo o a hija más que a mí *no es digno de mí*". ~ Jesús (Mt. 10:37)

2. Niégate a ti mismo, toma tu cruz y sígueme. Y el que no toma su cruz y sigue en pos de mí, *no es digno de mí.* ~ Jesús (ver Mt. 10:38; 16:24)

3. "El que halla su vida la perderá, y el que pierde su vida por mi causa la hallará". ~ Jesús (Mt. 10:39)

4. Pues, ¿de qué le sirve al hombre si *gana el mundo entero y pierde su vida?* (Mt. 16:26)

El camino de Dios:

1. Jesús se negó a sí mismo poniendo la voluntad de Su Padre por encima de la de Su madre y hermanos cuando ellos vinieron a verlo. Jesús no salió a verlos sino que siguió enseñando la Palabra a la multitud.

2. Señalando a Sus discípulos, Jesús dijo: "¡He aquí mi madre y mis hermanos! Porque cualquiera que hace la voluntad de mi Padre que está en los cielos, ése es mi hermano, mi hermana y mi madre". (Mt. 12:46-50)

3. Jesús fue lleno del Espíritu Santo sin medida por el precio que pagó en la tierra, al negar Sus propios intereses y los placeres de este mundo. (Jn. 3:34)

Nuestro camino basado en el camino de Dios:

1. Dios debe ser tu prioridad, incluso por encima de tus padres o de tus hijos. Pero es tu responsabilidad asegurarte de proveer sus necesidades. (ver Mt. 10:37)

2. Haz morir todo lo que pertenece a tu naturaleza terrenal; inmoralidad sexual, lujuria, malos deseos, avaricia por el dinero, etc. (Col. 3:5)

3. *Cuanto más alto sea el precio* que paguemos al negarnos a nosotros mismos, *mayor será la unción* del Espíritu Santo que recibamos para Su servicio. (Heb. 1:8-9)

4. La unción del Espíritu Santo sobre nosotros aumenta, depende de: nuestra *oración* diaria, hablar en el don de lenguas, meditación de la *Palabra* de Dios, sed del Espíritu Santo, *obediencia* a los mandamientos de Dios, *dar* al reino de Dios, y nuestro *servicio a Dios*. (Hch. 2, 10; Jn. 7:37; Jn. 16:13; Jn. 20:22)

40. Predica el "arrepentimiento" a todas las naciones

Mandamientos de Dios:

1. ¡Arrepiéntanse, porque el reino de los cielos se ha acercado! (Mt. 3:2; 4:17)

2. Si ustedes no se arrepienten, todos perecerán de la misma manera. (Lc. 13:3, 5)

El camino de Dios:

Jesús comenzó Su ministerio con el primer mensaje de arrepentimiento porque sabía que no puede haber "salvación sin arrepentimiento". Por lo tanto, Jesús les dijo a Sus discípulos que el arrepentimiento y la remisión de pecados debían ser predicados en Su Nombre a todas las naciones. (Mt. 4:17; Lc. 24:47)

Nuestro camino basado en el camino de Dios:

1. Jesús ya pagó el precio por la redención de nuestras almas. Ahora que conocemos esta verdad, cuánto más debemos predicar el mensaje de arrepentimiento a las almas perdidas que nos rodean.

2. Puesto que Jesús ha terminado todo lo que había que hacer en la cruz para la salvación de la humanidad, lo que tenemos que hacer ahora es decirle "perdóname" por nuestros pecados y aceptar el don gratuito de la salvación por fe.

3. *Oración de arrepentimiento:* "Señor Jesús, perdona mis pecados y límpiame con tu preciosa sangre. Entra en mi corazón y sé el Señor y Salvador de mi vida".

41. Ve y Predica: El reino de los cielos se ha acercado

Mandamiento de Dios:

Vayan y prediquen este mensaje: El reino de Dios se ha acercado. Sanen **enfermos**, limpien leprosos, echen fuera demonios. (Mt. 10:7-8; 28:18-20)

El camino de Dios:

1. Jesús fue a Galilea y proclamó: El reino de Dios se ha acercado. Arrepiéntanse y crean en el evangelio. (Mc. 1:14)

2. Jesús pasaba a menudo tiempo en oración a solas con Su Padre quien le daba el poder del Espíritu Santo para predicar con autoridad y hacer milagros.

3. Jesús fue lleno del Espíritu de Dios en **abundancia** debido a Su obediencia a la voluntad de Dios. (Jn. 3:34)

Nuestro camino basado en el camino de Dios:

1. Nosotros también debemos esperar en el Señor en oración, para tener la dirección y el poder del Espíritu Santo en nuestro ministerio.

2. Jesús declaró que haremos mayores obras que las que Él hizo. La misma unción que estaba sobre Jesús está disponible para nosotros también. Solo tenemos que pedírsela.

3. El Señor también nos equipará con los dones del Espíritu Santo. Por ejemplo: el don de sanidad, el don de milagros, el don de fe, profecía, etc. (Jn. 14:12; 1 Co. 12:9-10)

42. Lo que ustedes recibieron gratis, denlo gratuitamente

Mandamiento de Dios:

Lo que ustedes recibieron gratis, denlo gratuitamente. (Mt. 10:8 NVI)

El camino de Dios:

1. El corazón de Jesús estaba tan cargado por las almas perdidas que no le importaban los asuntos financieros; le confió la bolsa del dinero a Judas, sabiendo que era un ladrón. (ver Jn. 13:29)

2. Jesús nunca esperó beneficios terrenales, como casas, carros, barcos, caballos, etc., a cambio de los poderosos milagros que hizo.

3. _**Jesús ni siquiera buscó el honor y la fama de la gente.**_ Sólo atesoraba el testimonio que recibía de Su Padre. (Mt. 9:30; Jn. 8:17-18)

Nuestro camino basado en el camino de Dios:

1. Ya que Jesús nos ha dado la _salvación, Su Palabra y la unción del Espíritu Santo gratuitamente_, Él nos ordena no esperar nada a cambio cuando le servimos.

2. No esperes honra de la gente, porque lo que es muy estimado entre los hombres es abominación a los ojos de Dios. Jesús dice: "Si alguno me sirve, _**el Padre le honrará**_". (Lc. 16:15; Jn. 12:26)

3. Al hacer la voluntad del Señor, Él se asegurará de que nuestras necesidades sean proveídas; *porque el obrero es digno de su salario.* (1 Tim. 5:18)

4. Un verdadero obrero tendrá una profunda carga por las almas que perecen y trabajará incansablemente para alcanzar a los perdidos.

5. Un verdadero obrero no trabajará por dinero, su propia fama o para expandir su propio ministerio. No hará de la obra de Dios un negocio. (1 Tim. 6:7-10)

6. *La piedad con contentamiento es gran ganancia.* Pero sólo los hombres de mente corrupta, que han sido robados de la verdad, pensarán que la piedad es un medio para obtener ganancias financieras. (1 Tim. 6:5-6)

3ª PARTE

¿VIDA ETERNA O CONDENACIÓN ETERNA? ¡TÚ DECIDES!

La Escritura dice que sólo tenemos una vida que vivir, y luego hay un juicio que nos espera después de la muerte. Tú debes decidir aquí en la tierra donde quieres pasar tu eternidad: en el cielo o en el infierno. (Heb. 9:27)

Para heredar la vida eterna, es esencial que aceptemos a Jesucristo como nuestro Señor y Salvador, y sigamos permaneciendo en Él. *Porque Jesús es el verdadero Dios, y la vida eterna.* Sólo se salvarán los que permanezcan hasta el final en verdadera fe, pureza y amor. (ver 1 Jn. 5:20; Mt. 10:22)

Lugar de Descanso Eterno

El glorioso cielo	El infierno ardiente
1. El reino de los cielos está gobernado por Dios Padre, el Hijo y el Espíritu Santo. (Mt. 28:18; Dan. 7:9; 2 Co. 3:17) Los cielos de **los cielos son del Señor,** y no se pueden medir. (ver Sal. 115:16; Jer. 31:37)	1. El reino del infierno está gobernado por Satanás: el dios de esta era presente, asistido por principados, autoridades y gobernantes de estas tinieblas. (ver 2 Co. 4:4; Ef. 6:12)
2. El Señor Dios Todopoderoso dice: "El cielo es mi trono". Y el que estaba sentado en el trono dijo: "He aquí yo hago nuevas todas las cosas". (Is. 66:1; Ap. 21:5)	2. El infierno es un **horno de fuego** donde hay **llanto** y **crujir de dientes.** (Mt. 13:41-42)
	3. El infierno es un **lugar de condenación eterna** donde los pecadores serán atormentados con fuego que no se apaga y azufre. (Lc. 16:19-31; Ap. 14:9-11)

El glorioso cielo	El infierno ardiente
3. Los cielos son obra de los dedos de Dios. Hay millones de ángeles gloriosos en Su poderosa presencia. (ver Sal. 8:3; Jn. 1:51) 4. El reino de los cielos es un lugar de paz donde no habrá lágrimas, ni llanto, **ni muerte.** (ver Ap. 21:4) 5. El cielo es un lugar alegre donde **ya no hay tristeza ni dolor.** (ver Ap. 21:4) 6. El cielo es un lugar magnífico donde nuestro Señor Jesús está preparando "**mansiones**" para nosotros. (ver Jn. 14:1) 7. El cielo es un lugar tan maravilloso donde toda bendición espiritual viene para los hijos de Dios. (ver Ef. 1:3)	4. El reino de Satanás es un lugar de oscuridad absoluta donde los hombres se muerden la lengua en **agonía** y sus **gusanos** no mueren. Maldicen al Dios del cielo por su dolor y sus **llagas, y no tendrán descanso** ni de día ni de noche. (Ap. 14:11; 16:10; Jud. 13; Mc. 9:48) 5. En "Una revelación divina del infierno", Kathryn Baxter describe el infierno como **un lugar maloliente** donde criaturas demoníacas y malvadas de aspecto feo vuelan por todas partes. 6. El terrible lugar llamado infierno fue creado originalmente para Satanás y sus ángeles caídos. (2 Pe. 2:4; Ap. 19:20; Mt. 25:41)

- Hoy en día, muchas personas no creen que exista el infierno, donde van a ir los impíos después de la muerte. Pero el propio Señor Jesús ha utilizado el término "infierno" muchas veces en la Biblia. (Mt. 5:22, 29, 30; 10:28; 11:23; 16:18; 18:9; 23:15; 23:33; Mc. 9:43, 45, 47; Lc. 10:15; 12:5; 16:23)

- Muchos teólogos afirman que en el Nuevo Testamento hay más de 162 referencias al "infierno" (lugar de tormento eterno).

- En la Biblia se mencionan diferentes términos tales como: Seol, infierno, el Hades, el pozo sin fondo, el lago de fuego, el horno de fuego, el fuego que no se apaga, etc.; todos se refieren a lugares de tormento eterno.

La santa ciudad en el cielo: La nueva Jerusalén

La hermosa **ciudad** de la nueva Jerusalén, la ciudad santa, sale del cielo, de Dios, preparada como una novia adornada para su esposo, Jesucristo. (Ap. 21:10, 21)

El **muro** de la ciudad es de jaspe y la ciudad es de **oro puro**, semejante al cristal transparente.

Los **cimientos** de las murallas de la ciudad están decorados con todo tipo de piedras preciosas. El primer cimiento es de **jaspe**, el segundo de **zafiro**, el tercero de ágata, el cuarto de esmeralda, el quinto de ónice, el sexto de cornalina, el séptimo de crisólito, el octavo de berilo, el noveno de topacio, el décimo de crisoprasa, el undécimo de jacinto y el duodécimo de amatista.

La ciudad tiene **12 puertas** que están hechas de **12 perlas**; cada puerta está hecha de una sola perla. Las puertas no se cerrarán durante el día y no habrá noche en ella.

La **calle** de la ciudad es de oro puro, como cristal transparente.

No hace falta que el sol o la luna resplandezca. No habrá noche en ella, porque la gloria de *Dios la ilumina,* y el Cordero de Dios, **Jesús, es su luz.** (Ap. 21:9-27)

¿Quién habitará en la santa ciudad de Jerusalén?

Las naciones de los que se salven andarán a la luz de ella.

Jamás entrara en ella cosa impura o que hace abominación y mentira, sino **solamente los que están inscritos en el libro de la vida del Cordero.** (ver Ap. 21:24, 27)

¡Asegúrate de ir al cielo!

I. ¡EN JESÚS VIVIMOS!

¿Cómo puedes heredar la vida eterna?

El *Mandato de Dios es la vida eterna.* Así que obedece y hereda la vida eterna. (ver Jn. 12:50)

A continuación se enumeran los mandamientos relacionados con la vida eterna y la condenación eterna de los evangelios de Mateo y de Juan.

1. Vida eterna en Jesucristo: El Salvador

MANDAMIENTOS DE DIOS PARA QUE LOS OBEDEZCAMOS	RECOMPENSA DE LA OBEDIENCIA/ CONSECUENCIA DE LA DESOBEDIENCIA
1. Cree en el Hijo unigénito de Dios, Jesucristo, el Salvador del mundo. (Jn. 3:16; Mt. 1:21; Lc. 2:11; 1 Jn. 4:14-15) 2. Cree en Mí. ~ Jesús (Jn. 11:25-26; Jn. 10:36; Mc. 5:7)	1. **Cree en Jesús y recibe vida eterna:** Porque de tal manera amó Dios al mundo, que ha dado a su Hijo unigénito para que todo aquel que en *Él cree no se pierda, mas tenga vida eterna.* (Jn. 3:16) 2. **Jesús vino a salvar al mundo:** Dios no envió a Su Hijo al mundo para condenar al mundo, sino para que el mundo *sea salvo* por Él. (Jn. 3:17) 3. **Creer para no ser condenado:** Quien cree en Jesús no es condenado. (ver Jn. 3:18) 4. **La incredulidad trae condenación:** El que no cree ya ha sido condenado porque no ha creído en el nombre del unigénito Hijo de Dios, Jesús. Este es el veredicto. (ver Jn. 3:18-19)

MANDAMIENTOS DE DIOS PARA QUE LOS OBEDEZCAMOS	RECOMPENSA DE LA OBEDIENCIA/ CONSECUENCIA DE LA DESOBEDIENCIA
1. Cree en el Hijo unigénito de Dios, Jesucristo, el Salvador del mundo. (Jn. 3:16; Mt. 1:21; Lc. 2:11; 1 Jn. 4:14-15)	5. **La ira de Dios por rechazar a Jesús:** "El que cree en el Hijo tiene vida eterna; pero el que desobedece al Hijo no verá la vida, sino que la ira de Dios permanece sobre él". . (Jn. 3:36)
2. Cree en Mí. ~ Jesús (Jn. 11:25-26; Jn. 10:36; Mc. 5:7)	6. **Cree y vivirás:** Jesús dijo: "Yo soy la resurrección y la vida. El que cree en mí, aunque muera, vivirá". (Jn. 11:25)
	7. **Cree y no morirás jamás:** "Y todo aquel que vive y cree en mí no morirá para siempre". ~ Jesús (Jn. 11:26)
	¿Crees ahora en Jesucristo?

¿Por qué la gente no viene a Cristo?

- *Los hombres aman las tinieblas:* Jesucristo, quien es la luz, ha venido al mundo, y los hombres amaron más las tinieblas que la luz porque sus obras eran malas. (ver Jn. 3:19)

- *Las malas obras serán expuestas:* Jesús dijo: "Porque todo el que practica lo malo aborrece la luz y no viene a la luz para que sus obras no sean censuradas. Pero el que hace la verdad viene a la luz para que sus obras sean manifiestas que son hechas en Dios". (Jn. 3:20-21)

- *No son mis ovejas:* Jesús también afirmó: "Pero ustedes no creen porque no son de mis ovejas. Mis ovejas oyen mi voz, y me siguen". (Jn. 10:26-27)

* *Estuve en la brecha por la salvación de mi padre durante 19 años. Simplemente no iba a permitir que mi padre fuera al infierno por toda la eternidad. Finalmente, a la edad de 79 años, el día después de que mi papá aceptó a Jesús como su Salvador, el Señor lo llevó a su casa en el cielo. Así que no te rindas con tus familiares y parientes que no son salvos. Nadie puede interceder por su salvación en la tierra tanto como tú. (Ez. 22:30) - Autora*

¿Por qué debemos creer en Jesucristo?

- *Jesús fue levantado en nuestro lugar:* Jesús declaró: "Y como Moisés levantó la serpiente en el desierto, así es necesario que el Hijo del Hombre sea levantado, para que todo aquel que cree en Él tenga vida eterna". Fue ordenado por Dios que Jesús muriera en la cruz en nuestro lugar. (ver Jn. 3:14-15)

- *Jesús fue inmolado por nuestros pecados:* Jesucristo, el Cordero inmaculado de Dios, fue inmolado por nuestros pecados una vez para siempre. El Señor echó sobre Él la iniquidad de todos nosotros. (ver Is. 53:6)

- *Somos santificados por la sangre de Jesús:* Porque la paga de nuestro pecado es muerte; pero el don de Dios es vida eterna en Cristo Jesús, Señor nuestro. (Rom. 6:23)

- *Jesús nos ofrece el regalo de vida eterna:* Cuando creemos en Jesús y realmente nos arrepentimos de nuestros pecados, somos santificados por Su preciosa sangre. Nuestros pecados son borrados de nuestro registro para siempre. Por lo tanto, no necesitamos pagar la culpa por nuestros pecados sino disfrutar del regalo de la vida eterna en el cielo. (Heb. 9:14; 13:12)

¿Por qué vino Jesús?

i. *Para dar vida eterna:* "Porque de tal manera amó Dios al mundo, que ha dado a Su Hijo unigénito, para que todo aquel *que en Él cree*, no se pierda, más tenga *vida eterna*". *(Jn. 3:16)*

ii. *Para dar testimonio de la verdad:* "Para esto yo he nacido y para esto yo he venido al mundo: para *dar testimonio de la verdad*. Todo aquel que es de la verdad oye mi voz". (Jn. 18:37)

iii. *Para servir y dar Su vida por muchos:* "Porque el Hijo del Hombre (Jesús) tampoco vino para ser servido sino para servir y para dar su vida en rescate por muchos". (Mc. 10:45)

iv. *Para salvar a los perdidos:* "Porque el Hijo del Hombre ha venido a buscar y a salvar lo que se había perdido". (Lc. 19:10)

v. ***Para llamar a los pecadores al arrepentimiento:*** "No he venido a llamar a justos sino a pecadores al *arrepentimiento*". (Lc. 5:32)

vi. ***Para salvar a los pecadores:*** "Cristo Jesús vino al mundo para salvar a los pecadores". (1 Tim. 1:15)

vii. ***Para dar vida abundante:*** "Yo he venido para que tengan vida, y para que la tengan en *abundancia*". (Jn. 10:10)

viii. ***Para destruir las obras del diablo:*** "Para esto fue manifestado el Hijo de Dios: *para deshacer las obras del diablo*". (1 Jn. 3:8)

2. Vida eterna en Jesús: Al nacer de nuevo

MANDAMIENTO DE DIOS PARA QUE LO OBEDEZCAMOS	RECOMPENSA POR LA OBEDIENCIA/ CONSECUENCIA DE LA DESOBEDIENCIA
1. Es necesario nacer de nuevo. (ver Jn. 3:3)	Porque Jesús dijo: "De cierto, de cierto te digo que, a menos que *nazca de nuevo, uno no puede ver el reino de Dios*". (Juan 3:3)

- Y en ningún otro hay salvación; porque *no hay otro nombre* bajo el cielo, dado a los hombres, en que podamos ser salvos.

- Si confiesas con tu boca que Jesús es el Señor, y crees en tu corazón que Dios lo levantó de los muertos, serás salvo. (Rom. 10:9)

MANDAMIENTO DE DIOS PARA QUE LO OBEDEZCAMOS	RECOMPENSA POR LA OBEDIENCIA/ CONSECUENCIA DE LA DESOBEDIENCIA
2. ¡Arrepiéntanse! (ver Mt 4:17)	"Porque el reino de los **cielos** se ha acercado. (Mt. 4:17)

¿Por qué debes arrepentirte?

- Porque tus iniquidades *te separarán* de Dios. (ver Is. 59:2)

- Tus pecados *han hecho que Su rostro* se oculte de ti para *no escuchar*.

- Tus pecados *te han privado del bien*. (ver Jer. 5:25)

- Así que, arrepiéntete pronto y nace de nuevo.

MANDAMIENTO DE DIOS PARA QUE LO OBEDEZCAMOS	RECOMPENSA POR LA OBEDIENCIA/ CONSECUENCIA DE LA DESOBEDIENCIA
3. Confiésame delante de los hombres. ~ Jesús (Mt. 10:32)	Jesús dijo: "A todo el que me confiese delante de los hombres, yo también lo confesaré delante de mi Padre que está en **los cielos**". (Mt. 10:32)

Debemos reconocer a Cristo con valor ante aquellos que se oponen al Señor, y que se oponen a Sus caminos y a Sus normas. Pídele a Dios que te dé sabiduría acerca de qué debes decir en tiempos difíciles.

¿Cómo podemos nacer de nuevo?

Pasos a seguir; es tan fácil como el **A, B, C:**

- **Reconoce** ante Dios que eres pecador, y arrepiéntete de verdad de todos tus pecados. (Rom. 3:23)

  Pídele a Dios que te perdone, porque Él es fiel y justo para perdonarte. (Prov. 28:13)

  Acepta el perdón de Dios por fe, porque es un *don gratuito*. (Ef. 2:8; 1 Pe. 1:9)

- **Cree** en tu corazón que Cristo murió por tus pecados y resucitó de entre los muertos. (Rom. 10:9)

- **Confiesa** con tu boca que Jesucristo es tu Salvador y Señor; y entonces serás *salvo* y *nacerás de nuevo*. (Rom. 10:9)

Ora: Invita a Jesús que entre en tu corazón ahora mismo, y pídele que limpie tu corazón con Su preciosa sangre y te llene de la *paz* que el mundo no puede darte. (Ap. 3:20; Jn. 14:27)

Recompensa: Serás recompensado con *"vida eterna"* al haber nacido de nuevo. (Jn. 3:3, 16)

3. Vida eterna en Jesús: Naciendo del agua y del Espíritu

MANDAMIENTO DE DIOS PARA QUE LO OBEDEZCAMOS	RECOMPENSA POR LA OBEDIENCIA/ CONSECUENCIA DE LA DESOBEDIENCIA
Debemos nacer del agua y del Espíritu. (ver Jn. 3:5)	Porque Jesús dijo: De cierto, de cierto te digo que, *a menos que nazca de agua y del Espíritu, uno no puede entrar* en el reino de Dios. (Jn. 3:5)

Nacido del agua: Aquellos que creen en Cristo y en el evangelio de la gracia deben ser bautizados en agua. Esto simboliza que tu vida pecaminosa pasada es sepultada con Cristo, para que puedas vivir una vida nueva en Él, así como Cristo resucitó de entre los muertos por el poder del Espíritu Santo. (Rom. 6:3-4)

Nacidos del Espíritu: Habiendo creído en Él, fueron sellados con el Espíritu Santo que había sido prometido, quien es la garantía de nuestra herencia para la redención de lo adquirido, para la alabanza de Su gloria. (Ef. 1:13-14)

4. Vida eterna por medio de Jesús: El Camino

MANDAMIENTO DE DIOS PARA QUE LO OBEDEZCAMOS	RECOMPENSA POR LA OBEDIENCIA/ ESCRITURAS QUE CONFIRMAN
Conoce el camino a la casa de mi Padre (el cielo). ~ Jesús (Jn. 14:2, 4-6)	1. Porque : *"Yo soy el camino,* la verdad y la vida; *nadie viene al Padre sino por Mí"*, dice Jesucristo. (Jn. 14:6)
	2. "Yo soy el Hijo de Dios". ~ Jesús (Jn. 10:36)
	3. "Yo soy la puerta de las ovejas". ~ Jesús (Jn. 10:7)
	4. "Yo soy la puerta. Si alguien entra por mí será salvo", dice el Señor Jesús. (Jn. 10:9)

Declaraciones de Jesucristo:

Muchas religiones enseñan que "Dios es amor y Dios es luz", y señalan hacia esa luz. Pero el Señor Jesucristo proclamó:

- "Yo soy la luz del mundo". Aquel era la luz verdadera que alumbra a todo hombre que viene al mundo. (Jn. 1:9; 8:12)

- "Yo soy "el Camino" al cielo;

  Yo soy "la Verdad"

  Yo soy "la Vida" a tu espíritu muerto.

  Y nadie viene al Padre celestial sino por Mí. (Jn. 14:6; Ef. 2:1)

5. Vida eterna en Jesús: El Pan de Vida

MANDAMIENTO DE DIOS PARA QUE LO OBEDEZCAMOS	RECOMPENSAS POR OBEDIENCIA
Come el Pan de Vida, Jesucristo. (Jn. 6:48, 51)	1. Jesús declaró: "Yo soy el pan de vida. Este es el pan que desciende del cielo para que el que *coma de él y no muera*". (Jn. 6:48, 50)
	2. "Yo soy el pan vivo que descendió del cielo; si alguno come de este pan *vivirá para siempre*". ~ Jesús (Jn. 6:51)
	3. "El pan que yo daré por la *vida del mundo* es mi carne". ~ Jesús (Jn. 6:51)
	4. "El que come mi carne y bebe mi sangre tiene *vida eterna*, y yo lo resucitaré en el día final". ~ Jesús (Jn. 6:54)
	5. Jesús dijo: "El que come mi carne y bebe mi sangre *permanece en mí* y yo en él". (Jn. 6:56)

¡Pausa y reflexiona!

- Jesús hace una conexión entre el **pan de vida, es decir, Su carne, y la Palabra de Dios**. Jesús es la Palabra viviente, y la Biblia es la Palabra escrita. Por lo tanto, cuando meditamos y obedecemos la Palabra de Dios, simboliza comer Su carne y permanecer en Él. (Jn. 1:1-5; 6:48; Ap. 19:13; 2 Tim. 3:16; Mt. 4:4)

- **Mis palabras son Espíritu y vida:** "El Espíritu es el que da vida; las palabras que yo les he hablado son espíritu y son vida", dice Jesús. (Jn. 6:63)

- **Recordemos los sufrimientos de Cristo:** Debemos recordar los sufrimientos que Jesús padeció por nosotros en la cruz cuando comemos el pan en la comunión. No debemos olvidar que Su carne fue desgarrada por nuestras iniquidades y Él dio Su vida en nuestro lugar. Jesús fue *herido por nuestras rebeliones* y **molido por nuestros pecados**. (Is. 53:5)

6. Vida eterna en Jesús: El Buen Pastor

MANDAMIENTO DE DIOS	RECOMPENSAS A LA OBEDIENCIA
Sean Mis ovejas y síganme. ~ Jesús (Jn. 10:26-27)	1. Jesús dijo: "Mis ovejas oyen mi voz, y yo las conozco, y me siguen. 2. Yo les doy *vida eterna*, y no perecerán jamás, y ni nadie las arrebatará de mi mano". (Jn. 10:27-28)

- Jesús dijo: "**Yo soy el Buen Pastor**. Yo doy Mi vida por las ovejas". La muerte de Jesús en la cruz demuestra Su amor y cuidado por Sus ovejas. (ver Jn. 10:14-15)

- **Características de las ovejas de Cristo:** Las verdaderas ovejas de Cristo obedecen Su voz y **lo siguen**. Están en constante comunión con el Pastor. El Pastor le da vida eterna a los que lo obedecen.

- **Aquellos que no son del redil de Jesús:** Aquellas ovejas (creyentes) que se alejan del Pastor, Cristo, y se niegan a escuchar Su voz, demuestran que no son Sus ovejas.

7. Vida eterna en Jesús: La fuente de agua viva

MANDAMIENTO DE DIOS	RECOMPENSAS POR LA OBEDIENCIA
Bebe del agua que Yo te daré. ~ Jesús (Jn. 4:14)	1. "El que beba del agua que yo le daré, *nunca más tendrá sed*. 2. El agua que yo le daré será en él en una fuente de agua que salte para *vida eterna*". ~ Jesús (Jn. 4:14)

- **El Espíritu Santo, el agua viva:** Jesús ofrece ríos de agua viva, es decir, el Espíritu Santo, a los sedientos. (ver Jn. 7:37-38)

- **La llenura continua del Espíritu Santo:** Beber del Espíritu Santo no es un acto aislado, sino un beber cotidiano, progresivo y repetido. La llenura del Espíritu Santo continua requiere una comunión regular con la fuente del agua viva, Jesucristo mismo.

- **Vida eterna:** Así como la Palabra de Dios da vida eterna, también el agua viva salta para vida eterna. (Ef. 3:16; 5:18; Jn. 4:14)

8. Vida eterna en Jesús: Por ser pobres de espíritu

MANDAMIENTO DE DIOS	RECOMPENSAS POR LA OBEDIENCIA
Sé pobre en espíritu. (Es decir, no seas espiritualmente autosuficiente). (ver Mt. 5:3)	Bienaventurados los pobres en espíritu, porque de ellos es el reino de los **cielos.** (Mt. 5:3)

- Este mandamiento ha sido extraído del Sermón del Monte de Jesús. Ser pobre de espíritu es depender de Dios para todo, más que de tus propias capacidades.

- **¡Ay de los que son sabios ante sus propios ojos,** y de los que son prudentes según ellos mismos! (Is. 5:21)

- Esto es lo que dice el Señor, tu Redentor: "Así ha dicho el Señor, tu Redentor, el Santo de Israel: Yo soy el Señor tu Dios que te enseña provechosamente, y que te conduce por el camino en que has de andar". No seas, pues, sabio en tu propia opinión: **Teme al Señor.** (ver Is. 48:17)

- **Confía en el Señor** con todo tu corazón y no te apoyes en tu propia inteligencia. **Reconócelo** en todos tus caminos y él enderezará tus sendas. (Prov. 3:5-7)

9. Vida eterna en Cristo: Al sobrepasar la justicia de los fariseos

Jesús dijo: "Porque les digo que a menos que su justicia sea mayor que la de los escribas y los fariseos, *jamás entrarán en el reino de los cielos*". La obediencia a los mandamientos actualizados de Cristo te permitirá superar la justicia de los fariseos. (Mt. 5:20)

Los mandamientos actualizados de Jesús acerca de la ira y la reconciliación, el adulterio, el divorcio, los juramentos y las represalias, los vecinos y los enemigos, la piedad y la limosna, la oración y el ayuno, los ojos y los oídos, los amos y el dinero, la ansiedad, y el reino de Dios, el juicio y la hipocresía, el perdón, la voluntad de Dios, la prueba de los falsos profetas, etc., se enumeran en el **capítulo 4 acerca de "La justicia de Cristo"** en este libro.

El camino de Jesús, el camino estrecho: Recuerda, otro nombre de Jesús es: "La Palabra de Dios". No puedes separar a Jesús de Su Palabra. *Jesús es equivalente a Su Palabra.* No puedes decir: "Acepto a Jesús en mi corazón", pero despreciar Sus palabras y Sus mandamientos. Jesús espera que los creyentes del Nuevo Testamento obedezcan Sus mandamientos, por amor a Cristo, con la ayuda del Espíritu Santo de Dios. (Ap. 19:13; Mt. 7:13- 14; Jn. 14:15; Rom. 8:26)

10. Vida eterna: Al soportar persecución por Cristo

MANDAMIENTOS DE DIOS	RECOMPENSAS POR LA OBEDIENCIA
1. Sufre persecución por causa de la justicia. (ver Mt. 5:10)	1. Bienaventurados, porque de ellos es el reino de los *cielos*. (Mt. 5:10)
	2. Si llegan a padecer por causa de la justicia, son bienaventurados. (1 Pe. 3:14)
2. "Dichosos serán ustedes cuando por mi causa la gente los insulte, los persiga y levante contra ustedes toda clase de calumnias". ~ Jesús (Mt. 5:11 NVI)	1. Porque seremos *bienaventurados*. (Mt. 5:11)
	2. Grande es nuestra *recompensa en el cielo*. (Mt. 5:12)

¿Quién nos separará del amor de Cristo?

¿Problemas o dificultades o persecución o hambre o desnudez o peligro o espada?

Así, el apóstol Pablo nos anima a soportar la persecución por causa de Cristo. Pablo derramó su vida como una libación por causa de Cristo, pero aun así mantuvo la fe. Por eso le espera la corona de la justicia. (Rom. 8:35; 2 Co. 11:23-33; 2 Tim. 4:6-8)

Muchas son los males del justo, pero de todos ellos lo librará el Señor. ¡Vale la pena sufrir por Cristo! (Sal. 34:19)

11. Vida eterna: Al sacrificar tu vida por Cristo

MANDAMIENTO DE DIOS	RECOMPENSAS A LA OBEDIENCIA
Sacrifica, y encuentra la vida: Pierde tu vida por Mí. ~ Jesús (Mt. 10:39) (Es decir, sacrificar tu vida por amor a Cristo)	1. Porque el que halla su vida la perderá. 2. El que pierde su vida por Mí causa *la hallará* (vida eterna). ~ Jesús (Mt. 10:39) 3. Sé fiel hasta la muerte, y yo te daré la *corona de la vida*. ~ Jesús (Ap. 2:10)

El apóstol Pablo, que sacrificó toda su vida por Cristo y finalmente murió como mártir por Cristo, declaró: "Yo estoy listo no sólo a ser atado, sino también a morir en Jerusalén por el nombre del Señor Jesús". (Hch. 21:12-13)

12. *Vida eterna por medio de Jesús: La puerta estrecha*

MANDAMIENTO DE DIOS PARA QUE LO OBEDEZCAMOS	RECOMPENSAS POR LA OBEDIENCIA
Entra por la puerta estrecha. (Mt. 7:13)	1. Pero ¡qué estrecha es la puerta y que angosto el camino que *lleva a la vida!* Y son pocos los que la hallan. (ver Mt. 7:13-14)
	2. "*Yo soy la puerta*: Si alguien entra por mí será *salvo*", dice el Señor Jesús. (Jn. 10:9)

Puntos que considerar:

- **Entra por la puerta estrecha:**

  Cuando te niegas a ti mismo, a los placeres del mundo, a tus ambiciones, a tus propios caminos y a tu voluntad por amor al Señor, entras por la "puerta estrecha". Es un camino difícil. Es muy triste que sólo unos pocos lo encuentren.

- **Tal como son los pensamientos del corazón de alguien, así es él:**

  i. Un informe reciente de los medios de comunicación afirma que, un estadounidense ve un promedio de 5 horas de televisión al día. También informa que los adolescentes pasan casi 9 horas al día utilizando las redes sociales o viendo la televisión, incluso mientras hacen sus deberes. Un estudio afirma que una persona promedio ahora pasa más tiempo en su teléfono y en su computadora que durmiendo.

  ii. Cuidado con lo que ves en la televisión y en la internet, porque todo lo que vemos es grabado en nuestro subconsciente. Sin nuestro conocimiento, la cultura mundana y la justicia mundana penetra nuestras mentes y nos volvemos más tolerantes al pecado. Poco a poco, entramos por la puerta ancha que conduce a la destrucción.

  iii. Hoy en día, Satanás, el engañador, entra en la comodidad de nuestros hogares para tentarnos a través de la televisión, la internet, etc. Debemos tener cuidado de no caer en la trampa de Satanás, que es el enemigo de nuestras almas. (2 Cor. 2:11; 4:4; 1 Pe. 5:8)

  iv. La Escritura dice que si tu ojo es malo, todo tu cuerpo estará en tinieblas. Por lo tanto, debemos mantener nuestros ojos, oídos y mente limpios y transparentes como vidrio ante Dios, para que nuestros ojos y oídos espirituales puedan ser abiertos a las visiones celestiales. (Mt. 6:23; Joel 2:28; Jer. 33:3)

v. Para entrar por la puerta estrecha del cielo, debemos dedicarnos por completo al Señor y vencer al pecado, a Satanás y al mundo, con la ayuda del Espíritu Santo de Dios. (1 Jn. 3:8; 2:15-16; Rom. 12:2)

- **El Espíritu Santo te hace un vencedor:**

Cuando te rindes al Espíritu Santo lo más posible, el Espíritu de Dios sanará tu pasado doloroso y tus emociones por completo; entonces **no habrá ni condenación ni culpa.**

El Espíritu Santo de Dios te da la victoria sobre el pecado, Satanás y el mundo. Ser libre del pecado es asombroso. Te sentirás confiado y lograrás cosas aún mayores para Jesús que Cristo mismo. (Jn. 14:12)

- **Hombres ricos, estén advertidos:**

i. Jesús dijo: "**Difícilmente entrará el rico en el reino de los cielos**". Y los discípulos se asombraron de las palabras de Jesús. Pero Jesús, respondiendo de nuevo, les dijo: "¡Cuán difícilmente entrarán en el reino de Dios los que tienen riquezas!"

ii. "Le es más fácil a un camello pasar por el ojo de una aguja, que a un rico entrar en el reino de Dios". Es difícil para los ricos negarse a sí mismos los placeres mundanos y entrar por la puerta estrecha del cielo. (Mt. 19:23-24; Mc. 10:23-25)

* Después de muchos años de caminar con el Señor por el camino angosto, finalmente, puedo decir ahora, que conozco al Señor Jesús, mi Esposo, quien es:

- *100% Amoroso*
- *100% Cariñoso*
- *100% Perdonador*
- *100% Bondadoso*
- *100% Misericordioso*
- *100% Compasivo*
- *100% Santo*
- *100% Justo*
- *100% Dios de Justicia, cuando se trata del pecado (Hch. 5:1-10; Dt. 28:15-68)*

No hay favoritismos con el Señor, especialmente cuando se trata del castigo por el pecado. Cuando mucho se te es dado, mucho se espera de ti. Esto se aplica a todos los creyentes, especialmente a los siervos de Dios. (Os. 2:19-20; Rom. 2:11; Lc. 12:48; Jn. 14:21-23; 2 Sam. 11-19; Hch. 10:34) ~ Autora

13. Vida eterna en Cristo: Al cumplir la voluntad de Dios

Ora para que seas lleno del conocimiento de Su Voluntad en toda sabiduría y plena comprensión espiritual, para que andes como es digno del Señor a fin de agradarle en todo. (Col. 1:9-10)

MANDAMIENTO DE DIOS PARA QUE LO OBEDEZCAMOS	RECOMPENSA POR LA OBEDIENCIA/ CONSECUENCIA DE LA DESOBEDIENCIA
No todo el que me dice: 'Señor, Señor' entrará en el reino de los cielos, sino el que hace la voluntad de mi Padre que está en los cielos. (Mt. 7:21)	1. Para que *entres en el reino de los cielos.* ~ Jesús (Mt. 7:21) 2. Jesús dijo: "Muchos me dirán en aquel día: ¡Señor, Señor! i. ¿No *profetizamos* en tu nombre? ii. ¿En tu nombre no *echamos demonios?* iii. ¿Y en tu nombre no *hicimos obras poderosas*? Entonces yo les declararé: *Nunca les he conocido.* ¡Apártense de mí, obradores de maldad!" (Mt. 7:22-23) • Después de haber hecho las cosas anteriores, si aún no has hecho la voluntad del Padre, no entrarás en el cielo, dice el Señor Jesús.

Descubre el propósito de tu vida:

• **Vive una vida santificada:** La Escritura dice: "Porque ésta es la voluntad de Dios, la santificación de ustedes: que se aparten de inmoralidad sexual; que cada uno de ustedes sepa controlar su propio cuerpo en santificación y honor; no con bajas pasiones como los gentiles que no conocen a Dios". (1 Ts. 4:3-5)

• **Dios quiere que todos los hombres sean salvos** y que lleguen al conocimiento de la verdad. Así que clama día y noche por la salvación de las almas que perecen a tu alrededor. Párate en la brecha entre el fuego del infierno y tus seres queridos que no son salvos, para que encuentren a su Mesías, Jesucristo. (1 Tim. 2:4)

• **No te dejes llevar por los milagros:** La gente, especialmente los ministros de Dios, pueden dejarse llevar por los poderosos milagros que suceden por medio de ellos, perdiendo totalmente la voluntad de Dios de traer las almas perdidas a Cristo. (2 Pe.3:9)

14. *Vida eterna: Al convertirse a Cristo como un niño*

MANDAMIENTO DE DIOS	CONSECUENCIA DE LA DESOBEDIENCIA
Conviértanse y vuélvanse como niños. (ver Mt. 18:3 RVC)	1. Si no lo hacen, ***jamás entrarán en el reino de los cielos.*** (Mt. 18:3) 2. Pero Jesús dijo: "Dejen a los niños y no les impidan venir a mí, porque de los tales es el reino de los cielos". (Mt. 19:14) 3. "De cierto les digo que cualquiera que no reciba el reino de Dios como un niño, jamás entrará en él". (Lc. 18:17)

- Recibimos a Cristo como nuestro Salvador cuando tenemos al menos una de las siguientes cualidades que caracterizan a un niño pequeño: inocencia, humildad, dependencia, y una naturaleza receptiva y confiada.

- Por ejemplo: el Señor se reveló a Natanael como el Mesías. Era un hombre en quien no había engaño. (ver Jn. 1:49)

- Jesús, quien es la Verdad, vendrá a ti, pero sólo la humildad lo aceptará.

15. Vida eterna en Cristo:
Al arrebatar por la fuerza el reino de los cielos

MANDAMIENTO DE DIOS	RECOMPENSA POR LA OBEDIENCIA
Sé violento al apoderarte del reino de los cielos. (Mt. 11:12)	El reino de los cielos ha avanzado contra viento y marea, y los violentos logran apoderarse de él. (Mt. 11:12)

El apóstol Pablo, que persiguió el reino de Dios contra viento y marea, afirmó:

Estamos atribulados en todo pero no angustiados; perplejos pero no desesperados; perseguidos pero no desamparados; abatidos pero no destruidos.
He peleado la buena batalla,
he acabado la carrera;
he guardado la fe. (2 Co. 4:8-9; 2 Tim. 4:7)

También nosotros, como el apóstol Pablo, debemos perseguir el reino de Dios vigorosamente.

16. Vida eterna: *Al renunciar a todo por Cristo*

MANDAMIENTO DE DIOS	RECOMPENSA POR LA OBEDIENCIA
Deja todo por Cristo: Y todo aquel que deje casas, o hermanos, o hermanas, o padre, o madre, o mujer, o hijos, o campos por causa de mi nombre. ~ Jesús (Mt. 19:29)	*Recibirá cien veces más* ahora en este tiempo: casas, hermanos, hermanas, madres, hijos y campos, *con persecuciones*; y la edad venidera, *la vida eterna*. (Mc. 10:29-30)

El apóstol Pablo, que lo dejó todo por Cristo, dijo: "Hasta esta hora presente sufrimos *hambre* y *sed*, nos *falta ropa*, andamos heridos de golpes y *sin donde morar*. Nos fatigamos *trabajando* con nuestras propias manos. Cuando somos insultados, bendecimos; cuando somos perseguidos, lo soportamos; Cuando somos difamados, procuramos ser amistosos. Hemos venido a ser hasta ahora como el desperdicio del mundo, el desecho de todos". (1 Co. 4:11-13)

17. Vida eterna: Al tomar tu cruz y seguir a Cristo

MANDAMIENTO DE DIOS	RECOMPENSAS POR LA OBEDIENCIA
Niégate a ti mismo, toma tu cruz y sígueme. ~ Jesús (Mt. 16:24; Mt. 10:38)	1. *"El que no toma su cruz* y sigue en pos de mí *no es digno de mí"*. (Mt. 10:38) 2. Porque: "El que pierde su vida por mi causa *la hallará"*. ~ Jesús (Mt. 10:39)

- "Con Cristo he sido juntamente crucificado; y ya no vivo yo sino que Cristo vive en mí. (Gal. 2:20)

- Sean ustedes imitadores de mí; así como yo lo soy de Cristo", dijo el apóstol Pablo. (1 Co. 11:1)

- Dios espera que venzamos al *placer, el deseo de alcanzar poder y al orgullo.* Debes negarte a ti mismo los pensamientos vanos, las palabras sucias y las obras de la carne que te agradan a ti pero no a Dios. Cuando crucificas tus deseos pecaminosos por causa del Señor, es como cargar tu cruz y seguirlo. (Lc. 14:26-27; Rom. 6:6-7; 1 Jn. 2:15-16)

18. Vida eterna en Cristo: Por medio de obras de amor

MANDAMIENTO DE DIOS	RECOMPENSA POR LA OBEDIENCIA
Parábola de las ovejas y las cabras: Sé como las ovejas a la derecha del Rey Jesús cuando Él venga en Su gloria, y se siente en Su trono para juzgar a las naciones. (Mt. 25:31-34)	1. Entonces el Rey dirá a los de Su derecha: "¡Vengan, benditos de mi Padre! *Hereden el reino* que ha sido preparado para ustedes desde la fundación del mundo". 2. Y respondiendo el Rey, les dirá: 'De cierto les digo que en cuanto lo hicieron *a uno de estos mis hermanos más pequeños, a mí me lo hicieron'*. (Mt. 25:34-40)

- "Las ovejas" representan a las personas justas. Jesús recompensará a los justos (ovejas) a Su mano derecha con "vida eterna" por sus obras de amor hacia sus hermanos. (ver Mt. 25:31-46)

- **Así es como sabemos lo que es el amor:** Jesucristo dio su vida por nosotros. Y nosotros debemos dar la vida por nuestros hermanos.

- Si alguien tiene posesiones y ve a su hermano necesitado, pero no se compadece de él, ¿cómo puede estar en él el amor de Dios? **No amemos de palabra** *ni de lengua, sino en hecho* y en verdad. (1 Jn. 3:16-18; Stg. 2:15-17)

19. Vida eterna en Cristo:
Al siervo fiel que multiplica su talento

MANDAMIENTO DE DIOS	RECOMPENSAS POR LA OBEDIENCIA
La parábola de los talentos: Sé como los siervos buenos y fieles que multiplicaron sus (cinco y dos) talentos. (Mt. 25:16-17)	1. El Señor elogió a los siervos fieles y les dijo: *"Bien,* siervo bueno y fiel. 2. Sobre poco has sido fiel, sobre mucho te pondré. 3. Entra en el *gozo de tu Señor,* (es decir, en el cielo). (Mt. 25:23)

- Grande es la **fidelidad de nuestro Dios** por todas las generaciones. (Lam. 3:23; Sal. 119:90)

- Nuestro lugar en el cielo depende de **nuestra fidelidad** y del uso de nuestros talentos para el servicio del Señor aquí en la tierra. El que es fiel en lo poco, también lo es en lo mucho. (Lc. 16:10)

II. LA VIDA SIN JESÚS ES MUERTE

¿Qué es lo que te lleva a la condenación eterna?

¡El Pecado, el pecado y el pecado! El pecado nos separa de nuestro Señor Jesucristo, la vida eterna. Por eso debemos arrepentirnos de todos nuestros pecados y pedirle perdón a Dios. Él es el y justo para perdonarnos y darnos la vida eterna en Cristo Jesús. (1 Jn. 1:9; 5:20)

1. Condenación eterna, Para el siervo malo y perezoso
(Quien no multiplica su talento)

MANDAMIENTO DE DIOS PARA QUE LO OBEDEZCAMOS	CONSECUENCIAS DE LA DESOBEDIENCIA
La parábola de los talentos: No seas como el siervo malo y perezoso que escondió su único talento en la tierra (ver Mt. 25:18 RVC) • Si no lo usas, lo perderás.	1. El Señor le dijo: "¡*Siervo malo y perezoso!* (Mt. 25:26 NVI) 2. Entonces el Señor dijo: Quitadle pues el talento y dadlo al que tiene diez talentos; y al siervo inútil echadle en las *tinieblas de afuera* (infierno): allí será el lloro y crujir de dientes. (Mt. 25:18, 24-30 RVA)

Puntos que considerar:

•   En la parábola de los talentos, Jesús señala que el lugar de un creyente en el cielo depende de la fidelidad de su vida y de su servicio a Dios aquí en la tierra. Por lo tanto, **ora, ve, da o envía** para el reino de Dios. (Mt. 25:29)

•   Un talento representa nuestras habilidades, tiempo, recursos y oportunidades que Dios espera que multipliquemos para que Su voluntad se cumpla en nuestras vidas. En esta parábola, el siervo que devolvió su único talento al Señor sin multiplicarlo, fue **arrojado al fuego del infierno** y Jesús lo llamó malo y perezoso.

•   Dice la Escritura que el impío anda con perversidad en la boca, y perversidades hay en su corazón. En todo tiempo anda pensando el mal, provocando discordia. Por eso, **su calamidad vendrá de repente**; súbitamente será quebrantado y no habrá remedio. (Prov. 6:12-15)

•   La pereza hace caer en sueño profundo, y la persona negligente padecerá de **hambre**. (Prov. 19:15)

2. Condenación eterna: Por rechazar a Cristo

MANDAMIENTO DE DIOS PARA QUE LO OBEDEZCAMOS	CONSECUENCIAS DE LA DESOBEDIENCIA
Y en caso de que no los reciban ni escuchen sus palabras (el evangelio de Cristo), salgan de aquella casa o ciudad, y sacudan el polvo de sus pies. (Mt. 10:14)	1. "De cierto les digo que, en el **día del juicio**, el castigo será más tolerable para la tierra de Sodoma y de Gomorra que para aquella ciudad". ~ Jesús (Mt. 10:15) 2. El que no cree ya ha sido **condenado** porque no ha creído en el nombre del unigénito Hijo de Dios, Jesús. Y esta es la condenación. (ver Jn. 3:18-19) 3. **La ira de Dios por rechazar a Jesús:** El que cree en el Hijo tiene vida eterna; pero **el que desobedece al Hijo no verá la vida** sino que la ira de Dios permanece sobre él. (Jn. 3:36)

¡Pausa y reflexiona!

- Hoy, si escuchas la voz del Señor, **no endurezcas tu corazón.** ¡He aquí ahora el tiempo más favorable! ¡He aquí *ahora el día de salvación*! (Sal. 95:7-8; 2 Co. 6:1-2)

- El que es reacio a las reprensiones **será destruido de repente** y sin remedio. (Prov. 29:1 NVI)

- Dios les dará a los malvados muchas oportunidades para arrepentirse. Si no se humillan ante Dios y se apartan de sus malos caminos, puede caer sobre ellos repentinos y duros juicios de Dios. (Prov. 29:1)

- La Escritura dice que el juicio de Dios comenzará en la casa de Dios, sobre aquellos que dicen ser creyentes. (1 Pe. 4:17; 1 Tim. 5:24)

- Dale a Jesús una oportunidad para salvarte de la condenación eterna, sanar tus heridas emocionales, físicas, mentales y espirituales, y liberarte de tus adicciones y ataduras, para que restaure tu vida totalmente.

- **Jesús será tu mejor papá**, tu mejor mamá y el mejor amigo que jamás hayas tenido en tu vida. Nadie puede amarte como Jesús te ama. ¡Ven a Jesús, tal como eres!

3. Condenación eterna: por no querer arrepentirte

MANDAMIENTOS DE DIOS PARA QUE LOS OBEDEZCAMOS	CONSECUENCIAS DE LA DESOBEDIENCIA
1. Arrepiéntete. (Lc. 13:3, 5; Mt. 3:2)	Si ustedes no se arrepienten, todos **perecerán**. (Lc. 13:3, 5)
2. Acuérdate de dónde has caído. **¡Arrepiéntete!** Y haz las primeras obras. (Ap. 2:5)	De lo contrario, yo vendré pronto a ti y **quitaré tu candelabro de su lugar**, si no te arrepientes. ~ Jesús (Ap. 2:5)

¡Pausa y reflexiona!

• Jesús comenzó su ministerio con el mensaje del arrepentimiento. Le aseguró a la gente su herencia en el cielo cuando realmente se arrepintieran de sus pecados. Jesús dijo: "El reino de Dios se ha acercado. ¡Arrepiéntanse y crean en el evangelio!" (Mc. 1:15; Lc. 13:2, 4)

• Jesús dijo que Él removerá a cualquier iglesia o ministerio de su lugar y destino en Su reino, si no se arrepiente de sus malas acciones. (Ap. 2:5)

• La Escritura dice: "Los pecados de algunos son evidentes aun antes (en la tierra) de ser llevados al juicio, mientras que los pecados de otros se descubren después (de la muerte)". (1 Tim. 5:24 NVI)

• "Castigué con plaga, peste y granizo toda obra de sus manos. Sin embargo, ustedes no se volvieron a mí afirma el Señor. (Hag. 2:17 NVI)

4. Condenación eterna: Por "no temer a Dios"

MANDAMIENTOS DE DIOS PARA QUE LOS OBEDEZCAMOS	CONSECUENCIA DE LA DESOBEDIENCIA
1. Teme al Señor Jesús. (Mt. 10:28) 2. No temas a los que matan el cuerpo pero no pueden matar al alma. (Mt. 10:28) • Jesús dijo: "**Yo y el Padre somos uno**". (Jn. 10:30)	Porque Jesús puede destruir tanto **el alma como el cuerpo en el infierno**. (Mt. 10:28) ▪ "Yo tengo las **llaves de la muerte y del infierno**". ~ Jesús (Ap. 1:18 NVI)

5. Condenación eterna: Por la blasfemia contra el Espíritu Santo

MANDAMIENTO DE DIOS PARA QUE LO OBEDEZCAMOS	CONSECUENCIA DE LA DESOBEDIENCIA
No blasfemes contra el Espíritu Santo. (Mt. 12:31)	1. Todo pecado y blasfemia será perdonado a los hombres pero la blasfemia contra el Espíritu **no será perdonada.** (ver Mt. 12:31) 2. Y a cualquiera que diga palabra contra el Hijo del Hombre (Jesús) le será perdonado; pero a cualquiera que **hable contra el Espíritu Santo no le será perdonado** ni en este mundo ni en el venidero. (Mt. 12:31-32)

Tengamos reverencia hacia el Espíritu Santo de Dios

- La blasfemia contra el Espíritu Santo muestra falta de temor reverencial por el Espíritu Santo de Dios, que es la tercera persona de la santísima Trinidad.

- Por ejemplo: **David** tenía tal reverencia por el Espíritu de Dios, que no le hizo daño al rey Saúl aun cuando tuvo la oportunidad de matarlo, porque Saúl había tenido la unción del Espíritu Santo. Y Dios llamó a David, "un hombre conforme a Mi corazón". (1 Sam. 9-11; Hechos 13:22)

- Por el contrario, los **fariseos** tenían el corazón tan endurecido que se atrevieron a blasfemar contra el Espíritu Santo, diciendo que Jesús echaba fuera a los demonios por Beelzebul, el príncipe de los demonios, cuando Jesús había echado fuera a los demonios por el Espíritu de Dios. Los fariseos ni siquiera creían que Jesús venía de Dios Padre, y mucho menos creían que Él era el Mesías. Por eso Jesús reprendió a los fariseos y les dijo: "Todo pecado y blasfemia será perdonado a los hombres, pero la blasfemia contra el Espíritu no será perdonada *ni en este mundo ni en el venidero.*" (Mt. 12:22-32; Mt. 23:13-23)

- **Juicio si blasfemas de las cosas preciosas de Dios:** Hoy en día, los soñadores que están soñando que *Dios no los castigará*, también contaminan su carne (por inmoralidad sexual), *rechazan toda autoridad legítima y divina*, e injurian y se burlan de las cosas preciosas de Dios Todopoderoso, en su ignorancia; por estas cosas son destruidos. ¡Ay de ellos! (ver Judas 1:8-13)

6. Condenación eterna: Por hacer tropezar a otros creyentes

MANDAMIENTOS DE DIOS PARA QUE LOS OBEDEZCAMOS	CONSECUENCIAS DE LA DESOBEDIENCIA
1. No hagas pecar a uno de los pequeños que creen en Mí. ~ Jesús (Mt. 18:6 NVI) • El pequeño representa a un niño o a un creyente semejante a un niño.	1. Y a cualquiera que haga tropezar a uno de estos pequeños que creen en mí, mejor le fuera que se le atara al cuello una gran piedra de molino y que *se le hundiera* en lo profundo del mar. (Mt. 18:6) 2. *Ay de aquel hombre* que ocasione el tropiezo para un pequeño. (Mt. 18:7)
2. "Si tu mano o tu pie te hace tropezar, córtalo y échalo de ti". ~ Jesús (Mt. 18:8) 3. "Y si tu ojo te hace tropezar, sácalo y échalo de ti". ~ Jesús (Mt. 18:9)	1. Mejor te es entrar en la vida cojo o manco, que teniendo dos manos o dos pies ser echado en el *fuego eterno.* (Mt. 18:8) 2. Mejor te es entrar en la vida con un solo ojo, que teniendo dos ojos ser echado al *infierno de fuego.* (Mt. 18:9)

Puntos que considerar:

• El que dice que permanece en él, debe andar como él anduvo. (1 Jn. 2:6)

• Un creyente debe ser ejemplo a los demás creyentes en palabra, en conducta, en amor, en fe y en la pureza. (1 Tim. 4:12)

• Especialmente a los predicadores, siendo los pastores no deben ser un estorbo para otros creyentes, porque *el juicio debe comenzar en la casa de Dios.* (ver 1 Pe. 4:17)

7. Condenación eterna: Por vivir para ti mismo y no para Cristo

MANDAMIENTO DE DIOS PARA QUE LO OBEDEZCAMOS	RECOMPENSA DE LA OBEDIENCIA/ CONSECUENCIA DE LA DESOBEDIENCIA
No vivas para ti mismo: No halles tu vida. (Es decir, no vivas tu vida para ti mismo) (Mt. 10:39)	1. Porque "El que halla su vida (viva para sí mismo) **la perderá**, y el que pierde su vida **por mí causa, la hallará**". ~ Jesús (Mt. 10:39) 2. Pues, ¿de qué le sirve al hombre si gana el mundo entero y **pierde su vida?** (ver Mt. 16:26)

- El apóstol Pablo dijo: "Porque para mí el **vivir es Cristo, y el morir es ganancia**". (Fil. 1:21)

- *Porque Jesús es "la vida".* (Jn. 14:6)

- El que siembra para su carne, de la carne **cosechará corrupción.** (Gal. 6:8)

8. Condenación eterna: Por entrar por la puerta ancha

MANDAMIENTO DE DIOS PARA QUE LO OBEDEZCAMOS	CONSECUENCIA DE LA DESOBEDIENCIA
No entres por la puerta ancha. (ver Mt. 7:13)	Porque ancha es la puerta y espacioso el camino que lleva a la *perdición,* y son muchos los que entran por ella. (ver Mt.7:13)

Puntos que considerar:

- **La necedad del hombre le hace perder el rumbo** y su corazón se irrita contra el Señor . (Prov. 19:3 NVI)

- Hay un camino que al hombre le parece recto, pero acaba por ser *camino de muerte.* (Prov. 14:12 NVI)

- Si vas por tu propio camino y vives como te gusta, en los placeres de este mundo, entonces estás entrando por la puerta ancha y condenando tu alma. Así que, lleva una vida recta delante de Dios, entrando por la puerta estrecha.

9. Condenación eterna: Para los maestros de la Palabra de Dios hipócritas

Sin intimidad con Dios: Jesús condenó con "Ayes" a los líderes religiosos de Su tiempo que habían hecho concesiones en cuanto a la Palabra de Dios. Habían reemplazado "la Palabra" con sus propias ideas, tradición e interpretación. (ver Mt. 23)

Cegados a su Mesías: Los maestros de la Palabra de Dios estaban tan cegados por su tradición y rituales, que no reconocieron al Mesías que estaba en medio de ellos. Muchos de ellos fueron responsables por la crucifixión de Jesucristo, su Salvador.

MANDAMIENTO DE DIOS PARA QUE LO OBEDEZCAMOS	CONSECUENCIAS DE LA DESOBEDIENCIA
No les cierren a los hombres el reino de los cielos. (ver Mt. 23:13 NVI)	1. **Hipocresía: ¡Ay de ustedes**, maestros de la Ley y fariseos, hipócritas! Les cierran a los demás el reino de los cielos; ni entran ustedes *ni dejan entrar a los que intentan hacerlo.* (Mt. 23:13 NVI)
	2. **Guías ciegos:** ¡Ay de ustedes, guías ciegos! Recorren tierra y mar para ganar un solo converso, y cuando lo han logrado **lo hacen dos veces más merecedor del infierno** que ustedes.
	3. **Astucia:** ¡Serpientes! ¡Generación de víboras! ¿Cómo se escaparán de la condenación del **infierno**? (ver Mt. 23:13, 15-16, 33)

¡Pausa y reflexiona!

• Los **hipócritas** son los que aparentan ser justos exteriormente pero son injustos en su vida personal. Jesús llamó "hipócritas" a los líderes religiosos de Su tiempo.

• **Que la Palabra de Dios sea tu guía:** En estos últimos días, debes tener cuidado a quién sigues. Siempre que escuches un mensaje de cualquier predicador, debes comprobar si **está de acuerdo a la Palabra de Dios**.

10. Condenación eterna: Para el siervo malo, por no estar listo para la venida de Cristo

MANDAMIENTOS DE DIOS PARA QUE LOS OBEDEZCAMOS	CONSECUENCIAS DE LA DESOBEDIENCIA
La parábola del siervo fiel y el siervo malo: 1. No sean como el siervo malo, que dice en su corazón: *'Mi señor tarda en venir'*, y comienza a golpear a sus consiervos, y a comer y beber con los borrachos. (ver Mt. 24:48-49) 2. Estén preparados también ustedes, porque a la hora que no piensen, vendrá el Hijo del Hombre. (Mt. 24:44)	1. Porque el señor (Jesús) de aquel siervo malo vendrá en el día en que no espera y a la hora que no sabe, y lo castigará duramente y *le asignara lugar con los hipócritas.* 2. Allí habrá *llanto y crujir de diente. (infierno).* (Mt. 24:50-51)

¡Pausa y reflexiona!

- *El que es impuro, sea impuro todavía:* El tiempo está cerca. El que es injusto, haga injusticia todavía; y el que es inmundo, que siga siendo inmundo.

- *El que es santo, santifíquese todavía:* El que es justo, haga justicia todavía, y el que es santo, santifíquese todavía.

- *La recompensa de Jesús según nuestras obras:* "He aquí vengo pronto, y mi recompensa conmigo, para pagar a cada uno según sean sus obras", dice el Señor Jesús. (Ap. 22:10-12)

- *El Fuego de Dios pondrá a prueba las obras de cada uno:* Si alguien edifica sobre este fundamento (Jesucristo) con oro, plata, piedras preciosas, madera, heno u hojarasca, la obra de cada uno será evidente, pues el día la dejará manifiesta. Porque por el fuego será revelada, y la obra de cada uno, sea la que sea, el fuego la probará.

- *¿Edificas tú con oro o heno?"* Si permanece la obra que alguien ha edificado sobre el fundamento, él recibirá *recompensa*. Si la obra de alguien es quemada, él sufrirá *pérdida"*. Si has edificado sobre el fundamento de Jesucristo, obras de madera, heno y paja, entonces tus obras serán quemadas por el fuego, pero sólo tú serás salvo, aunque sólo como uno que escapa de las *llamas del fuego*, lo que significa que apenas escapaste del fuego del infierno. (1 Co. 3:12-15)

11. Condenación eterna: Por falta de amor a los hermanos en Cristo

MANDAMIENTO DE DIOS PARA QUE LO OBEDEZCAMOS	CONSECUENCIAS DE LA DESOBEDIENCIA
Parábola de las ovejas y las cabras: No sean como los cabritos que están a la izquierda del Rey Jesús cuando venga en Su gloria y se siente en Su trono para juzgar a las naciones. (Mt. 25:31-34, 41) • Las cabras representan a la gente malvada.	1. Entonces dirá también a los de su izquierda: *"Apártense de mí*, malditos, **al fuego eterno** preparado para el diablo y sus ángeles. 2. "Porque tuve hambre, y **no** *me dieron* **de comer**; tuve sed, y no me dieron de beber; fui forastero, y no me recibieron; estuve desnudo, y *no me vistieron*; enfermo y en la cárcel, y no me visitaron. ~ Jesús (Mt. 25:41-43) 3. "Entonces le responderán: '*Señor, ¿cuándo te vimos hambriento*, sediento, o forastero, o desnudo, o enfermo, o en la cárcel y no te servimos?'" 4. "Entonces les responderá diciendo: 'De cierto les digo, que en cuanto no lo hicieron a uno de estos más pequeños, **tampoco me lo hicieron a mí**'". 5. "Entonces irán estos al **tormento eterno**, y los justos a la vida eterna". (Mt. 25:44-46)

Puntos que considerar:

El que sabe el bien que debe hacer y no lo hace, peca contra Dios. (St. 4:17)

❖ El Señor juzgará a los malos con el castigo eterno por las siguientes razones:

- Por no darle de comer a los que tienen hambre.
- Por no darle de beber a los sedientos.
- Por no darles ropa a los necesitados.
- Por no ayudar al extranjero.
- Por no visitar a los enfermos.
- Por no visitar a los que están en la cárcel. (ver Mt. 25:40-46)

12. Condenación eterna: Por rechazar la invitación de Dios a aceptar a Cristo

MANDAMIENTOS DE DIOS	CONSECUENCIAS DE LA DESOBEDIENCIA
Parábola de las bodas: 1. Vengan al banquete de bodas preparado por el Rey para Su hijo (Jesús). (ver Mt. 22:2) 2. No tomes a la ligera la invitación del Rey a la boda de Su hijo. (ver Mt. 22:5) 3. Vayan a las encrucijadas de los caminos y llamen al banquete de bodas *a cuantos hallen.* (Mt. 22:9) 4. No vengas al banquete de bodas del Rey *sin ropa de bodas.* (ver Mt. 22:11-12)	1. *Invitaciones para los elegidos:* El reino de los cielos es semejante a un rey que celebró el banquete de bodas para su hijo. Envió a sus siervos a llamar a los que habían sido invitados a las bodas, pero no querían venir. 2. *Excusas poco convincentes:* No le hicieron caso y se fueron, uno a su campo, otro a su negocio; y otros tomaron a sus siervos, los afrentaron y los mataron. 3. *Juicio:* Cuando el rey se enteró, se enojó, y enviando sus tropas mato a aquellos asesinos y prendió fuego a su ciudad. 4. *Buenos y malos invitados:* El rey dijo a sus siervos: 'El banquete, a la verdad, está preparado, pero los invitados no eran dignos'. Entonces aquellos siervos salieron por los caminos y reunieron a todos los que hallaron, tanto buenos como malos; y el banquete de bodas estuvo lleno de convidados. 5. *El indigno es arrojado al infierno:* El rey se disgustó con el hombre que estaba sin el ropa de bodas y lo arrojó a las tinieblas de afuera, donde hay llanto y crujir de dientes (el infierno). (Mt. 22:2-13)

- *Dios Padre nos invita a todos* a asistir a las bodas de Su Hijo, Jesús, como hizo el rey en la parábola.

- *Dale a Cristo una oportunidad en tu vida.* Si tienes dudas acerca de quién es Cristo, pídele al Señor que se te revele y Él lo hará.

- *Dos categorías de personas serán arrojadas al fuego del infierno:*

  i. Aquellos que rechazan el llamado de Dios para aceptar a Cristo como su Mesías.

  ii. Después de haber aceptado la invitación para asistir a las bodas, si alguien se presenta ante Dios indignamente, es decir, sin el *yelmo de la salvación* y la *vestidura de justicia*, será arrojado al fuego del infierno.

13. Condenación eterna: al seguir practicando los pecados de la carne

Si **seguimos pecando intencionalmente** después de haber recibido el conocimiento de la verdad, no queda más sacrificio por el pecado sino una horrenda expectativa de **juicio y de fuego ardiente** que ha de devorar a los adversarios de Dios. (ver Heb. 10:26-27)

MANDAMIENTO DE DIOS	CONSECUENCIAS DE LA DESOBEDIENCIA
No practiques las obras de la carne. (ver Gal. 5:19-21)	1. Las obras de la carne se manifiestan en *adulterio, fornicación, inmundicia,* lascivia, *idolatría, hechicerías,* enemistades, pleitos, celos, iras, contiendas, disensiones, herejías, envidias, homicidios, *borracheras,* orgías, y cosas semejantes a estas.
	2. Y los que practican tales cosas **no heredarán el reino de Dios.** (Gal. 5:19-21 RVC)
	3. **Enemigo de Dios:** Porque la intención de la carne es muerte. (Rom. 8:6)
	4. La amistad con el mundo es **enemistad con Dios.** (Stg. 4:4)

Puntos que considerar:

- *Infierno, si te olvidas de Dios:* Los malos serán trasladados al infierno, todas las gentes que se olvidan de Dios. (ver Sal. 9:17 RVA)

  El necio dice en su corazón: "No hay Dios". (Sal. 14:1)

- *Consecuencias del pecado:*

  i. *Esclavo al pecado:* Todo aquel que practica el pecado es esclavo del pecado. (Jn. 8:34)

  ii. *Tu alma muere:* El alma que peca, **ciertamente morirá.** (Ez. 18:20)

- *Redención del pecado:*

  i. *Jesús murió por tus pecados:* Recuerda, la muerte que Jesús murió, para el pecado murió una vez por todas. (Rom. 6:10)

  ii. Si estás vivo en Cristo, el pecado no tendrá dominio sobre ti. (Rom. 6:14 NVI)

  iii. A quien el Hijo hace libre, será verdaderamente libre. (ver Jn. 8:36)

  iv. Cuando andas en el Espíritu, no satisfaces los deseos de la carne. (ver Gal. 5:16)

Obreros de iniquidad

La Escritura dice que:
los adúlteros,
los fornicarios,
los idólatras,
los homosexuales y
abusadores de sí mismos (los que
cometen masturbación),
los cobardes, los llenos de temor,
todos los mentirosos,
los **incrédulos,**
los abominables,
los ladrones,
los **avaros,**
los **borrachos,**
los calumniadores, los **estafadores,**
los asesinos,
los hechiceros,
los que se entregan a:
la impureza,
brujerías,
odios,
discordias,
celos,
iras,
contiendas, herejías,
orgías,
pleitos, etc.
Estos **no heredarán el reino de Dios** sino que acabarán en el lago de fuego. (ver Gal. 5:19-21, 1 Co. 6:9-10; Ap. 21:8 RVC)

Siete cosas abominables para Dios:

1. Los ojos altivos,

2. la lengua mentirosa,

3. Las manos que derraman sangre inocente,

4. La mente que maquina planes inicuos,

5. Los pies que se apresuran a hacer el mal,

6. El testigo falso que propaga mentiras,

7. Y el que siembra discordia entre hermanos. (ver Prov. 6:16- 19 RVC)

Hará **llover** sobre los malvados **ardientes brasas y candente azufre;** ¡un viento abrasador será la porción de su copa! (Sal. 11:6 NVI)

Condenación eterna: Cuando sigues practicando el pecado

14. El pecado de adulterio

MANDAMIENTOS DE DIOS	CONSECUENCIAS DE LA DESOBEDIENCIA
1. No mires a una mujer con lujuria; porque todo el que mira a una mujer para codiciarla ya adulteró con ella en su corazón. (ver Mt. 5:28) 2. Sácate el ojo y échalo de ti si te hace pecar. (ver Mt. 5:29) 3. Córtate la mano y échala de ti si te hace pecar. (ver Mt. 5:30)	1. Pero el que comete adulterio **se destruye a si mismo.** (ver Prov. 6:32 NVI) 2. La casa de la adúltera es el **camino del infierno**, que desciende a las cámaras de la muerte. (ver Prov. 7:27) 3. Más te vale perder una sola parte de tu cuerpo y no que todo tu cuerpo vaya al **infierno.** (ver Mt. 5:30 NVI)

- **Juicio de Dios por el pecado sexual:** Por ejemplo: Sodoma y Gomorra y los pueblos de alrededor que se entregaron a la inmoralidad y perversión sexual y sufrieron el castigo del fuego eterno. (Judas 7)

- **Juicio de Dios sobre la casa de Elí:** Por ejemplo: Dios juró a la casa de Elí, el sacerdote, que la iniquidad de la casa de Elí no será purificada con sacrificio ni ofrenda para siempre; y sus dos hijos morirían en un solo día; porque los pecados de los hijos de Elí eran muy grandes a los ojos del Señor, porque llevaban una vida sexualmente inmoral y además aborrecían la ofrenda del Señor. (1 Sam. 3:13; 2:34; 2:13-17, 22) ¡Así que estén advertidos!

Divorcio por causa del adulterio :	1. Porque si lo haces, **la harás** cometer adulterio.
4. No te divorcies de tu esposa por ninguna razón excepto por inmoralidad sexual. (ver Mat. 5:32)	2. Y **cualquiera que se case** con la divorciada, comete adulterio. (ver Mt. 5:32) 3. Los adúlteros **no heredarán** el reino de los cielos. (Gal. 5:19,21)

- "Inmoralidad sexual" es la única excepción para el divorcio permitida por el Señor Jesús. Porque Dios aborrece el divorcio. (Mal. 2:16)

Condenación eterna: Cuando sigues practicando el pecado

15(a) El pecado de idolatría: La codicia del dinero

MANDAMIENTOS DE DIOS PARA QUE LOS OBEDEZCAMOS	CONSECUENCIA DE LA DESOBEDIENCIA
1. No acumulen para ustedes tesoros en la tierra. (ver Mt. 6:19) Nadie puede servir a dos señores; porque aborrecerá al uno (dinero), y amara al otro (Dios), o se dedicara al uno y menospreciara al otro. No pueden servir a Dios y a las riquezas. (ver Mt. 6:24)	1. "Difícilmente entrará un rico en el reino de los cielos". (Mt. 19:23) 2. Los discípulos se espantaron de sus palabras; Mas Jesús respondiendo, les volvió a decir: "Hijos, ¡cuán difícil es entrar en el *reino de Dios, los que confían en las riquezas!*" (Mc. 10:24 RVA) 3. "Le es más fácil para un camello *pasar* por el ojo de una aguja, que *a un rico entrar en el reino de Dios*". (Mt. 19:24; Mc. 10:25)

¡Pausa y reflexiona!

• Dios quiere tener el primer lugar en tu corazón. No es "tener el dinero" sino *"convertirlo en un ídolo"* lo que está mal a los ojos de Dios. Esta es la razón por la que Agur dijo que no quería tener *demasiadas riquezas* porque temía *renegar de Dios* y decir: "¿Quién es el Señor?" (Prov. 30:8-9)

• ¡Cuidado! Mantente vigilante contra todo tipo de avaricia; la vida de un hombre no consiste en la abundancia de sus posesiones. Por ejemplo: la mujer de Lot y Ananías y Safira. (Lc. 12:15; Gn. 19:26; Hch. 5:1-11)

15(b) El pecado de idolatría: Adoración de la Reina del Cielo

- *Ofrendas a los ídolos:* "¿No ves lo que hacen estos en las ciudades de Judá y en las calles de Jerusalén?"

- "Los niños recogen la leña, y los padres encienden el fuego. Las mujeres amasan la masa para hacer tortas a la '*reina del cielo*'".

- *Provocando a Dios a la ira:* "Para derramar libaciones a otros dioses, *para ofenderme*".

- *Se avergüenzan a sí mismos:* "¿Me ofenderán a mí?, dice el Señor. "¿Acaso no actúan, más bien, para su propia vergüenza?"

- *El juicio de Dios:* "Por tanto, así ha dicho el Señor Dios: "He aquí que *mi furor y mi ira se derraman* sobre este lugar, sobre los hombres y sobre los animales, sobre los árboles del campo y sobre los frutos de la tierra. ¡Se *encenderá y no se apagará!*" (Jer. 7:17-20)

- *Ponte en la brecha:* "Vístete de luto, pueblo mío; revuélcate en las cenizas. *Llora amargamente, como lo harías para un hijo único*, porque nos cae por sorpresa el que viene a destruirnos". (Jer. 6:26-27 NVI)

- *Nuestro Dios es un Dios misericordioso:* Si el pueblo de Dios se pone en la brecha e intercede fervientemente, el Señor puede escuchar el clamor de su corazón y retrasar o reducir o cancelar por completo Su juicio. (ver 2 Cr. 7:14; Jon. 3-4)

Condenación eterna: Cuando sigues practicando el pecado

16. El pecado de falta de perdón

MANDAMIENTOS DE DIOS PARA QUE LOS OBEDEZCAMOS	RECOMPENSA POR LA OBEDIENCIA/ CONSECUENCIA DE LA DESOBEDIENCIA
1. Perdona a tus deudores. (ver Mt. 6:12) 2. Perdona a los hombres cuando pequen contra ti. (ver Mt. 6:14) 3. Perdona los pecados de tu hermano no siete veces, *sino hasta setenta veces siete.* (490 veces) (Mt. 18:21-22)	**¿Es el perdón de Dios condicional?** 1. "Porque si perdonan a los hombres sus ofensas, su Padre celestial también *les perdonará a ustedes".* (Mt. 6:14) 2. "Pero si no perdonan a los hombres sus ofensas, *tampoco su Padre les perdonará* sus ofensas". (Mt. 6:15)

Puntos que considerar:

- *Abandonen toda amargura,* ira y enojo, gritos y calumnias y toda forma de malicia. Más bien, sean bondadosos y compasivos unos con otros y persónense mutuamente, así como Dios los perdonó a ustedes en Cristo. (Ef. 4:31-32)

- Por ejemplo: los hermanos de José, que lo habían vendido al cautiverio, temieron después de lo que les haría en venganza, ya que estaba en el poder. Pero José les dijo: "No teman. *¿Estoy yo acaso en lugar de Dios?* Ustedes pensaron hacerme mal, pero Dios lo encaminó para bien, para hacer lo que vemos hoy: mantener con vida a un pueblo numeroso".

- Perdonando todo lo malo que habían hecho, José *les habló amablemente a sus hermanos* y los tranquilizó diciéndoles: "Yo los sustentaré a ustedes y a sus hijos", y así lo hizo. (Gn. 50:19-21)

- Perdona y paga el mal con bien, como hizo José.

Condenación eterna: Cuando practicando el pecado

17. Los pecados de ira y asesinato

MANDAMIENTOS DE DIOS PARA QUE LOS OBEDEZCAMOS	CONSECUENCIAS DE LA DESOBEDIENCIA
Asesinato físico: 1. No matarás. (Mt. 5:21 RVC) • Este es el sexto de los diez mandamientos del Antiguo Testamento. (Ex. 20:13)	1. Y que cualquiera que mate **será culpable de juicio.** (Mt. 5:21 RVC) 2. Los calumniadores, **los asesinos** y los que se entregan al odio, la discordia, la contienda y la ira **no heredarán el reino de Dios**, sino que acabarán en el lago de fuego de azufre ardiente. (Gal. 5:19-21; 1 Co. 6:9-10; Ap. 21:8)
Asesinato del corazón: 2. No te enojes con tu hermano sin causa. (ver Mt. 5:22)	El que se enoje con su hermano será culpable en **el juicio.** (Mt. 5:22) ■ Como el juicio por asesinato e ira (sin causa) es el mismo, es como desobedecer el 6º mandamiento a los ojos de Dios.
El asesinato de la lengua: 3. No llames a tu hermano "¡necio!" (Mt. 5:22)	1. El que le diga a su hermano: "¡Insensato!" quedará sujeto al **fuego del infierno.** (Mt. 5:22 NVI) 2. El que guarda su boca guarda su vida, pero al que mucho abre sus labios le vendrá la **ruina.** (Prov. 13:3)

¡Pausa y reflexiona!

• La ira equivale a matar ante los ojos de Dios. Por ejemplo: la ira de Caín se convirtió en rabia que lo llevó a asesinar a su propio hermano, Abel. (ver Gn. 4:3-8)

• **Trata al enojo de una manera piadosa:** En tu enojo, no peques. No dejes que se ponga el sol mientras sigues enojado. (ver Ef. 4:26)

• Sólo con la ayuda del Espíritu Santo puedes vencer la ira.

CARACTERÍSTICAS DE LOS DOS REINOS

1. Señales internas que se manifestarán a través de ti

El reino de Dios/el cielo	El reino de Satanás/el infierno
1. Cuando estás en el reino de Dios, "**justicia**, paz y gozo en el Espíritu Santo" son las cualidades únicas que poseerás. (Rom. 14:17)	1. Cuando estás en el reino de Satanás, tu vida estará centrada en las cosas del **mundo** y de la **carne.** (ver 1 Jn. 2:15-16)
2. Dios Todopoderoso nos ofrece el poder del **Espíritu Santo** para vencer a la carne, al mundo y a Satanás y vivir una vida victoriosa.	2. Estarás afectado por enfermedades y dolencias y vivirás en **esclavitud.**
3. Caminarás en la **verdad** de la Palabra de Dios. (Jn. 8:32)	3. Obrarás en el **engaño** y en falsedad. (1 Tim. 4:1)
4. Vivirás una vida de **santidad.** (1 Pe. 1:15-16)	4. Vivirás en **pecado** y te entregarás a la maldad. (Gal. 5:19-21)
5. Tu **luz** brillará para los demás. (Mt. 5:16)	5. Amarás las **tinieblas** más que a la luz. (Jn. 3:19)
6. Tendrás **temor reverencial de Dios.**	6. **Temerás más al diablo** que a Dios.
7. El **amor divino** fluirá de ti. (Rom. 5:5)	7. **Amarás las cosas del mundo más** que a Dios. (Stg. 4:4)
8. Habrá en ti **Espíritu de obediencia.** Tendrás una **fe** inquebrantable en Dios.	8. Tendrás el **espíritu de rebelión** y de desobediencia.
9. Serás **humilde** ante Dios y ante los hombres.	9. Dudarás del amor y poder de Dios y vivirás en **incredulidad.**
	10. Tendrás una mirada **orgullosa** y una actitud egoísta. (St. 4:6)

- Piensa: ¿En qué dirección se está dirigiendo tu vida, hacia el reino de Dios o hacia el reino de Satanás?

2. Señales externas manifiestas cuando estés en el reino de Dios o de Satanás

El reino de Dios/el cielo	El reino de Satanás/el infierno
1. La salvación es el fundamento del reino de Dios. (Jn. 3:16) 2. Llevarás una vida fructífera para Cristo. (Jn. 15:5) 3. Dios hará milagros por medio de ti para ganar almas y liberarás a la gente de la posesión demoníaca. (Mc. 16:17-18) 4. Dios te equipará con los dones del Espíritu Santo para el beneficio de otros. (1 Co. 12:4-11) 5. La gente verá el fruto del Espíritu Santo y la naturaleza de Cristo en ti. Por ejemplo, autocontrol, bondad, perdón, etc. (ver Gal. 5:22-23)	1. La condenación de tu alma en el infierno será el resultado final de tu vida si elijes seguir los caminos de Satanás. (2 Tim. 2:24-26) 2. Tu vida será infructuosa y egocéntrica. 3. Aquellos que siguen a Satanás serán poseídos por demonios y harán falsos milagros para engañar a la gente y llevarlos al infierno. (2 Ts. 2:9-11) 4. La brujería, hechicería, alcoholismo, drogadicción y ocultismo son señales del reino de Satanás. (Ap. 21:8) 5. Manifestarás las obras de la carne. Ejemplo: Adulterio, fornicación, etc. (Gal. 5:19-21)

¿Por qué debemos obedecer los mandamientos de Dios?

"Si me amas, obedece mis mandamientos" ~ Jesús

- *Para recibir vida eterna:* Jesús dijo que *el mandamiento de Dios es la vida eterna.* (Jn. 12:50)

- *Para recibir plenitud de gozo:* Jesús dice: *Guarden mis mandamientos* para que mi gozo este en ustedes y su gozo sea completo. (Jn. 15:10-11)

- *Para tener derecho al árbol de la vida:* Bienaventurados los que cumplen los mandamientos de Jesús, para que tengan derecho al árbol de la vida y entren en la ciudad por las puertas. (ver Ap. 22:14)

  El libro del Apocalipsis, el último libro de la Biblia, habla de *obedecer tanto los mandamientos de Dios (Antiguo Testamento), como los mandamientos de Cristo (Nuevo Testamento)* (Ap. 12:17; 14:12; 22:14).

- *Para ser amigo de Jesús:* "Ustedes son mis amigos *si hacen lo que yo les mando*", dice Jesús. (Jn. 15:14)

- *Para ver a Jesús:* Jesús dijo: "El que tiene *mis mandamientos* y los guarda, él es el quien me ama. Y yo lo amaré y me manifestaré a él". (Jn. 14:21)

- *Para conocer a Jesús:* "En esto sabemos que nosotros lo hemos conocido: en que guardamos sus mandamientos. El que dice: 'Yo lo conozco' y *no guarda sus mandamientos, es mentiroso,* y la verdad no está en él". (1 Jn. 2:3-5)

- *Para recibir las bendiciones de Dios:* El Señor Dios Todopoderoso dice que si obedeces diligentemente la voz del Señor, tu Dios, para *observar cuidadosamente todos Sus mandamientos,* todas las bendiciones vendrán sobre ti y te alcanzarán. (Dt. 28:1-14)

- *Para salvar tu alma:* "El que guarda el mandamiento guarda su alma, pero el que menosprecia sus caminos morirá". (Prov. 19:16)

- *Los santos que perseveran y no toman la marca de la bestia (666):* ¡Aquí está la perseverancia de los santos, quienes *guardan los mandamientos de Dios* y la fe de Jesús!" (Ap. 14:9-12)

- *La obediencia de Israel enfurece a Satanás:* El dragón (Satanás) se enfureció contra la mujer (Israel), y se fue para hacer guerra contra los demás descendientes de ella, *quienes guardan los mandamientos de Dios* y tienen el testimonio de Jesucristo. (Ap. 12:17)

311

La obediencia, la clave fundamental para tus bendiciones

i. El Señor dice: *"Si me aman, guardarán mis mandamientos"*. Expresamos nuestro amor por Jesús a través de nuestra obediencia. (Jn. 14:15)

ii. Nuestra obediencia a Dios es directamente proporcional a nuestro amor por Él. Por ejemplo, *si obedeces el 40% de los mandamientos de Jesús*, puede significar, que amas a Cristo solo un 40%; recibirás solo el 40% de las bendiciones de Dios. En Su gracia y misericordia, Él puede añadir un 20% extra y darte hasta un 60% de bendiciones.

iii. *Dios quiere bendecirte al 100%*, pero *son tus pecados los que impiden* que las bendiciones de Dios lleguen a ti. (Is. 59:1-2)

iv. *Si obedeces el 90%* de los mandamientos de Jesús, puede significar que amas a Cristo el 90% y recibirás el 90% de las bendiciones de Dios. Aun así dejas un 10% de puerta abierta a Satanás, para que el diablo te apuñale por la espalda. Por lo tanto, es mejor obedecer al Señor 100% y *recibir la plenitud (100%) de Sus bendiciones*.

El avivamiento verdadero y duradero impacta a una nación
cuando la gente se arrepiente y obedece los mandamientos
de Dios. (Esd. 8-10; Neh. 10:28-39)

"Vayan y haga discípulos de todas las naciones, enseñándoles que guarden todas las cosas que les he mandado". ~ Jesús

MANDAMIENTOS DE DIOS PARA QUE LOS OBEDEZCAMOS	RECOMPENSAS A LA OBEDIENCIA
1. Guarda *Mis mandamientos.* ~ Jesús (Jn. 15:10)	i. Porque permanecerán en Mi amor. ~ Jesús (Jn. 15:10) ii. Para que Mi gozo esté en ustedes. ~ Jesús iii. Y su *gozo sea completo.* (Jn. 15:11)
2. Hagan *lo que Yo les mando.* ~ Jesús (Jn. 15:14)	Entonces son Mis amigos. ~ Jesús (Jn. 15:14)
3. El que tiene *Mis mandamientos* (en tu corazón) y los guarda, él es quien Me ama. ~ Jesús (Jn. 14:21)	i. Porque es el quien Me ama. ii. El que Me ama será amado por Mi Padre, iii. Yo lo amaré iv. *Me manifestaré a él.* v. Mi Padre lo amará, vi. *Y vendremos a él* vii. Y haremos nuestra morada con él. ~ Jesús (Jn. 14:21, 23)
4. Guarda *los mandamientos de Jesús.* (Ap. 22:14)	i. Porque **bienaventurados** los que guardan Sus mandamientos. ii. Para que su potencia sea en e*l árbol de la vida.* iii. Y que *entren por las puertas* en la ciudad (Nueva Jerusalén). (Ap. 22:14)

Predicadores, enseñen a todos a obedecer todos los mandamientos de Jesús

MANDAMIENTOS DE DIOS PARA QUE LOS OBEDEZCAMOS	RECOMPENSA DE LA OBEDIENCIA/ CONSECUENCIA DE LA DESOBEDIENCIA
Enseña los mandamientos de Jesús: 5. i. Vayan, ii. *Y hagan discípulos d todas las naciones,* iii. Bautizándolos en el nombre del Padre, del Hijo, y del Espíritu Santo, iv. *Enseñándoles que guarden todas las cosas que les he mandado.* ~ Jesús (Mt. 28:19-20)	Y he aquí, *yo estoy con ustedes todos los días,* hasta el fin del mundo. ~ Jesús (Mt. 28:20)
6. No quebrantes ni el más pequeño de los *mandamientos de Dios* ni así enseñes a los hombres. ~ Jesús (Mt. 5:19)	Si no, serás considerado el más pequeño en el reino de los cielos. (Mt. 5:19)
7. *Cumple los mandamientos de Dios* y enséñaselo a los demás. ~ Jesús (Mt. 5:19)	Porque serás considerado *grande* en el reino de los cielos. (Mt. 5:19)

La conclusión de todo el discurso oído es esta:
Teme a Dios y guarda sus mandamientos,
pues esto es el todo del hombre.
Porque Dios traerá a juicio toda acción
junto con todo lo escondido,
sea bueno o sea malo.
(Ec. 12:13-14)

LISTA DE ARTÍCULOS DEL LIBRO

LISTA DE PARÁBOLAS EN EL LIBRO

LISTA DE MILAGROS EN EL LIBRO

ACERCA DE LA AUTORA

TESTIMONIO DE LA DRA. ESTHER V. SHEKHER

¡Saludos en el nombre de Cristo y de parte de nuestro ministerio "Christ Rules Ministries"!

Mi experiencia de salvación: Acepté a Cristo como mi Señor y Salvador a la edad de 18 años. Durante el transcurso de mi experiencia de salvación, dos cosas fueron claramente evidentes para mí:

- ***Jesús me amó tan profundamente que hasta murió por mí.***

- ***Jesús odiaba tanto el pecado*** que soportó el sufrimiento y la vergüenza de la cruz para liberarme de ese horrible pecado.

Comprendí a esa temprana edad que yo también debía odiar el pecado, y comencé a anhelar la justicia de Cristo. Después de anhelar la unción del Espíritu Santo durante un año, Dios me bautizó con Su Espíritu por aproximadamente 3 horas.

Promesa de Dios cumplida: Jesucristo se convirtió en mi pasión, y pasé mucho tiempo hablando con Él diariamente. Jesús se convirtió en mi mejor amigo. Mientras estudiaba medicina, un día, después de clamar al Señor por unas seis horas, anhelando verle, oír su voz y conocer su voluntad para mi vida, el Señor me prometió a través de las Escrituras ***(Hch. 22:14) que yo vería al Justo, le oiría hablar y conocería Su voluntad.*** Esta promesa se cumplió siete años después; porque Jesús dice: "Mis ovejas oyen mi voz". Llevo oyendo la voz del Señor desde 1992, todos los días, hasta hoy. ¡Alabado sea Dios!

El llamado de Dios: Empecé a pasar 3-4 horas cada día en ferviente oración y en la Palabra. El 18 de marzo de 1992, mientras vertía mi corazón ante Dios en oración, escuché Su ***voz audible*** diciendo: ***"Morí en la cruz por ti, ¿qué has hecho tú por Mí? ¿Harás la obra de Mi ministerio hasta tu último aliento?".*** A partir de entonces, le oí casi todas las noches, despertándome a las 3 de la madrugada, diciendo: ***"Ponte en la brecha** y clama en la noche con agonía por las almas que perecen; **si no, te haré responsable de su sangre".*** (Jer. 2:34-37) He estado obedeciéndole al Señor como Él me instruye cada día. Nuestro Dios es fiel en el cumplimiento de Sus promesas.

Dios moldeó mi carácter en trascurso de varios años, haciéndome pasar por muchas pruebas. Me entrenó para morir a mí misma y a depender de Él, en lugar de mis propias habilidades. Su impresionante presencia, ***Su precioso Espíritu Santo,*** *como una bola de fuego limpia el templo de mi espíritu cada día* y me llena, preparándome para Su Ministerio.

¡Es un proceso continuo y está disponible también para ti!

El Señor, en Su gracia, me inscribió en Su escuela de entrenamiento. Jesús me preparó llevándome por varias pruebas, especialmente *las cuatro pruebas principales, a saber: La prueba de carácter, la prueba de obediencia, la prueba de palabra y la prueba de fe*, durante los siguientes 14 años. Las pruebas se hicieron más y más duras y finalmente, para ser sincera ante Dios, sentí como si estuviera tomando exámenes a nivel de doctorado en estas cuatro áreas espirituales. Solo por la gracia de Dios pude pasar estas pruebas de acuerdo al estándar de justicia de Dios. ¡Toda la gloria sea para Dios!

Aspectos destacados de nuestro ministerio:

Viaje misionero: Dios me llamó como misionera y evangelista de tiempo completo en 2003. Obedecí el llamado de Dios, y desde entonces he estado predicando el Evangelio de Jesucristo en muchas naciones alrededor del mundo durante los últimos 14 años.

Conferencias de pastores: El Señor me dijo, después de prepararme para Su llamado por muchos años, *"Ahora eres digna de predicarle a los pastores y creyentes de las naciones alrededor del mundo".* El Señor mismo me abrió oportunidades para hablar en conferencias de pastores. Terminé hablando en alrededor de 40 conferencias de pastores en varias naciones.

Ministerio de predicación: También he hablado en muchas iglesias de todas las denominaciones, escuelas bíblicas, conferencias de oración para avivamiento, reuniones de mujeres, campamentos de jóvenes, alcances rurales, etc., fortaleciendo a los creyentes y ganando a los perdidos para Cristo. ¡Alabado sea Dios!

Estableciendo el ministerio "Christ Rules Ministries" (Cristo Gobierna): El Señor me permitió establecer "Christ Rules Ministries" en 2008, para levantar intercesores fervientes y obreros dignos para el reino de Dios, para ganar las almas que perecen a Cristo.

Establecí la Red Internacional de Oración (IPN): El Señor me dio una estrategia divina para iniciar células de oración a través de la Red Internacional de Oración (IPN) que establecí en 2010, para *interceder por la salvación de cada alma perdida en América* y otras naciones del mundo. He implementado con éxito esta estrategia de oración IPN en los EE.UU., Nicaragua, Sri Lanka,

Malasia, Singapur, India, Islas Andaman, etc. Por la gracia de Dios, con la ayuda de los pastores y creyentes, más de 9.000 células de oración han sido iniciadas hasta ahora en estas naciones. ¡Alabado sea nuestro Dios!

Ministerio de oración en los EEUU: Desde el 2012, he estado predicando en varias iglesias en Stockton, Hayward, Galt y Bay Area en el Norte de California, y también en Georgia, Maryland, Washington DC, Florida, etc., en los EEUU.

He sembrado la semilla de la oración en los corazones de las personas, animando a los creyentes a interceder por la salvación de cada alma que perece y vive en estas ciudades.

Publicaciones: Por la gracia de Dios, he escrito 2 libros titulados, *"Todos los Mandamientos de Dios"* Volumenes I & II, que se han publicado en los EEUU. Jesús dice: *"Si me amas, obedece Mis mandamientos"*. El primer libro es **una lista de los mandamientos de Jesús**, con sus recompensas y consecuencias claramente explicadas, de los evangelios de Mateo y de Juan, cubriendo todos los temas principales de la fe cristiana. El segundo libro es también sobre el mismo concepto de los mandamientos de Dios tomados de las epístolas del apóstol Pablo, para un caminar más profundo con el Señor. Estos libros están disponibles en Amazon.com y en Barnes & Noble.

El título del libro: "Todos los Mandamientos de Dios" Volumen I, publicado en 2013 & 2018, ha sido cambiado a "Todos los Mandamientos de Cristo" Volumen I, con algunas modificaciones, según las instrucciones del Señor Jesús. Esta es mi tercera edición.

Ministerio de TV: Por la gracia de Dios, comencé el ministerio de TV en 2011, para predicar acerca del fin de los tiempos, de los mandamientos de Dios, y de la estrategia de IPN, dada por Dios para comenzar células de oración en varias naciones, y preparar a las iglesias para encontrarse con nuestro Novio, Jesucristo, en el rapto.

Actualmente, Dios ha estado abriendo muchas entrevistas de TV y radio por toda América, basadas en mis libros. ¡Alabado sea nuestro Dios!

Seminarios acerca del fin de los tiempos: También he estado predicando acerca del fin de los tiempos, y enseñando todo el *"libro del Apocalipsis"*, usando poderosas presentaciones en PowerPoint, para traer una conciencia acerca de la segunda venida de Jesucristo, en varias iglesias.

Actividades sociales: Nuestro ministerio ha participado en distintas actividades sociales, como el ministerio para discapacitados, el ministerio a las viudas, el ministerio de orfanatos, el ministerio de alfabetización de gitanos, etc., en Asia.

Todas las promesas que el Señor me ha dado hasta ahora se están cumpliendo una por una. Humildemente me entrego al Maestro, para ser usada para Su gloria. Mi deseo es cumplir la voluntad de Dios todos y cada uno de los días de mi vida. ¡Bendito sea Su Santo Nombre!

LEMA DEL MINISTERIO: ¡ORAR, DAR, IR O ENVIAR PARA EL REINO DE DIOS!

OFICINAS DE CHRIST RULES
(CRISTO GOBIERNA)

Para contactar con la autora, escriba / llame:

En los E.E.U.U

Dra. Esther +1 (656) 210- 3280
Michelle +1 (480) 345 - 7714

Correo electrónico: christrulesnations2020@gmail.com/christrulesus@hotmail.com
Sitio web: www.allthecommandmentsofgod.com
Facebook: Esther Shekher Instagram: Esther_Shekher

Si este libro te ha bendecido, por favor escríbenos tu testimonio y/o peticiones
de oración.

En Singapore
Llame a la Sra. Maya +65 81387856 / 65220096

En Malasia
Contacto: Pastor. Nathaneal E-07-12, PPR Muhibbah,
Jalan 15/55 of Jalan Puchong Taman, Taman
Muhibbah 58200, Kuala Lumpur, Malaysia.
Tel. Celular No. +60173204571

En la India
Contacto: Pastor Santhosh +91 9677787428

En Nicaragua
Contacto: Pastor Francisco Castillo Andino
+ 505 86332290

Printed in the United States
by Baker & Taylor Publisher Services